JN279088

# 深海からの声

## Uボート234号と友永英夫海軍技術中佐

富永孝子
tominaga takako

新評論

潜水艦はあくまで補助艦であり、
艦首に菊の紋章は付けない。
太平洋戦争では一三九隻の潜水艦が参戦（保有は一八七隻）。
乗組員ともども一二七隻を失った。
そのうち二四隻は、
いつ、どこで海底の藻屑となったかさえ判明していない。

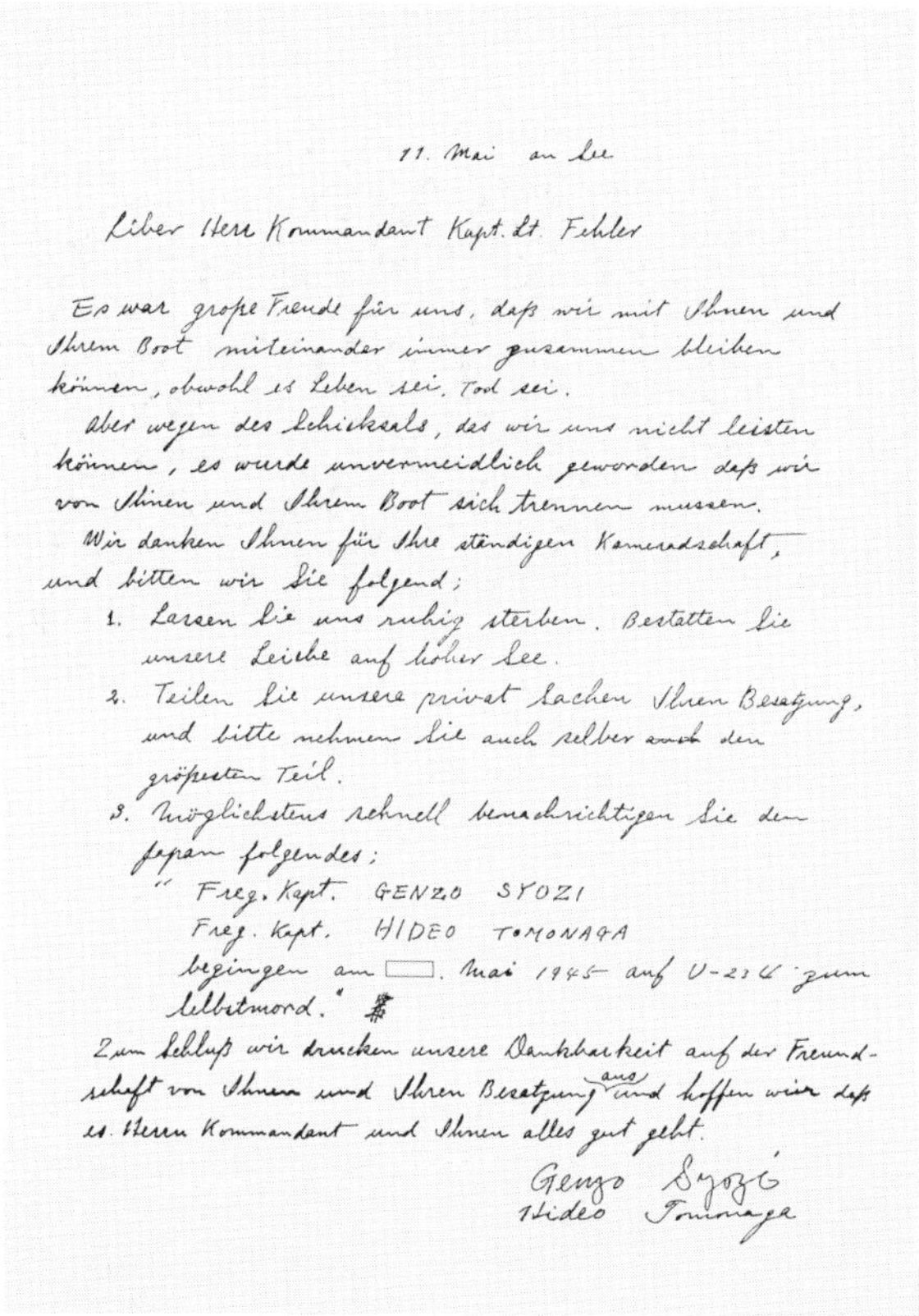

11. Mai an See

Liber Herr Kommandant Kapt. Lt. Fehler

Es war große Freude für uns, daß wir mit Ihnen und Ihrem Boot miteinander immer zusammen bleiben können, obwohl es Leben sei, Tod sei.

Aber wegen des Schicksals, das wir uns nicht leisten können, es wurde unvermeidlich geworden daß wir von Ihnen und Ihrem Boot sich trennen mussen.

Wir danken Ihnen für Ihre ständigen Kameradschaft, und bitten wir Sie folgend;

1. Lassen Sie uns ruhig sterben. Bestatten Sie unsere Leiche auf hoher See.
2. Teilen Sie unsere privat Sachen Ihren Besatzung, und bitte nehmen Sie auch selber auch den größesten Teil.
3. Möglichstens schnell benachrichtigen Sie den Japan folgendes;

"Freg. Kapt. GENZO SYOZI
Freg. Kapt. HIDEO TOMONAGA
begingen am ▭. Mai 1945 auf U-234 zum Selbstmord."

Zum Schluß wir drucken unsere Dankbarkeit auf der Freundschaft von Ihnen und Ihren Besatzung aus und hoffen wir daß es Herrn Kommandant und Ihnen alles gut geht.

Genzo Syozi
Hideo Tomonaga

▲『U234』内で庄司との連名で友永が独訳した自筆の遺書。
米国国立ワシントン公文書館所蔵よりコピー／115頁参照

▲北ドイツ・キール市にあるUボート記念碑メモリアルホール入口の記念板。庄司元三、友永英夫両日本海軍技術中佐を顕彰し、独海軍による詞が刻まれている。
友永家所蔵／426頁参照

メルテンオルトの海岸にあるUボート記念碑。▶
同記念碑パンフレットより／425頁参照

▲東京・原宿の東郷神社境内にある日本海軍潜水艦記念碑「潜水艦勇士に捧ぐ」。太平洋戦争で戦没した1万余名を鎮魂する。1958（昭和33）年5月、残された潜水艦関係者によって建立。筆者撮影／430頁参照

友永と共に『U234』内において自決した在りし日の大礼服姿の庄司元三海軍技術大佐（自決後昇進）。
庄司元信家所蔵

▲友永英夫海軍技術大佐（自決後昇進）。遺影は少佐時代。
友永家所蔵

友永正子夫人、山口県女性問題対策審議会事務局長時代。▶
一服の濃茶でくつろぐひととき。友永家所蔵／391頁参照

友永遣独時のパスポート。1946（昭和21）年12月8日、国際赤十字委員会日本代表を通じて、唯一の遺品として遺族に渡された。

友永家所蔵

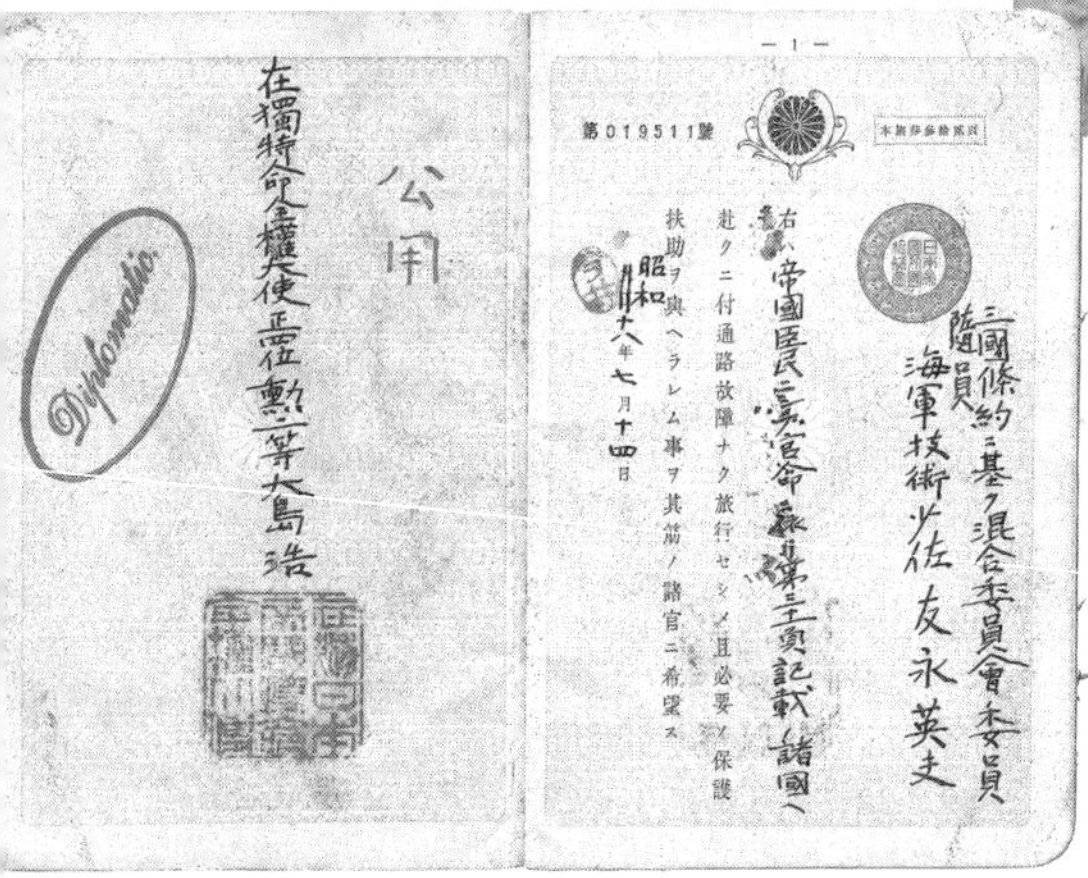


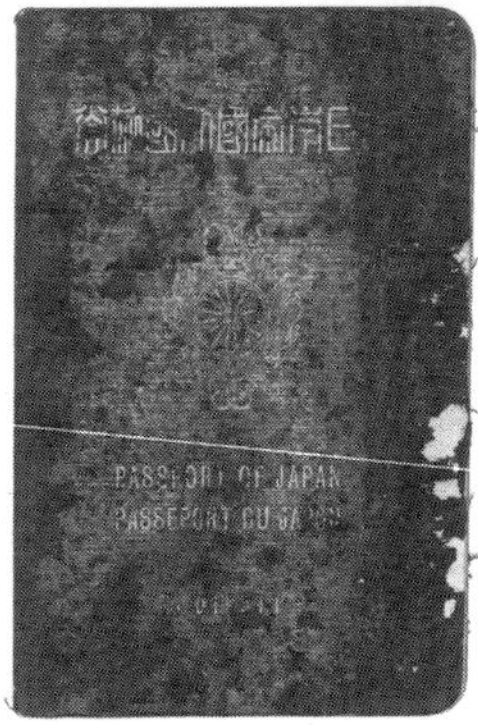


◀パスポート表紙。

▲出航前の『U234』乗組員一同。右から3人目がフェラー艦長。W.フィルシュフェルド提供

▼『U234』略図。米海軍が拿捕後に作成したものと思われる。W.フィルシュフェルド提供／80頁参照

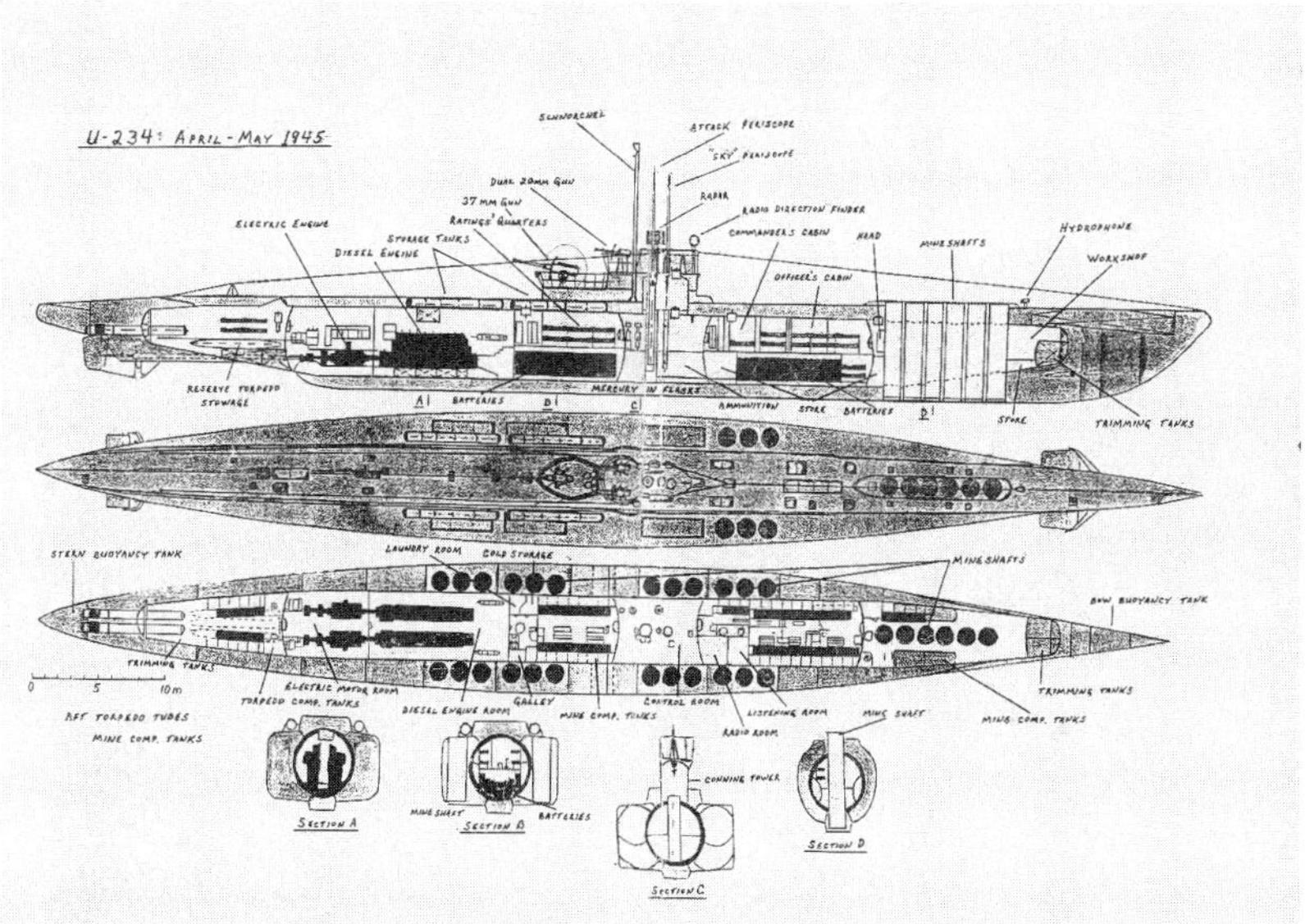

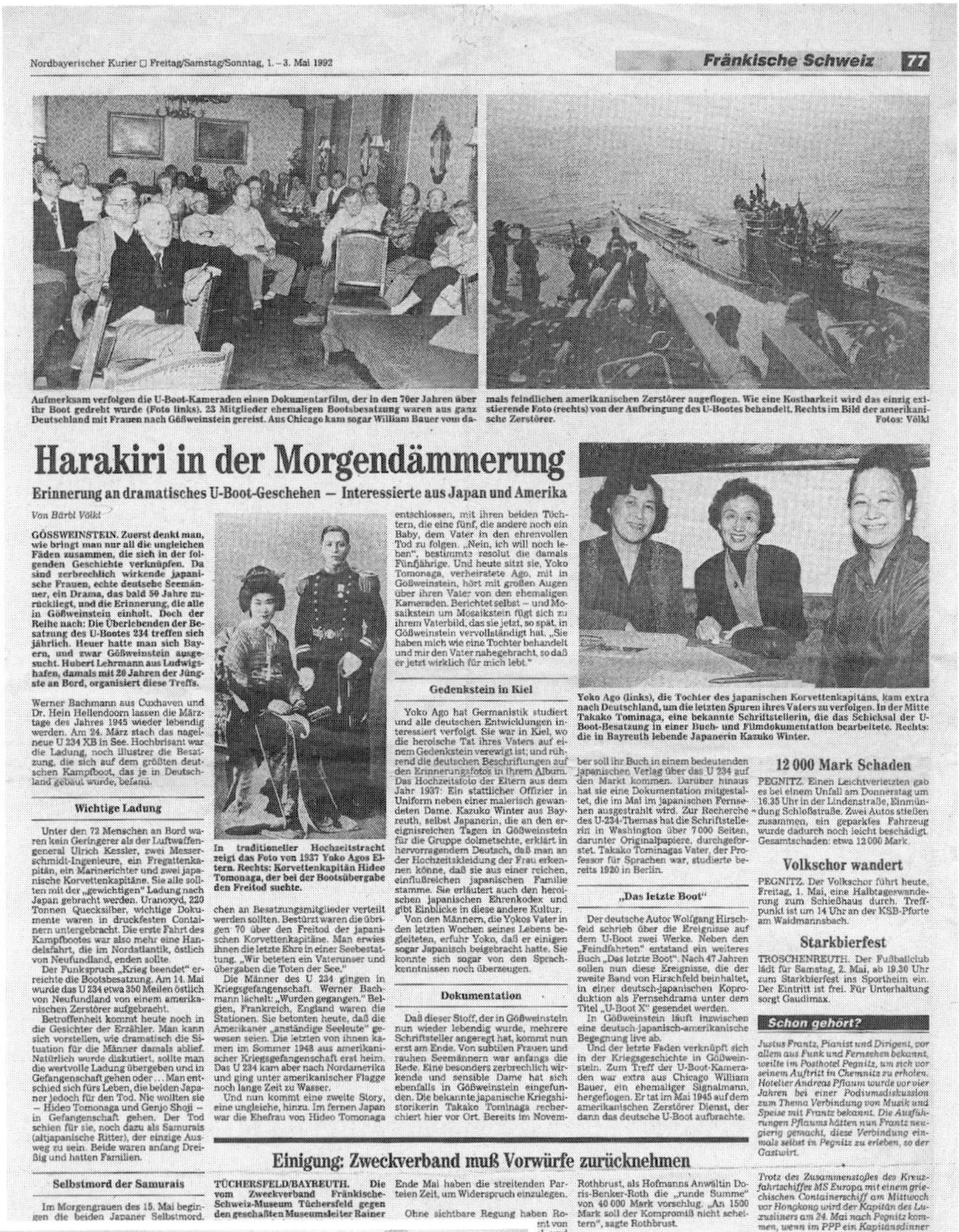

Nordbayerischer Kurier □ Freitag/Samstag/Sonntag, 1.–3. Mai 1992

Fränkische Schweiz 77

Aufmerksam verfolgen die U-Boot-Kameraden einen Dokumentarfilm, der in den 70er Jahren über ihr Boot gedreht wurde (Foto links). 23 Mitglieder ehemaligen Bootsbesatzung waren aus ganz Deutschland mit Frauen nach Gößweinstein gereist. Aus Chicago kam sogar William Bauer vom damals feindlichen amerikanischen Zerstörer angeflogen. Wie eine Kostbarkeit wird das einzig existierende Foto (rechts) von der Aufbringung des U-Bootes behandelt. Rechts im Bild der amerikanische Zerstörer. Fotos: Völkl

# Harakiri in der Morgendämmerung

## Erinnerung an dramatisches U-Boot-Geschehen — Interessierte aus Japan und Amerika

*Von Bärbl Völkl*

**GÖSSWEINSTEIN. Zuerst denkt man, wie bringt man nur all die ungleichen Fäden zusammen, die sich in der folgenden Geschichte verknüpfen. Da sind zerbrechlich wirkende japanische Frauen, echte deutsche Seemänner, ein Drama, das bald 50 Jahre zurückliegt, und die Erinnerung, die alle in Gößweinstein einholt. Doch der Reihe nach: Die Überlebenden der Besatzung des U-Bootes 234 treffen sich jährlich. Heuer hatte man sich Bayern, und zwar Gößweinstein ausgesucht. Hubert Lehrmann aus Ludwigshafen, damals mit 20 Jahren der Jüngste an Bord, organisiert diese Treffs.**

Werner Bachmann aus Cuxhaven und Dr. Hein Hellendoorn lassen die Märztage des Jahres 1945 wieder lebendig werden. Am 24. März stach das nagelneue U 234 XB in See. Hochbrisant war die Ladung, noch illustrer die Besatzung, die sich auf dem größten deutschen Kampfboot, das je in Deutschland gebaut wurde, befand.

### Wichtige Ladung

Unter den 72 Menschen an Bord waren kein Geringerer als der Luftwaffengeneral Ulrich Kessler, zwei Messerschmidt-Ingenieure, ein Fregattenkapitän, ein Marinerichter und zwei japanische Korvettenkapitäne. Sie alle sollten mit der „gewichtigen" Ladung nach Japan gebracht werden. Uranoxyd, 220 Tonnen Quecksilber, wichtige Dokumente waren in druckfesten Containern untergebracht. Die erste Fahrt des Kampfbootes war also mehr eine Handelsfahrt, die im Nordatlantik, östlich von Neufundland, enden sollte.

Der Funkspruch „Krieg beendet" erreichte die Bootsbesatzung. Am 14. Mai wurde das U 234 etwa 350 Meilen östlich von Neufundland von einem amerikanischen Zerstörer aufgebracht.

Betroffenheit kommt heute noch in die Gesichter der Erzähler. Man kann sich vorstellen, wie dramatisch die Situation für die Männer damals ablief. Natürlich wurde diskutiert, sollte man die wertvolle Ladung übergeben und in Gefangenschaft gehen oder … Man entschied sich fürs Leben, die beiden Japaner jedoch für den Tod. Nie wollten sie – Hideo Tomonaga und Genjo Shoji – in Gefangenschaft gehen. Der Tod schien für sie, noch dazu als Samurais (altjapanische Ritter), der einzige Ausweg zu sein. Beide waren anfang Dreißig und hatten Familien.

### Selbstmord der Samurais

Im Morgengrauen des 15. Mai begingen die beiden Japaner Selbstmord.

In traditioneller Hochzeitstracht zeigt das Foto von 1937 Yoko Agos Eltern. Rechts: Korvettenkapitän Hideo Tomonaga, der bei der Bootsübergabe den Freitod suchte.

chen an Besatzungsmitglieder verteilt werden sollten. Bestürzt waren die übrigen 70 über den Freitod der japanischen Korvettenkapitäne. Man erwies ihnen die letzte Ehre in einer Seebestattung. „Wir beteten ein Vaterunser und übergaben die Toten der See."

Die Männer des U 234 gingen in Kriegsgefangenschaft. Werner Bachmann lächelt: „Wurden gegangen." Belgien, Frankreich, England waren die Stationen. Sie betonten heute, daß die Amerikaner „anständige Seeleute" gewesen seien. Die letzten von ihnen kamen im Sommer 1948 aus amerikanischer Kriegsgefangenschaft erst heim. Das U 234 kam aber nach Nordamerika und ging unter amerikanischer Flagge noch lange Zeit zu Wasser.

Und nun kommt eine zweite Story, eine ungleiche, hinzu. Im fernen Japan war die Ehefrau von Hideo Tomonaga entschlossen, mit ihren beiden Töchtern, die eine fünf, die andere noch ein Baby, dem Vater in den ehrenvollen Tod zu folgen. „Nein, ich will noch leben", bestimmte resolut die damals Fünfjährige. Und heute sitzt sie, Yoko Tomonaga, verheiratete Ago, mit in Gößweinstein, hört mit großen Augen über ihren Vater von den ehemaligen Kameraden. Berichtet selbst – und Mosaikstein um Mosaikstein fügt sich zu ihrem Vaterbild, das sie jetzt, so spät, in Gößweinstein vervollständigt hat. „Sie haben mich wie eine Tochter behandelt und mir den Vater nahegebracht, so daß er jetzt wirklich für mich lebt."

### Gedenkstein in Kiel

Yoko Ago hat Germanistik studiert und alle deutschen Entwicklungen interessiert verfolgt. Sie war in Kiel, wo die heroische Tat ihres Vaters auf einem Gedenkstein verewigt ist; und rührend die deutschen Beschriftungen auf den Erinnerungsfotos in ihrem Album. Das Hochzeitsfoto der Eltern aus dem Jahr 1937: Ein stattlicher Offizier in Uniform neben einer malerisch gewandeten Dame. Kazuko Winter aus Bayreuth, selbst Japanerin, die an den ereignisreichen Tagen in Gößweinstein für die Gruppe dolmetschte, erklärt in hervorragendem Deutsch, daß man an der Hochzeitskleidung der Frau erkennen könne, daß sie aus einer reichen, einflußreichen japanischen Familie stamme. Sie erläutert auch den heroischen japanischen Ehrenkodex und gibt Einblicke in diese andere Kultur.

Von den Männern, die Yokos Vater in den letzten Wochen seines Lebens begleiteten, erfuhr Yoko, daß er einigen sogar Japanisch beigebracht hatte. Sie konnte sich sogar von den Sprachkenntnissen noch überzeugen.

### Dokumentation

Daß dieser Stoff, der in Gößweinstein nun wieder lebendig wurde, mehrere Schriftsteller angeregt hat, kommt nun erst am Ende. Von subtilen Frauen und rauhen Seemännern war anfangs die Rede. Eine besonders zerbrechlich wirkende und sensible Dame hat sich ebenfalls in Gößweinstein eingefunden. Die bekannte japanische Kriegshistorikerin Takako Tominaga recherchiert hier vor Ort. Bereits im November soll ihr Buch in einem bedeutenden japanischen Verlag über das U 234 auf den Markt kommen. Darüber hinaus hat sie eine Dokumentation mitgestaltet, die im Mai im japanischen Fernsehen ausgestrahlt wird. Zur Recherche des U-234-Themas hat die Schriftstellerin in Washington über 7000 Seiten, darunter Originalpapiere, durchgeforstet. Takako Tominagas Vater, der Professor für Sprachen war, studierte bereits 1920 in Berlin.

Yoko Ago (links), die Tochter des japanischen Korvettenkapitans, kam extra nach Deutschland, um die letzten Spuren ihres Vaters zu verfolgen. In der Mitte Takako Tominaga, eine bekannte Schriftstellerin, die das Schicksal der U-Boot-Besatzung in einer Buch- und Filmdokumentation bearbeitete. Rechts: die in Bayreuth lebende Japanerin Kazuko Winter.

### „Das letzte Boot"

Der deutsche Autor Wolfgang Hirschfeld schrieb über die Ereignisse auf dem U-Boot zwei Werke. Neben den „Feindfahrten" entstand ein weiteres Buch „Das letzte Boot". Nach 47 Jahren sollen nun diese Ereignisse, die der zweite Band von Hirschfeld beinhaltet, in einer deutsch-japanischen Koproduktion als Fernsehdrama unter dem Titel „U-Boot X" gesendet werden.

In Gößweinstein läuft inzwischen eine deutsch-japanisch-amerikanische Begegnung live ab.

Und der letzte Faden verknüpft sich in der Kriegsgeschichte in Gößweinstein. Zum Treff der U-Boot-Kameraden war extra aus Chicago William Bauer, ein ehemaliger Signalmann, hergeflogen. Er tat im Mai 1945 auf dem amerikanischen Zerstörer Dienst, der dann das deutsche U-Boot aufbrachte.

## 12 000 Mark Schaden

PEGNITZ. Einen Leichtverletzten gab es bei einem Unfall am Donnerstag um 16.35 Uhr in der Lindenstraße, Einmündung Schloßstraße. Zwei Autos stießen zusammen, ein geparktes Fahrzeug wurde dadurch noch leicht beschädigt. Gesamtschaden: etwa 12 000 Mark.

## Volkschor wandert

PEGNITZ. Der Volkschor führt heute, Freitag, 1. Mai, eine Halbtageswanderung zum Schießhaus durch. Treffpunkt ist um 14 Uhr an der KSB-Pforte am Waidmannsbach.

## Starkbierfest

TROSCHENREUTH. Der Fußballclub lädt für Samstag, 2. Mai, ab 19.30 Uhr zum Starkbierfest ins Sportheim ein. Der Eintritt ist frei. Für Unterhaltung sorgt Gaudimax.

**Schon gehört?**

*Justus Frantz, Pianist und Dirigent, vor allem aus Funk und Fernsehen bekannt, weilte im Posthotel Pegnitz, um sich vor seinem Auftritt in Chemnitz zu erholen. Hotelier Andreas Pflaum wurde vor vier Jahren bei einer Podiumsdiskussion zum Thema Verbindung von Musik und Speise mit Frantz bekannt. Die Ausführungen Pflaums hätten nun Frantz neugierig gemacht, diese Verbindung einmals selbst in Pegnitz zu erleben, so der Gastwirt.*

*Trotz des Zusammenstoßes des Kreuzfahrtschiffes MS Europa mit einem griechischen Containerschiff am Mittwoch vor Hongkong wird der Kapitän des Luxusliners am 24. Mai nach Pegnitz kommen, wenn im PPP ein Kapitänsdinner für das Pegnitzer Seefahrerpublikum angesagt ist. Da die MS Europa nun nach der Kollision die Fahrt nach Alaska nicht fortsetzen kann, wird das geplante Funkgespräch von Pegnitz zum Schiff ausfallen. Der Kapitän des verunglückten Schiffes heißt, wie Pflaum informierte, übrigens Pech.*

## Einigung: Zweckverband muß Vorwürfe zurücknehmen

**TÜCHERSFELD/BAYREUTH. Die vom Zweckverband Fränkische-Schweiz-Museum Tüchersfeld gegen den geschaßten Museumsleiter Rainer**

Ende Mai haben die streitenden Parteien Zeit, um Widerspruch einzulegen.

Ohne sichtbare Regung haben Ro-

…nt von …el, und …istand …beitge- …n Rich- …n, der knapp …ab sich

Rothbrust, als Hofmanns Anwältin Doris-Benker-Roth die „runde Summe" von 40 000 Mark vorschlug. „An 1500 Mark soll der Kompromiß nicht scheitern", sagte Rothbrust.

Beim geplatzten Gütetermin im Januar hatte Hofmann eine Abfindung in Höhe eines Jahresgehalts (72 000 Mark) gefordert, da Stellen als Museumsleiter dünn gesät sind (ausführlicher Bericht und Kommentar auf Seite 14). jh

▲1992年5月3日、『U234』の秘話を全面にわたって報じたドイツの『ノルトバイエルン・クリアー新聞』。26頁参照

◀友永正子夫人を囲む一家。
2000年5月3日撮影／友永家所蔵

深海からの声／目次

## 第九章　それぞれの戦後　390

# 深海からの声

## Uボート234号と友永英夫海軍技術中佐

# 序章

## ■一造船官の昭和、伝える義務

一九八〇年代、拙著『大連・空白の六百日』、その続編『遺言なき自決』（共に新評論刊）の取材中に、第二次大戦後期、旧満洲の南端、大連港にUボート（Unterseeboot・独語・ウンテルゼーボート＝海中ボートの意。ラテン語サブマリンのドイツ語訳で独海軍潜水艦の略語）が寄港していた事実を知った。なぜこの時期Uボートが大連に――。その検証を、当時アメリカ在住の元・駐独海軍武官補佐官藤村義朗中佐に求めた。同氏からは日独潜水艦交流の経緯と当時の戦況から、Uボートの大連寄港は給油のための可能性が高い、など多くの教示を得た。

前掲二書を上梓後の一九八九（昭和六四）年に昭和が幕をおろした。藤村・元中佐から得た日独潜水艦交流秘話は、昭和の終焉とともに筆者の心に深く根づいた。

それまでは戦史、戦記ものを読む時間的な余裕があまりなかった。日独軍事交流が、両国潜水艦によってしか実行できなくなった全貌を活写した、吉村昭氏の名著『深海の使者』(文藝春秋刊)も読んでいなかったが、改めて同書をむさぼるように読んだ。吉村氏からは貴重な資料やご助言も得ることができた。それを発端に関連資料を読み進むにつれ、戦史、戦記の行間から、人間の息づかいが迫ってきたのである。

『深海の使者』に登場する庄司元三《げんぞう》海軍技術中佐と友永英夫海軍技術中佐の秘話は、特に胸を衝いた。両中佐は日独交流潜水艦の最後となるUボート234号(以下『U234』と略記)で帰国途中、大西洋上でドイツの敗北を受信、『U234』が米海軍に投降と決定するや、同艦内で自決を遂げ、深海に葬られている(両士官は一九四四(昭和一九)年一〇月付で中佐昇進、自決後戦死特進により大佐昇進)。

折も折、友永英夫海軍技術中佐の遺族が偶然身近に在ることがわかった。横浜市郊外の閑静な住宅地に友永正子夫人、長女吾郷洋子を訪れた。以後取材を深めるごとに友永英夫の魂に引き寄せられ、彼と彼が人生を賭けた潜水艦設計という、全く未知の世界に迷いこんだ。

一九三二(昭和七)年、東京帝国大学工学部船舶工学科卒業の有能な技術者が海軍造船中尉となり、潜水艦設計で頭角を現す。自動懸吊装置*と重油漏洩防止装置**(左註および二四三〜七頁参照)という世界的な発明をし、戦乱のドイツに派遣され、潜水艦の本家ドイツでも注目を集める。しかし日本海軍の危機的状況打開のため、『U234』で日本へ呼び戻された一九四五年五月、大西洋上でドイツの降伏に遭遇する。たとえ技術中佐であっても日本海軍に籍を置く身として、米軍への投降は許されない。妻と二人の娘を遺し、『U234』内でわずか三六歳の生涯を断つ。

それはまさに、昭和という戦いの世紀を象徴する一造船官の道のりだった。

潜水艦の設計は、水中で交戦するという潜水艦の任務を可能にするため、自然の原理を逆手にとったところから設計がはじまる。寸分の狂いも許されない精密機器の難解な集合体である。艦内の環境は苛酷。その中で黙々と任務を遂行する乗組員の生活を、より改善しながら、艦の戦闘能力を高める工夫をするのが造船官の腕である。

註

＊　**自動懸吊装置**　潜航中の潜水艦がエンジンを作動させず、水中で一定の深度を保って静止する装置。水圧の変化を感知し、自動的に注排水する。発生音を最低限にして敵の攻撃をかわし、燃料を節約、乗組員が休息できる利点がある。

＊＊　**重油漏洩防止装置**　潜水艦の船体構造（船殻《せんこく》）は内殻と外殻の二重の殻から成る。外殻のタンクには、潜航時に水圧がかかる。タンク底部にはパイプが開口してあり、外圧は直接タンク壁にはかからない。しかし海水と重油の比重差により、タンク頂部には、内圧がかかる。鋲工法の古い艦では、そこから油がしみ出る。タンクの頂部は、船体中最も腐蝕が早いため、重油が漏れ出す。漏れた重油は海面に尾を引き敵機に発見されやすく危険。

友永の理論は、重油タンクの底部に、若干の海水をためておき、小型ポンプで絶えず吸い込みをかけ、外海より若干低圧に保っておけば、重油は漏れない、というもの。それをもとに作られた装置。現在は、同様の目的の別の装備があり、タンクの燃料が減ると海水が入り、最後は艦内の海水分離器で処理。

しかし、消耗艦と位置づけられている潜水艦は、あくまで補助艦であり、艦首に菊の紋章は付けない。

太平洋戦争では一三九隻の潜水艦が参戦（保有は一八七隻）、乗組員ともども一二七隻を失った。そのうち二四隻は、いつ、どこで海底の藻屑となったかさえ判明していない。

友永英夫はなぜ、潜水艦設計というスポットを浴びることも少ない、地味で困難の多い分野を志したのであろうか。彼の足跡は、日本では一般に知られていないが、ドイツのキール市にあるUボート記念碑メモリアルホールの一隅には、独海軍総司令官H・G・フォン・フリーデブルク大将と共に、庄司、友永両日本海軍技術中佐の功績を讃える詞が刻まれた板があり、ドイツ人たちの賞讃を集めている（四二六頁および口絵参照）。

『深海の使者』が『月刊文藝春秋』誌上で掲載が開始されたのは一九七二（昭和四七）年。以来三〇余年が経過した。その間に米国国立ワシントン公文書館からは、『U234』に関する機密資料が公開された。その膨大な資料を入手し、読み解くと、当時の日独関係や、『U234』が日本へ移送しようとした積荷の詳細、特に酸化ウランなど貴重な機密物資や、最新兵器の数々が明記されている。同時に、それらを期せずして手にした米国の驚きと対応ぶりが注目を引く。彼らは、積荷を厳重に保管、分類し、各専門分野に送り、即刻検討、研究を開始している。世界初の高性能ジェット戦闘機、Me262二機分の部品と詳細な設計図には、米航空諮問委員会が沸き立っている。のちの米空軍の後退翼ジェット、

F86セイバーは、この『U234』の積荷から生まれている。

さらに今回ある事実が明らかになった。『U234』が〈宝船〉であることをすでに探知していた英海軍が、大西洋上で『U234』をめぐり、米海軍と奇怪な争奪戦を展開しているのである。遂に米海軍が『U234』を獲得する過程は、連合国軍内で行われた独軍の機密兵器分捕り合戦の緒戦を物語る興味深いドラマである。

一方、米国で捕虜となった誇り高き『U234』乗組員や、日本派遣命令を受け『U234』に便乗していた各兵器のベテラン技術士官たちは、米国でどう扱われ、そこで何を見、何を感じ、その後の人生をどう歩んできたのだろうか。

他方、自決した友永英夫の夫人、正子のその後は——。

夫のあとを二人の幼い娘と共に追おうとした妻正子は、七歳の長女洋子の必死の阻止で吾に還る。そして戦後、米軍占領下山口県に設置された山口県女性問題対策審議会事務局長に推され、二二年間その重責を全うする（三九一頁参照）。

すでに八十路をたどる友永正子と筆者との語らいの傍らでは、三四歳の友永英夫の遺影がほほえんでいる（口絵参照）。海軍技術少佐時代の第一種軍装（冬用軍装）姿、正子の孫息子吾郷進平よりもさらに若い頃の夫に見守られながら、正子は半世紀を越えて生き抜いてきた。

庄司元三の妻和子も同じだった。東京帝国大学工学部航空学科に学んだ庄司も、在学中から海軍委託学生（一七五頁参照）となる。卒業と同時に造兵中尉として、航空機エンジンの研究に取り組んだ。一九三九（昭和一四）年、造兵少佐に昇進し、ジェットエンジン開発のため、イタリアに派遣された。その直後、和子は長男元彦を病で失い、その悲嘆にひとりで耐え、二歳の二男元信と、生まれたばかりの三男元昌を育てねばならなかった。夫の自決後は、習い覚えた洋裁で身を立て、深夜もミシンを踏み続けた。元信、元昌は母子家庭ながら明るく、のびのびと成長、母の愚痴など一度も聞いたことがない、と言う。だが、自分たちが親となり、はじめて、笑顔の母が呑みこんでいた辛苦を察するようになった、と巡懐する。

多くの戦争未亡人たちには、苦難の昭和だった。

こうして、友永英夫海軍技術中佐を中心に、日独の〈深海の使者〉たちと、その後をたどる筆者の旅がはじまった。

## ■『U234』通信士の誤解と協力

一九九一（平成三）年九月、北ドイツ、キール市近郊の保養地プロンを訪れた。『U234』元乗組員ウォルフガング・フィルシュフェルド（三九、第二章参照）が、妻とふたりこの地で余生を送っていた。かつて上級通信士一等曹長だった彼は『作戦航海―あるUボート無線士の日記』（W. Hirschfeld, *Feind-fahrten : Das Lagbuch Eines U-Boot-Funkers*, HEYNE. 邦訳なし、写真左参照）を公にしていた。それを知り、駆り立てられるようにこの地にたどり着いた。

初対面のフィルシュフェルドの表情は固く、どこか身構えていた。通された書斎には、ファイルされた資料が整然と並び、反対側の壁には、彼のふたりの娘とその家族の写真がびっしり飾ってあった。フィルシュフェルドは、通信士という職務上『U234』の通信・情報の中枢に在り、それを記録しておくことも任務だった。さらに彼は生来の好奇心から、ひそかに私的な航海日誌もつけ、通信室のゴム袋にかくしておいた。それを寄港のたびにベルリンの母宛に送った。本来ならば軍規違反で処罰を受ける行為である。

『U234』の航海日誌本体は、拿捕時に米海軍に押収されてしまったが、彼が母に送っておいた私的な日誌は残った。捕虜生活を終えた彼はそれをもとに、資料と証言を加え、書き上げたという。

W.フィルシュフェルド著『作戦航海―あるUボート無線士の日記』表紙。

筆者はこれを読み、より詳細な取材のために訪れたことを彼に告げ、一枚の写真を差し出した。

「この写真は『U234』内で自決された友永中佐のご遺族です。あなた方と同様、当時の友永中佐にもふたりのお嬢さまがおられました」

手製のケーキでもてなしてくれるイルムガルト夫人も、夫フィルシュフェルド

上級通信士一等曹長時代のW.フィルシュフェルド（1943年当時）。写真提供：本人。

と共にメガネをかけてのぞきこんだ。

　夫妻はしばらく写真に見入り、黙したまま顔を上げなかった。

「友永中佐らの自決は実に衝撃的でした。ご遺族は、私たち『U234』乗組員が彼を死に追いやったと怨んでいるのではないでしょうか。庄司中佐の遺族はドイツを訪れたのに、友永家からは誰も……」

「いいえ。友永中佐の孫吾郷珠子さんは、キールのUボート記念碑を訪れました。正子夫人とお嬢さま方も『U234』乗組員に会いたいと、ずっと探しておられました。長女洋子さんは大学でドイツ哲学を学び、ドイツ留学を望んでおられたほどです」

「それは本当ですか。信じられない」

　彼の表情が、やっとやわらいだ。

## ■米テレビ局のウラン追及

　しかし、次の質問で彼は再びきびしくなった。米ワシントン公文書館で入手した『U234』の積荷一覧や乗組員訊問記録をもとに、酸化ウランについての質問をした時だった。

彼は言った。

「実はかつて米国のテレビ局からも『U234』のウランについて、どこにどうしたのか、としつこく取材されました。私は彼らに言いました。『あなたの国こそ、あのウランを使って日本にむごいことをしたのではないか』とね。われわれは軍人として命令に従って行動したまでです。日本本土に米空軍が二度も原爆を投下し、多くの市民が犠牲になったと知った時、まさか『U234』が積んでいたウランでは……、と一瞬考えたのです。それがずっと心の重荷になっていました。

われわれUボートは、米国の映画ではいつもギャング的にしか描かれていません。だから彼らは、われわれがそのウランを奪った、と思っていたのかもしれません。日本ではどんな受けとめ方をされているのかわかりませんが……」

フィルシュフェルドは一気に述べると口を固く結んだ。

その時ハッと思い当った。彼が身構えているのは、筆者がウランをふくめ、日本側から『U234』の行動をきびしく糾弾しにきたのではないか、との疑念と不安を抱いているからだ、と。

「ワシントン公文書館に『U234』からウランを押収したとする書類はありましたが、それをどうしたかなど、ウランに関する資料だけは今でも公開されていません。しかし『U234』が捕らえられ、ポーツマスに入港したのは一九四五年五月一九日、ウランの搬出はその後です。そのウランが六月末頃まで、まだワシントン郊外の米海軍情報局インディアンヘッド本部の大きなドーム内にあるのを『U234』の副艦長パフ大尉が目撃しています（一四〇、四一三頁参照）。当時米国ではマンハッタン計画で原爆はすでに準備中、七月一六日にはアラモゴルド（註・米ニューメキシコ州）で第一回の実験に成功しています。そして広島への投下が八月六日、長崎が八月九日。『U234』から押収したウランでこの短期間に製造・投下の準備ができるでしょうか」

他の資料によると、連合軍（ソ連を除く）は、それまでにドイツの原爆研究経過を克明に調べあげ、すでにウラン鉱石を入手している。例えば一九四〇年春には、ドイツがベルギーから奪ったウラン鉱石の一部を入手。その残りを一九四四年九月にフランス南部等で貨車二台分、翌年四月には最後のウラン鉱石約一一〇〇トンをシュタスフルト（ドイツ中部）近くで発見、押収している。もちろん米国が『U234』の予期しないすばらしい〈贈物〉を、その後自国のウラン計画に利用したことは確実であろう。

筆者は言った。

「でも、あなた方が知らずに運んだ『U234』のウランが、もしかして日本への原爆に使用されたのでは……と、この半世紀心を痛めていて下さったことは、私の著作で日本国民に伝えたいと思います。投下した張本人の米国は、あれだけの非人道的な行為をいまだに正当化したままですから……」

敗戦を体験した日本人は、戦いのおろかさが骨身にしみている。二度と同じ轍を踏みたくはない。友永英夫海軍技術中佐の自決に代表されるように、多くの有能な人材があの戦のために失われていった。平均的な日本人家庭に育った優秀な学生友永英夫が最高学府で造船工学を学び、時代の流れの中で海軍に招かれ、潜水艦設計者となる。〈軍縮〉を破棄し、太平洋戦争への道を進む当時の日本海軍、その組織の中で友永はどう生き、どう処したのか。憧れのドイツに派遣されたものの、敗色に包まれたドイツの実像は――。そこで学んだものは――。使命を果たし、帰国の手段は、最後の日本へのUボート『234』。ウランや機密兵器を満載した『U234』は幾度も死地を脱しながら、大西洋上でドイツ降伏を受信。そこでどんな事態が発生し、なぜ彼らが死を選ばねばならなかったのか。『U234』は英海軍領域に在りながら、なぜ米海軍に拿捕されたのか。『U234』乗組員、便乗者とドイツから日本へ渡るはずの〈贈物〉はどうなったのか。そして友永の死は遺族にどう伝えられ、遺族はそれをどう受けとめて戦後を生き抜いてきたのか――。

「私はあの時代をありのままに記録しておきたいだけです。誰かを告発したり、責めたりするものではないのです。そのために私はあなたのご協力を得たく、日本からまいりました」

改めて頭をさげると、フィルシュフェルドははじめて微笑をたたえて幾度もうなずいた。

そこへ同じ『U234』の通信士であったベルナール・バッハマン元一等曹長（一〇一～一一一頁参照）も訪ねてきた。

「よくわかりました。私の著書が役に立つのならどうぞ使って下さい。そしてあの著作には記さなかった友永、庄司中佐との艦内生活や、自決前後の様子をもっと話しておきましょう」

フィルシュフェルドとバッハマンは、『U234』の図面を前に置き、こもごも語り出した。

息のつまるような四時間だった。

口の重いバッハマンがぷっつり語った。

「フェラー艦長（四二頁参照）からドイツ降伏が報告されたあとでした。トモナガ中佐は『悲しむことはない』と私を慰めてくれました。そして『最後まであきらめない民族は滅びることはないのだから』ときっぱり言いました。現在の日独を見れば、あの時トモナガはすでに二つの民族の未来を見通していたのです。今でも彼のあのコトバは忘れられません」

プロンのW.フィルシュフェルド氏宅で、1991年9月28日。左よりB.バッハマン、通訳須本・シュバーン由喜子、フィルシュフェルド、その夫人、筆者。筆者所蔵。

最後にフィルシュフェルドはこう言った。

「そうだ。来年一九九二年四月に『U234』乗組員らの会合がゴスワンスティンで開かれます。それにあなたが友永夫人やお嬢さん方と出席しませんか。ぜひ実現させて下さい。こんなすばらしいことはない――」

フィルシュフェルドもバッハマンも昂揚していた。

■独紙「半世紀後の『U234』独・米・日の邂逅」

夏の音楽祭には世界のワグネリアンが集うドイツ南部の古都バイロイト、ここからさらに車で小一時間南西に走る。

定規を当てたように整然と耕された農村の集落をいくつか過ぎると、急に切り立った岩肌の丘が現れる。ところどころに祠があり、野の花がたむけられた奥にはマリアの像がほほえみ、日本の地蔵信仰と似ている。

狭い石畳の街道を登りきると、ゴスワンスティンだった。一二世紀に建てられた白亜のゴスワンスティン城や、大きな鍾乳洞が有名で、古くからバイエルン州フランケン地方の保養地として、人々に親しまれてきた。

一九九二年四月二八日、この地の小さなホテルに、老夫婦たちが次々に集まってきた。かつての『U234』の乗組員と便乗者たちが、ドイツ各地から一堂に会し、一週間にわたって旧交を温める催しだった。

はるばる米国から駆けつけた米海軍元通信士W．バウワー（左端）とその夫人（左から3人目）。筆者撮影。

総勢三〇余名、ほとんどが年金生活で、年々出席者は少なくなるばかり。世を去った人、病床に伏す人、長旅に耐えられなくなった人々が欠けていく。

それだけに、久方ぶりの再会者たちが大声をあげて抱きあい、肩を叩きあって喜ぶ姿には、生死を共にしてきた同志の強い絆がある。

今回の会合にはベルリンの壁がなくなり、東ドイツ在住の二名が初参加、それに二名の貴重なゲストが加わることになった。

そのひとりは、『U234』を拿捕した米海軍駆逐艦『サットン』とともに『U234』をポーツマス港まで誘導した駆逐艦『ミュアー』の通信士、ウイリアム・バウワー夫妻で、はるばるシカゴからやってきた。

バウワーたちも戦友仲間と毎月新聞を出し、お互いの情報交換を楽しんでいる。親しいジャーナリスト、ティロ・ボーデから『U234』乗組員、便乗者たちの会合を知らされたバウワーは、かつての『U234』乗組員の消息記事はビッグニュースになると、ドイツへの旅を思い立った、という。

「あの時われわれは、ドイツとの戦いは終わった、艦内では『U234』乗組員らを客として扱え、と命令されました。『U234』が、あれほどの機密兵器を積んでいたとは知りませんでした。しかし、『U234』を誘導しようにも操艦システムがわれわれとは違うため、彼らにまかせるしかありません。〈海の狼〉といわれているUボート乗組員への恐怖に戦きながら、お互いに疑心暗鬼。敵とともに敵艦で航行する二度とない体験をしました」とバウワー。

もうひとりのゲストが、自決した友永英夫技術中佐の長女、吾郷洋子だった。彼女は、この集いの最後の夜の懇親会に招かれていた。

父の背のやわらかな感触しか父の定かな記憶のない洋子にとって、父の存在は時に遠のき、時に近づき、四八年の歳月が流れた。

ふたりの娘を道連れに、夫友永のあとを追おうとした母正子を泣いて引きとめた七歳の時以来、洋子は母との二人三脚の戦後がはじまった。

働く母の後姿を見ながら洋子は成長した。カソリックへの信仰が心の支えとなり、父のいない淋しさを意識したことは少なかった。聖心女子大学でドイツ哲学を専攻したのも、ドイツに留学し父の足跡をたどるのが目的だった。しかし卒業後、吾郷誠との結婚で家庭に入った。長男進平、長女珠子、二女東子の三人の母となった。

子どもたちが成人後、洋子は韓国語を学び、李炳注《イビョンジュ》原作『クーデター、朴正熙とその時代』（影書房刊）を翻訳、出版した。その間、エスペランチストを通じて偶然『U180』（友永が渡独時に乗艦、三一九頁参照）の乗組員だった水兵と出会ったが、『U234』乗組員との連絡はとれないまま半世紀近くが過ぎた。

「ドイツへ――」の洋子の悲願は、フィルシュフェルドの誘いで実現したのだった。

ゴスワンスティンでの『U234』乗組員および便乗者たちによる懇親会会場風景。中央は挨拶する友永の長女吾郷洋子。筆者撮影。

五月とはいえゴスワンスティンは夕方になると濃い霧が立ちこめ、肌寒い。一週間にわたる『U234』乗組員たちの集いもいよいよ最後の夜を迎え、名残を惜しむ人々は、地元の若者のバンドが奏でる古いドイツのワルツや軍歌にあわせ、歌い踊っていた。

幹事役のヒューバート・レアマンがマイクで一同を席に着けた。

「実はここに日本からはるばるあの友永中佐のお嬢さんヨーコが訪れました」

一瞬の静寂がどよめきに変わった。友永に面差しがそっくりの洋子を、四七年昔の記憶をたぐり寄せながら、食い入るように見つめるかつての海の勇士たち——。

レアマンは、洋子がドイツ留学を志していたこと、『U234』乗組員を探し求めていたことなどを紹介、まず一同からの贈物を、と『U234』のレリーフの楯を洋子に捧げた。大きな拍手が沸き上った。

予期しなかった彼らの心配りに洋子は胸をつまらせたが、笑顔をとり戻し、感謝の辞を述べた。

「父を見るまなざしで私を見守って下さってありがとうございます。皆様が、私を、より父に近づけて下さいました。父が永遠に祀られているドイツも、より私に近づきました」

背筋の伸びた洋子は美しく堂々としていた。父友永英夫から受け継いだ豊かな資質、母正子から学んだ美徳、新しい時代に生きる日本女性がそこに在った。

彼らの要望で日本から持参したビデオを上映した。

NHKテレビが一九七〇（昭和四五）年八月一七日に放送し、芸術祭賞を受けたドキュメンタリー『Uボートの遺書』（構成・演出＝山崎俊一）である。

通訳須本・シュバーン由喜子の同時解説を一同身を乗り出し、耳に掌を当てて聞き入った。ビデオで、渡独途上『U180』艦上での在りし日の友永の姿が映じると、みんなの視線がそっと洋子に注がれた。そこには彼女の心を押しはかるやさしさがあふれていた。

やがてバンドが彼らの愛唱歌〈灰色の狼〉を奏でるや、みんなで和し、その熱気に近所の住民たちも窓辺に連なった。

洋子は次々に乗組員たちに腕をとられ、ダンスの輪に加わった。彼らは、友永の想い出のすべてを洋子に告げようと、われもわれもと順番を待った。

快く酔った元機関兵曹オット・ディストラー（八九頁参照）は、友永との艦内生活が長かった分思い入れも深く、片時も洋子の側を離れなかった。「ヨーコ、トモナガはすごくいい奴だった！　共に馬を盗める男（註・独の諺で信頼できる男）だった」とくり返した。

友永付の士官で友永にピアノを教えたハインリッヒ・ヘレンドーン（四四頁参照）、そして彼と同じ『U234』便乗者で唯ひとり戦後の日本と交流のあったエーリッヒ・メンチェル（四一一頁参照）は、父親のように洋子の肩を抱き、細やかに心を配った（写真上参照）。

友永の遺児洋子を囲んだ左H.ヘレンドーン（友永、庄司付士官で友永にピアノを教えた）、右E.メンチェル（戦後日本と交流した）。筆者撮影。

夜が更けるまで想い出にひたり、翌五月二日、全員でゴスワンスティンの名所、グナデンアルター教会（二六頁写真参照）に向かった。教会は一八世紀の荘重なバロック様式だが祭壇は田園的で親しめる。壁一面の絵画と彫像は三世紀にわたってフランケン地方文化の中心となっている。

司祭は正装で現れ、彼らと共に平和への感謝をこめ、長い祈りを捧げた。洋子の瞳がうるんでいた。

かつて日本へ行くはずだった〈海の狼〉たちとその便乗者。当

1992年5月2日。『U234』乗組員と便乗者たちの集い。米駆逐艦『ミュアー』の通信士W.バウワー（最後列右端）夫妻、友永英夫長女洋子（最前列右から4人目）、通訳須本・シュバーン由喜子（同右端）、ひとりおいて筆者。ゴスワンスティンのグナデンアルター教会で。筆者所蔵。

時は敵だった米海軍戦士。ドイツ降伏により盟友から敵に逆転、心ならずも大西洋の海底に消えた日本海軍技術中佐の遺児。運命を共にした三つの国の敵味方が平和裡に集うには、半世紀の時が必要だったのかもしれない。

この歴史的な出逢いの一部始終は、『U234』の秘話とともに一九九二年五月三日付の『ノルトバイエルン・クリアー新聞』の一頁全段を費して報じられた（口絵参照）。

二日にわたり取材した若い女性記者ボン・シェブル・ボルケルはきっぱり言った。

「このような日独の戦争秘話があったことを知りませんでした。ショックと感動にふるえました。私にはこれを若い世代に知らせる義務があります」

集いが終わって四日後の五月六日、日本

では筆者が提供した新資料を参考に、ＮＨＫテレビで『プライム・10・現代史スクープドキュメント・Ｕボート234号最後の航海』（制作＝井上隆史、構成演出＝箕輪貴）が放送された。その後も再放送され、反響を呼んだ作品となった。スタッフが綿密な独自の取材で構成した力作だった。

それから早や一〇余年の歳月が流れた。筆者は「海軍」「潜水艦」という手に余る素材をこなし切れず、ドイツでの取材とともに原稿は眠ったままとなった。


二〇〇四（平成一六）年一月、日本政府は世論を二分した状態で自衛隊のイラク派遣を決定した。隊員たちは命の保証もないまま、家族を残して〈出征〉していった。「同盟国米国の要請とイラクの復興支援は、わが国益につながる」と政府は力説したが、ふたつとない命と引き替えにするには余りにも説得力に欠けていた。

歴史を検証すれば明らかであろう。〈日清〉〈日露〉に勝利した日本は、時の勢いに押され、ＮＯと言い切る勇気ある指導者も不在のまま、あの愚かな戦いに突入した。

一旦戦さになれば、理性も涙も血もふっ飛ぶ。

その恐怖とむなしさを身に刻みこんできた筆者に、あの若き女性記者ボン・シェブル・ボルケルの言葉が甦ってきた――「私にはこれを若い世代に知らせる義務がある」

もうひとつ心に掛ったままの挿話がある。横浜郊外の書店に、ある日幼い少女が財布を握って訪れた。

「おじいさまの伝記を下さい」

「おじいさまって……誰？」

「友永英夫です。潜水艦を造っていた海軍のエライ人です」

「はて……」

書店の主人は、顔見知りの幼い少女の要求に、戸惑いながら質問をくり返した。少女は祖父の伝記がないことが腑に落ちない様子で、しょんぼりと帰っていった。

少女は友永英夫の長女吾郷洋子の娘珠子だった。洋子の三人の子どもたちは、祖母正子から祖父友永英夫のことを語り聞かされて育った。読書好きの珠子は、学齢前から伝記ものに興味を抱き、ナイチンゲールや野口英世などを読んでいた。祖母から聞く祖父のイメージは珠子に鮮やかに刻まれた。当然祖父の伝記も、本屋に行けばあるものと信じて疑わなかった。

「幼い珠子からそのいきさつを聞き、おかしいやら、かわいいやらで……。あの珠子のがっかりした表情は今でも忘れられません」と正子。

その珠子も現在は、国際協力機構（ＪＩＣＡ）の教育関係事業に携わり、中米ホンジュラスで活躍している。

少女珠子の望みを叶えてみよう――。そして珠子だけではなく、彼女の世代、そのまた次の世代のひとびとに読んでもらいたい。祖父母や曾祖父母が体験したことを識り、その歴史から何かを感じ、未来に生かしてほしい。

戦後六〇周年に、その願いを、本書にこめた。

# 第一章　『U234』出航準備

## ■敗色漂うキール港に二人の日本人

バルト海に面した北ドイツのキール市（五八頁地図参照）。

ドイツ海軍の根拠地であり、重要なUボート基地である。

一九四五（昭和二〇）年二月末、第二次大戦は終局のきざしを見せていた。

その朝、キール港は横なぐりの雪に煙っていた。

湾岸沿いのゲルマニア造船所では、ドイツ海軍の起死回生を賭けた水中高速艦〈奇跡のUボート〉XXI型を建造中であった。

連合軍はすでにこの情報をキャッチしていた。高性能の新型Uボートが跳梁する前に、その息の根をとめようと、連日空から襲いかかってきた。

第二次大戦当時のドイツ周辺略図

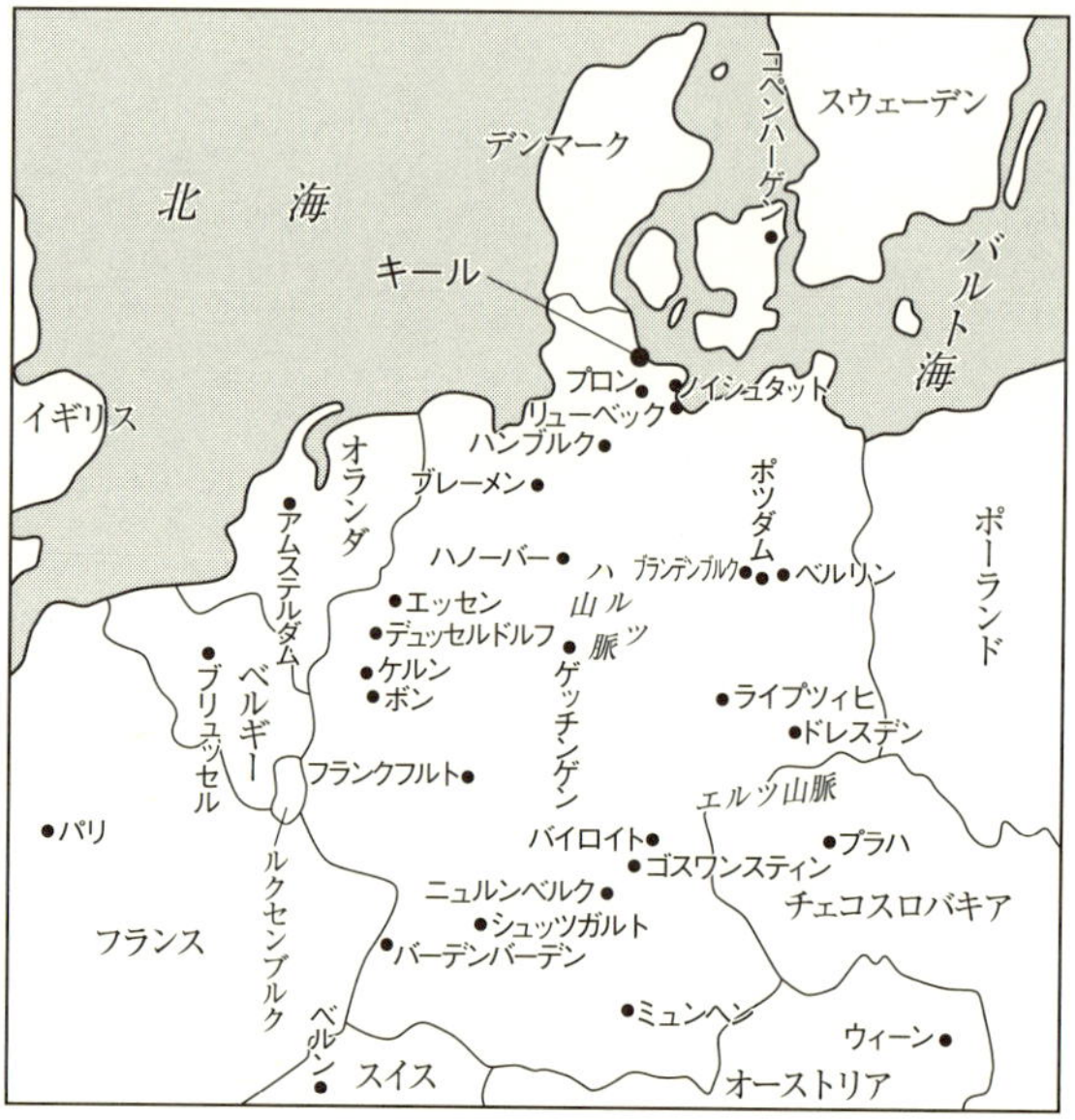


キール湾岸は、敵機襲来の警報で煙幕を張り、視界をさえぎったが、効果はなかった。連合軍側のレーダー開発はドイツを上回っていた。

海軍基地ばかりか、市庁舎、セント・ニコライ教会、オペラハウス、市中心部の由緒ある建物など、キール市は八〇パーセント近くが瓦礫と化していた。

そのため兵舎も不足し、海軍は不用となった定期航路客船を係留し、兵舎に転用していた。

かつて米国航路用であった『ミルウォーキー』は、『U234』士官用宿舎となっていた。

その一室に、ふたりの日本海軍技術士官（一八七頁左註参照）がひそやかに投宿していた。

潜水艦設計のベテラン、海軍技術中佐友永英夫、三六歳。

航空機エンジン開発のリーダー、海軍技術中佐庄司元三、四二歳。

友永は一九四三（昭和一八）年、Uボート研究のためドイツに、庄司は一九三九（昭和一四）年、航空技術修得のためイタリアに、各々赴任した。庄司の方は一九四三（昭和一八）年九月、イタリアの降伏でスウェーデンに移動していた。

二月も中旬を過ぎた頃、友永と庄司はドイツ海軍司令部から再度の指令でベルリンのレアーター駅に集合した。というのも一月二〇日、一度キール港に向かったが、Uボートの準備が整わず、友永はベルリンに、庄司はストックホルムに引き返し、待機中だったためである。

駅には友永と東大同期の永盛義夫海軍技術中佐、樽谷由吉海軍技術大尉、津山重美大阪商船ベルリン在勤員の三人が目立たないように気を配りながら友永らを見送りに来ていた。

「ことによるとドイツの降伏は近いかもしれない。そうなるとシベリア鉄道で、われわれの方が先に日本に帰り着いているかもしれないな。そしたら今度は俺が出迎えてやるよ」

永盛中佐はつとめて明るく言った。訪独時には、永盛中佐がロリアン港で友永に迎えられたからだった（三六六〜八頁参照）。

友永は懐から手帳を取り出し、一枚破ると、それに妻正子の住所を記し永盛中佐に渡した。

「しばらく連絡ができないが心配しないよう、ついでの時に伝えてくれないか」

その紙片は友永の最期の肉筆として一年後に正子の手に渡ることになる。

友永は津山に近寄った。

「あのクリスマス・イヴは一生の想い出です。日本に帰ったらあの夜の光景を絵にしたいなあ」

友永のしみじみとした口調が津山に残った。

## ■友永・庄司、最後のクリスマス

それは二か月前のことだった。前年の一九四四（昭和一九）年一二月二四日、友永と庄司は藤村義朗海軍中佐から別荘に招かれた。藤村中佐にすれば、間もなく命がけで帰国の途に就く友永と庄司に、せめてドイツでの最後のクリスマスをゆっくり味わわせようという思いやりだったのであろう。

藤村中佐の別荘はベルリン郊外、ミュッゲル湖のほとり、フリードリッヒハーゲンにあった。広い応接間では暖炉が燃え、天井までとどくクリスマス・ツリーにはろうそくの灯がともされ、キリスト誕生の馬屋のミニチュアが、にぶくライトアップされていた。片隅には、演奏会用のグランドピアノがあった。

正面の窓には、氷が張りつめたミュッゲル湖に夕もやが棚引き、その先に夕陽が落ちていくところだった。

時折スケートを楽しむ子どもたちのかん高い声が湖上を渡ってきた。

藤村中佐が相客を迎えに行った間、友永と庄司は、くれなずむ部屋で黙したまま落日の一瞬を見守っていた。

やがて玄関がにぎやかになり、相客と共に藤村中佐が戻ってきた。

招かれていたのは大阪商船の津山重美だった。津山は藤村中佐へのプレゼントに、とっておきの友人たちを同行した。

ドイツ・オペラハウスのテノール歌手ノルト、アルト歌手オルト、それに指揮者マイヤーだった。津山は当時ダイヤモンドなみの貴重品とされたコーヒーを持っていたことで、オルトらドイツ・オペラハウスのスタッフと親しくなった。

津山は、藤村中佐がクリスマスには秘蔵のコニャック、コルドン・ブリューとヘネシーの口を切ると前宣伝していたことを思い出した。酒には目がないマイヤーに声をかけたところ、両手を挙げて応じた。ノルトも志願した。こうして豪華なメンバーが、藤村邸に押しかけることになった。

クリスマスの宴は、藤村中佐の乾杯ではじまった。暖炉の炎とコニャックに、間もなく一同は陶然となった。

話題は、まず風変わりな隣家のコテージの主、劇作家であり小説家であるゲルハルト・ハウプトマンの噂話からはじまり、作品批評になった。

藤村中佐の女性秘書ゲルデの才覚で、食卓にはドイツ料理と、独得の香りのクリスマス・ケーキが用意されていた。ユダヤ人との混血であるゲルデは、目もとの涼しい聡明な女性で、彼女と友永のジョークのやりとりに席は沸いた。ちなみにドイツ政府は、駐独日本陸海軍武官や武官補らに、女性秘書を配置し、便宜をはかった、という。あるいは、監視の役割もあったのかもしれない。

やがて夜も更けた。ゲルデは、三本目のろうそくの灯をツリーにともした。シャンデリアが消された。

マイヤーはすっと席を立ち、ピアノの蓋をあけた。

マイヤーは前奏を弾きながら、オルトとノルトに目で合図を送った。オルトとノルトは静かに歌い出した。ゲルデもそれに加わった。讃美歌〈聖なる夜〉であった。

歌い終わった三人は、こみ上げるものに耐えていた。

友永は思わず三人の手を握って言った。

「吾、今宵を忘れることあらじ!!」

それはハウプトマン論のあとだったせいか多分に台詞めいていた、と津山は綴っている。

戦闘、空襲、死、そうした恐怖の影さえない別世界のミュッゲル湖畔のクリスマス・イヴ。しかし現実は、お互いに祖国は崩壊寸前にあり、明日知れぬ身である。そこに訪れたつかの間の幸せ、生きている歓びが神への感謝となり、〈聖なる夜〉に歌いこめられた。

ノルトが友永、庄司らの前途を祝し〈万里の波濤を越えて〉を熱唱した。

オルトはどこで覚えたのか〈荒城の月〉を余韻嫋嫋と歌った。友永ら日本人三人は、ハミングで和した。

部屋は底冷えしてきた。いつの間にか窓に粉雪が舞っていた。


その二か月後、友永と庄司はいよいよ決死覚悟の帰途に就いたのである。レアーター駅に強い寒風が吹き抜けた。予定をはるかに過ぎたが、列車は到着しない。

快活な友永もことば少なくなった。

「いざという時には、これがありますから――」

友永は、オーバーの上から背広の胸ポケット部分を二度叩き、笑ってみせた。

そこには小林一郎海軍軍医少佐からもらった睡眠薬、ルミナール一瓶が入っていた。

見送りの永盛中佐ら三人は、黙って友永の手許を一瞥し、目をそらした。お互いに、息づまるような苦しさをふり払うのに精いっぱいの別れだった。

「あの時の友永中佐のお姿は、想い出すたびに涙があふれてきて……。ベルリンの海軍事務所で共に過ごした仲なので……」

六〇年前のその日をふり返り、九五歳（二〇〇五＝平成一七年）の樽谷由吉・元海軍技術大尉は、絶句した。

友永と庄司がキールに到着したのは、それから二四時間後であった。平時ならば五時間程度の距離である。敵機襲来のたびに灌木や列車の下に身をひそめ、夜間に破壊された線路を迂回し、あふれる避難民の群れと共にやっとたどり着くことができた。

ふたりは、疲労が貼りついた体を『ミルウォーキー』の揺れるベッドに横たえ、朝を迎えた。ふたりは重い頭を抱えたまま、用意された灰色の皮の制服に腕を通した。Uボート乗組員用の作業衣で、保温性が高い。

間もなく約束の時間に、Uボート士官数名がドアをノックした。

士官たちは、ふたりの日本海軍技術士官を取囲むようにして、デッキからタラップを降りた。

雪はやんでいた。北欧特有のおもい空がたれこめ、焼けこげた異臭が漂ってくる。

ゲルマニア造船所の巨大なアームがへし折れ、ひねり上げられたような鉄骨が、異様な造形をさらしている。

ところどころに、すり鉢状の大きな穴があき、余燼がくすぶっている。裂けた大木の枝には、黒くすすけた家具やカーテンがひっかかり、寒風にはためいていた。戦いの末路を思い知らせるような荒涼たる光景だった。


ドイツ降伏は時の問題と、二月四日からはソ連領クリミヤ半島南端のヤルタで、米英ソ最高首脳によるヤルタ会談が開かれていた。首脳たちは、はやばやとドイツ降伏後の管理協定を結んだ。無論極秘だった。各国兵士や国民はそれを知らぬまま、殺戮の巷に命をさらしていた。

東部戦線のソ連軍は勢力をもり返し、ドイツ国境オーデル河を渡った。ベルリンへは六〇キロの地点である。一方、西部戦線の連合軍は、ライン河からドイツの心臓部であるルール工業地帯まで進攻、占拠も目前となった。

首都ベルリンはもとより、ハンブルク、エッセン、ケルン、デュッセルドルフなど各都市は、連合軍の連日の空襲に壊滅状態であった。


友永と庄司は作業帽を目深かにかぶり、立てた襟に顔を埋めた。海沿いの道をうつむきながら歩いた。

「日本人であることを覚られないように」というUボート司令部からの警告があった。

ゲルマニア造船所をはじめ、各軍需工場は労働力が不足し、近隣の占領地から強制的に外国人労働者を集めていた。ドイツの敗退が顕著になると、彼らのサボタージュや、部品の抜き取りが広がった。それればかりではない。彼らのレジスタンス運動は組織化され、連合軍と結びつき、強力になっていた。

英海軍諜報機関では、Uボート基地に重点的にスパイを配し、どんな些細な情報でも洩れなく吸い上げていた。捕虜のUボート乗組員らを誘導訊問し、彼らの家族について聞き出した。諜報電波はそれをもとに、Uボート乗組員の家族に直接心理攻撃を仕掛けた。その内容は具体的で説得性があり、実に巧妙、かつ執拗だった。誇り高きUボート乗組員やその家族たちも、ドイツの敗色が濃くなると、ひそかに英海軍諜報電波を盗聴した。

Uボート司令部ではスパイ対策に神経をすりへらしていた。乗組員宿舎の従業員に情報提供者がいることも判明するなど、この時期になると手がつけられない状態となっていた。

Uボート司令部では、こうしたスパイの目に日本人友永、庄司の姿がとまることを怖れた。これからはじまる極秘任務を嗅ぎつけられると、重大な支障をきたすことになる。

■『U234』に『U235』の積荷の謎

友永、庄司を取り囲んだUボート士官らは、ティルピッツハーフェンのUボートブンカー検問所をくぐった。

Uボートブンカーは、ドイツ海軍が誇るUボートの格納庫である。ダムの水門のような形をしたブンカーは、鉄筋コンクリート造り、屋根の厚さは五メートルから七メートル。一トン爆弾の直撃にも耐える強度で、Uボートにとっての安息所であった。

その一ブロックに、Ⅸ式B型、排水量一六五〇トンの『U234』が係留されていた。
四、五名の着ぶくれた乗組員が、トラックからおろした荷を手押し車で舷側《げんそく》まで運んでいる。荷は手渡しでタラップから狭い甲板に上げられる。

海軍大尉二等航海士カール・エルンスト・パフは『U234』の積荷担当責任者を命じられた。日本海軍潜水艦の職掌では先任将校に当る、艦長を補佐する副艦長役である。

パフ大尉は、『U234』の異常に多い積荷に、今回の任務が通常の作戦行動とは異なると感づいた。『U234』はUボートの中では大型の機雷敷設艦である。今回の任務に当り、機雷敷設筒や、甲板上の弾薬庫をコンテナに改造したため荷を積むことが可能になったが、それにしてもこれほどの量を搭載したことはかつてない。

段ボール箱、木箱、金属箱と箱の種類も数も多く、形もまちまち。危険物、こわれものなど取扱注意品らしきものもあるが、一切内容表示がないのも異常である。

パフ大尉は荷物を正確に計量し、通し番号を付け、その順に特設コンテナや、艦内のあらゆる空間を利用し積みこんだ。床にも敷きつめ、艦の均衡が保たれるよう、平均的に積むのが重要なポイントである。

さらにそれらの荷は、動かないよう隙間に毛布や詰めものをする。一刻を争って急速潜航や浮上をくり返す潜水艦にとって、荷崩れは操艦を狂わせ、危険である。

これらのほか、魚雷、砲弾、出航直前には食糧、水を搭載することを計算に入れておかねばならない。

ただでさえ空間の少ないUボートである。

はたして命令通りの荷がうまく搭載できるだろうか。パフ大尉は慎重に作業を指揮していた。そこへ、友永と庄司がタラップを上ってきた。パフ大尉は、どこかで会ったことがある人物だと思った。ふたりがUボート将兵用の作業衣を着ているため一瞬わからなかったが、ふた月前の一九四四年一二月末、ベルリンの日本大使館に招かれた折に同席していた日本海軍士官であることを思い出した。しかし、その席でふたりの紹介はなかった。

パフ大尉はふたりが『U234』の乗客となる人物に違いないと察した。

友永はパフ大尉に握手を求め、甲板上に積み上げてある四角い茶色の包みを指した。それを自分たちふたりで木箱に詰めるのでよろしく、と挨拶した。

友永は甲板上の作業の邪魔にならないよう、四角い包みを艦橋に運び上げた。約二五センチ立方、茶色の厚い包装紙で包まれたその荷物は非常に重い。

友永は庄司と木箱に腰をおろし、ひとつひとつの包みに木炭で〈U235・〉と記入しはじめた。

ブンカーの中は幾分寒風をさえぎるが、それでもじっとしていると寒気が足もとから這いのぼってくる。

「何をしているのですか」

友永は、一瞬虚を衝かれたように見上げた。

声をかけたのは『U234』上級通信士一等曹長ウォルフガング・フィルシュフェルドだった。一拍間があいた。

す」

『U235・』の積荷です。『U235・』が日本へ行かなくなったので、かわりに受けとって日本へ運ぶのです」

友永は、フィルシュフェルド通信士から視線をはずすことなく答えた。流暢ではなかったが、正確なドイツ語であった。

友永は再び木炭で茶色の包に〈U235・〉と記した。フィルシュフェルド通信士は、友永に親しみを感じたが、それ以上の質問は呑みこんだ。

庄司は、部厚いメガネの奥からフィルシュフェルド通信士を一瞥した。フィルシュフェルド通信士は庄司に近寄りがたい雰囲気を覚え、〈ブシ〉という日本語を思い出した。

日本海軍でもドイツ海軍でも同じだが、上官にあれこれ質問するのはタブーである。命じられたことを、正確、迅速に達成することが任務で、命令の理由を質したり、疑問をはさんだりすることは許されない。

しかし、フィルシュフェルド通信士は、思わず疑念を抱いてしまった。自分が任務に就いている『U234』艦上で、見知らぬ東洋人が積荷の作業をしている、しかも自分たちと同じ作業衣を着て——。

〈『U235・』の積み荷を日本へ運ぶと東洋人は言った。とすると彼らは日本人に違いない。『U234』は日本へ行くことになるらしい、という噂はこれで確定的だ。この時期なんのために日本へ向かうのだろうか〉

フィルシュフェルド通信士の疑念は深まった。彼は勤務の合間に、Uボート司令部の編成艦隊任務一覧を調べてみた。すると、『U235・』はⅦ式C型、日本にかかわる任務には一度も就いていないことが確認された。

〈とするとあの日本人はなぜあのような説明をしたのだろうか。彼らは一体何者なのだろうか〉

友永が記入していた〈U235・〉とは、実はウランの化学記号だった。極秘の積荷である〈U235・〉は、総量五六〇キロの酸化ウランで、約二五センチ立方に分包され、茶色の紙で包装されていた。この〈U235・〉に関しては友永、庄司両名でのみ積荷の最終確認を命じられていたと思われる。二人は〈U235・〉と自ら内容を記していた。その包みは合計四七個あった。それを一〇ケースの木箱に詰め、格納庫に運ばれた。

「包みが非常に重かった」とフィルシュフェルド通信士が証言したのも当然である。事実それは見た目の量よりずっしり重かった。なぜなら〈U235・〉の比重は一九・〇四倍で、鉛の比重一一倍よりもさらに重い。

友永がフィルシュフェルドの「何をしているのですか」の質問に「『U235・』の積荷――」と、とっさに応じた機転はさすがである。〈U235・〉の正体をフィルシュフェルド通信士や『U234』乗組員が知るのは、『U234』が米海軍に拿捕され、ポーツマス入港後のことになる（一四〇〜三頁参照）。

## ■新人艦長に未経験乗組員

『U234』は、一九四二年末、ゲルマニア造船所で機雷敷設艦として起工された（口絵参照）。

翌一九四三年五月、建造中の『U234』は連合軍の空襲で、艦首から長さ九メートルにわたって直撃弾を受けた。

のちの艦の運命を暗示するような損傷で、その部分を完全にとり替えねばならなかった。そのため進水は大幅に遅れ、同年一二月二三日となった。その後も油圧装置の欠陥が発見され、改造が加えられた艦だった。

艦長には、ヨハン・ハインリッヒ・フェラー海軍大尉が任命された。

フェラー艦長は、商船学校出身でアジア航路貨物船乗組員だった。その後海軍に入り、巡洋補助艦『アトランティス』の拿捕士官として、六五五日の作戦航海を体験している。しかし、Uボートの経験はなく、突然『U234』艦長を命じられた。

五〇名の乗組員も熟練者はわずかで、はじめてUボートに乗り組む者もいた。


独海軍の代名詞ともなったUボートは、船体の色から連合軍に〈灰色の狼〉と怖れられる存在だった。それは、第一次大戦中に英海軍の捕虜収容所で日夜Uボートの作戦を練り続けてきたカール・デーニッツ（のちのUボート艦隊司令長官）によって指揮された。第二次大戦になると、〈灰色の狼〉たちはイギリスの輸送路を遮断、一時大英帝国を追いつめるほどの戦果を挙げた。

ところが一九四三（昭和一八）年五月以降、〈灰色の狼〉たちに〈魔の季節〉が訪れた。英海軍が沈没中の『U110』から暗号解読機Mを奪った。生け捕りにした『U570』からは、Uボートの性能のすべてを解明した。英海軍はそれをもとに新戦術を編み出し、猛反撃に転じたのである。一方の独海軍は、この大失策に全く気づかなかった。Uボートの損失は急上昇、乗員の補充も追いつかなくなった。

やむなく水上艦から潜水艦への転任がはじまり、フェラーにも潜水艦長の任務が与えられたのである。

水上艦と潜水艦では構造も操艦も戦術も全く異なり、潜水艦の方がはるかに難物である。

平時では、乗組員から艦長になるには一〇数年かかるのに、未経験のまま、いきなり潜水艦長とは考えられない任命だった。それに乗組員も熟練者はわずかとなれば、一体どんな事態になるのだろうか。

フェラー艦長は不安ながら命令に服し、バルト海で半年の『U234』初訓練航海に就いた。それは艦長にとっても乗組員にとっても、文字通り必死の訓練だった。数回のあわやの危機を乗り越えるごとに、乗組員のフェラー艦長への信頼は増していった。不安を克服し、一九四四年九月帰投したフェラー艦長に、思ってもみない極秘任務が待ち受けていた。

「機密兵器と日本海軍士官、およびウーリッヒ・ケスラー空軍大将ほか重要スタッフを搭載し、日本へ航行せよ」

まさに青天の霹靂だった。

近海作戦中心の独海軍は、大型Uボートを必要としない。そのため輸送任務に適した大型艦種は『U234』のような機雷敷設艦しかなかった。『U234』の機雷敷設筒や弾薬庫、キール（竜骨）部分をコンテナに改造中、フェラー艦長は極秘任務のための乗組員再組織に忙殺された。

## ■かくれ家でピアノを習った友永

一九四五（昭和二〇）年三月一日のことだった。

友永、庄司付士官H．ヘレンドーン（1992年）。筆者撮影。

「『U234』の出航はしばらく延期になります。キール市では人目も多く、外出もままならないので、出航までは別な所でゆっくりなさって下さい。ハインリッヒ・ヘレンドーン海軍中尉をお伴させます。なんでも彼に申し付けて下さい」

『U234』への積荷を確認し終えた友永と庄司に、Uボート司令部の士官からそう伝えられた。

　この日から『U234』に搭乗命令が出るまでの二三日間、三人は身をかくすために転々とする。ヘレンドーン中尉がこの間の日記を手帳に残していた（写真左参照）。

　一九九二（平成四）年、筆者はヘレンドーンを訪れ、友永、庄司の帰国直前の空白を埋めることができた。当時七三歳のヘレンドーンは歯科医となり、戦後を生きていた。

「これが当時の手帳で私の宝物です。この手帳は、日記やメモ、それに友永中佐が作ってくれた日本語のテキストでもあるのです。これが半世紀たった今、こうして役に立つなんて――」

白くなった長い睫の奥で、ヘレンドーンはたびたび瞳をしばたきつつ、当時を語った。

　ヘレンドーン中尉は友永、庄司と出会った最初の夜、空襲がないのを幸いに彼らをキールの焼け残った映画館に案内した。ドイツ映画〈黄金の町〉が上映されていた。クリスチーナ・ゾーダーバウム主演の悲恋物語だったが、観客はまばらだった。

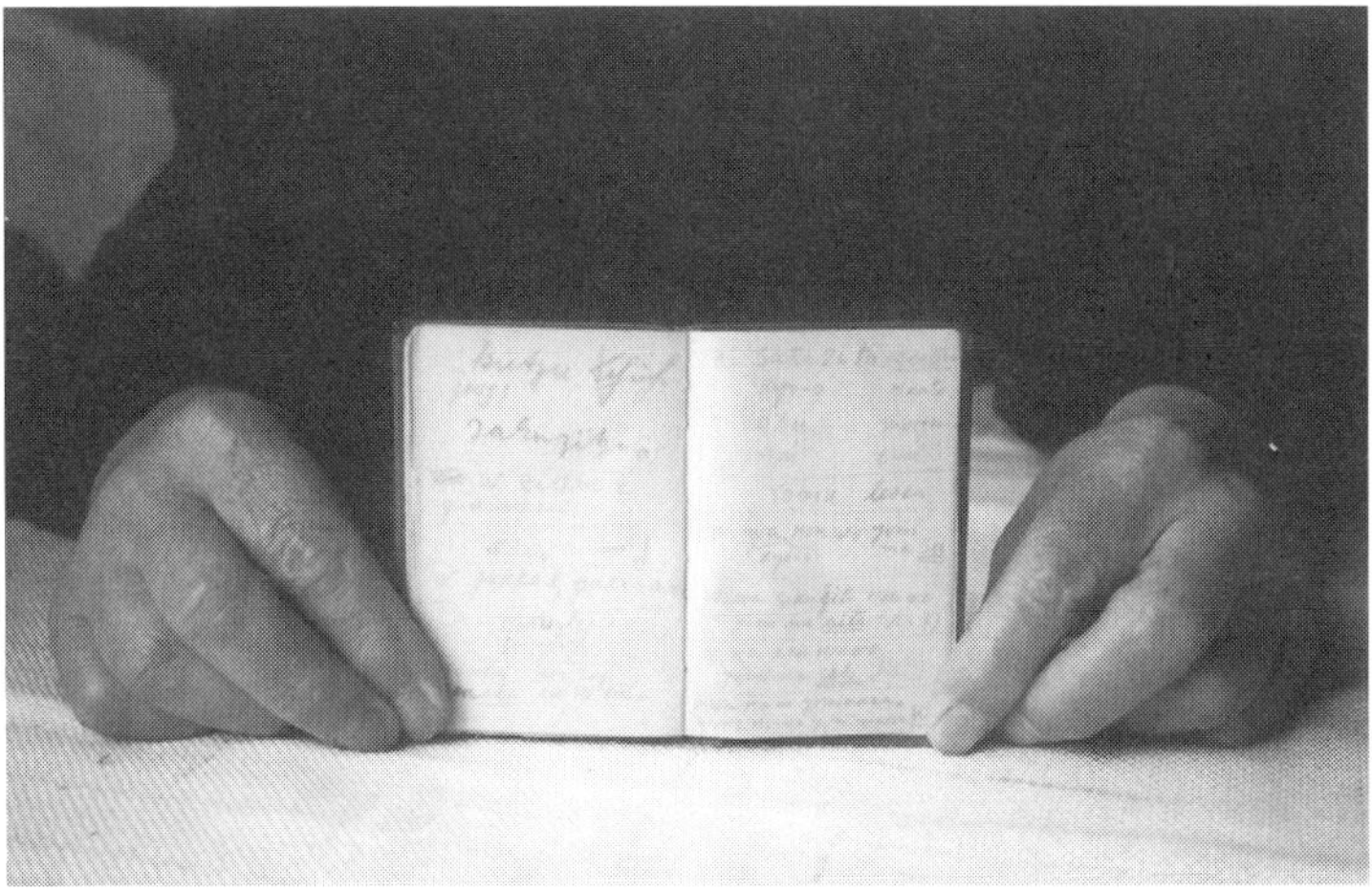
友永がヘレンドーンの手帳に書いて教えた日本語テキスト。筆者撮影。

翌三月二日、ヘレンドーンは海軍中尉の制服、友永と庄司は背広にソフトをかぶり、キール駅からプロンに向かった。司令部からの指定地だった。

プロンはキールから南へ三〇キロ離れた静かな保養地で、列車は一日数便しかない。古びた車輛はぎしぎしときしみ、左右に腰を振りながら走った。

見渡す限りの大地は、雪におおわれてゆるやかに起伏し、無数の湖が点在している。時折灌木の間から凍った湖面が鏡のようにきらめく。このあたりが、ドイツのスイスと呼ばれているのもうなずける。

左手の小高い丘に白い古城が聳えている。そのふもとにはゴシック調の黒い教会の建物を中心に、レンガ造りの農家の集落がある。牛舎にはやせた牛が首をたれていた。

やがて小ぎれいなコテイジが建ち並ぶプロンに着いた。

宿舎に指定された海軍兵舎には、監視員の水兵が数名しかおらず、暖房もなかった。食事も非常に粗末で、友永、庄司は食欲もわかぬ様子であった。

ヘレンドーン中尉は自分の責任のようにふたりに詫びながら、ロッカーから毛布を幾枚も運び出してきた。しかし零下一〇度にもなる夜の寒さは、どんなに毛布を重ねても震えがとまらなかった。

翌日、ヘレンドーン中尉は毛布にくるまってうずくまる友永、庄司をプロンの町へ誘い出した。北ドイツ独得の自然と伝統が息づき、民家の窓辺は清潔なカーテンと好みの花鉢で彩られていた。薪を積んだ物置小屋が整然と並び、追いつめられた戦いも、この静かな町の人々の心までは乱していなかった。

ベルリン、キールと崩壊の街で生活してきた友永、庄司は、久方ぶりに心安らぐ光景に接した。その夜は兵士たちが催したバラエティーショーに招待され、いっとき寒さを忘れることができた。

だが、この寒さと貧しい食事にこれ以上耐えるのは不可能、とヘレンドーン中尉は管轄の第五潜水戦隊のベッカー海軍少佐に電話をした。

三月七日、三人はキールに戻ることが許された。キールでは寒さはまぬがれたが、かわりに連日空襲に見舞われた。広いキール港内に停泊中の艦艇や貨物船などが次々に標的にされ、炎に包まれた。

三月一〇日、三人はリューベック湾に面した海軍基地ノイシュタットへ行くよう命じられた。プロンでこりた三人は食料品を用意して出発した。

ノイシュタットでは、兵舎の一室に三人で共に暮らすことになった。充分ではなかったが暖房もあり、近くにはドイツ・ハウスというホテルがあった。

友永は例のコーヒーを持参し、三人でホテルを表敬訪問した。ホテルの女主人は、コーヒーに全身で感動を表現した。彼女を交えてのコーヒータイムは、よき時代にタイムスリップできた。

友永、庄司は外交官特権で食糧配給券を持っており、ホテルにとっては最上級の客であった。それからというもの女主人は、三人のためにいつも特別にテーブルをセッテングし、おいしい料理を用意して待っていた。

兵舎に戻ると三人は時間を持てあました。ヘレンドーン中尉はトランプで〈スカート〉というゲームをふたりに教えた。ふたりののみこみの早いのに、ヘレンドーン中尉はさすが日本海軍のエリートだと思った。しばらくそれに熱中したあと散歩に出かけた。ノイシュタットの風景はプロンほどの変化がなく、リューベック湾に沿った海岸通りを、北東の寒風にさらされながら、あてどなく歩いた。

友永と庄司は、ヘレンドーン中尉に日本語を教えようと申し出た。それまで日本も中国も区別がつかず、東洋をひとくくりにしていたヘレンドーン中尉にとって、友永と庄司ははじめて出会った日本人である。日本語はもとより、日本という国さえ彼の概念にはなかった。だが、これからその国で生活するとなると、事前の勉強は必要である。

ヘレンドーン中尉は、喜んでそれに応じた。

友永は、ヘレンドーン中尉の小さな手帳に、ローマ字で日本語の挨拶、日用語、軍人の階級名を几帳面に書いた。友永と庄司はそれをもとに熱心な教師となった。

ヘレンドーン中尉にとって日本語の発音はむつかしかった。特にドイツ語のRとLの使い分けが日本語になく、例えば〈森〉の発音を幾度も練習させられた。

「オハヨーゴザイマス。コンニチワ。コンバンワ。ショーイ（少尉）。チューイ（中尉）。モリ

（森）」

ヘレンドーンは入歯の口もとを一生懸命動かしながら筆者にこれだけ言うと、子どものようにはにかんで笑った。

彼の当時の日記には、「本当のコーヒー、久しぶりの白パン、ジャム、そして特別の料理を食べた。何もすることがないのも苦痛である」と記されている。

三月一一日にはこの町の映画館でロベルト・シューマンの音楽映画〈トロイメライ〉を観た。シューマンの音楽をバックに、シューマンと妻クララの愛の記録が美しくくりひろげられ、友永はいたく感動した様子だった。

そこでヘレンドーン中尉は、ふたりを再度映画に誘った。〈フォイヤツァンゲン・ボーレ〉が上映されていた。ハインリッヒ・シュポール監督の大学生と教師の喜劇で、今でもドイツ映画史上に傑作と記されているが、友永も庄司も声を立てて笑っていた。映画館から出ると庄司が歯痛を訴えた。ヘレンドーン中尉は歯科医を探し、庄司を伴ったが、東洋人など訪れたこともないこの地だけに、医師に庄司の身分をかくすのに苦労したという。雪が雨に変わったため三人は散歩を中止し、ホテル・スタットキールで酒を飲み、すっかり陽気になった。

三月一五日海岸を散歩。高級将校クラブでカジノゲーム。日本語の勉強。

三月一六日、停電のためニュースが聞けず不安。

当時ドイツでは、毎日午後の一定時間帯にラジオで国防軍の戦況詳報があった。日本の大本営発表のようなものであるが、ドイツ国民は、必ずこれを聴きながら避難対策を樹てていた。

　三月一八日のことであった。ヘレンドーン中尉は、兵舎の食堂のピアノを弾いてみようと思い立った。食堂には箱型のピアノがあり、その上にいくつかの楽譜が置いてあった。

　ヘレンドーン中尉は、その中に一週間前に観たばかりの映画〈トロイメライ〉の楽譜を見つけた。シューマンが〈子供の情景〉をピアノでスケッチした中の一曲で、夢をテーマにした繊細なロマン的小品である。ヘレンドーンはゆっくりと弾き出した。友永が顔をあげた。

「いい曲ですね、私に弾き方を教えて下さい」

　友永は意気込んで、ヘレンドーンの側に寄ってきた。

「友永中佐は音符と鍵盤の関係も知らない、全くはじめてピアノの前に座った人でした。それでいきなりこの曲を弾くのはむりだと言ったのですが、彼はどうしても、というのです。私も彼らに日本語を教えてもらっていましたから、仕方なく承知しました。私は五線紙を作り、ドレミファの音符教育からはじめました。この音符の鍵の場所はここ、と鍵盤に紙を貼り、教えたのです。正直言って彼がそれを覚えるだけで、降参すると思っていたのです。

　ところが彼は熱心でした。納得いくまで私に質問し、それからまる一日ピアノから離れませんでした。私と庄司中佐はがらんとした食堂で、一日中ギクシャクしたピアノの音につきあい、ふたりで目くばせしながら耐えました。

　でも、驚いたことに彼はとうとう弾きこなしたのです。あの執念はどこから沸いてくるのでしょうか。『こんな美しい曲に出会ったのははじめてです』と言いながら夢中になる友永中佐に、私は深い感動を覚えました」

食堂の広いガラス窓の先には、散歩道をへだててバルト海がひろがっていた。北欧の春は遠く、時折黒雲が空をおおい、粉雪が舞う。その光景をバックに、友永が背を丸めてピアノに向かう姿は、今でもヘレンドーンの目に焼きついている。

友永はクラシック音楽に興味は持っていなかった。しかし、日常生活に音楽が組みこまれているドイツの暮らしの中で、音楽が彼の心に滲み透っていった。

さらにあのクリスマス・イヴの、オペラ歌手たちとの思いがけない出会いが、彼の魂をより音楽に近づけたのであろう。ピアノの虜になったのも、最上の癒しだったに違いない。

その上、友永は映画〈トロイメライ〉でこの曲の由来を知った。別れた時は五歳であった無口な長女洋子、人形のようだった一歳の次女展子《のぶ》、ふたりの子らはこの曲のような美しい夢をみているだろうか。帰国してこの曲を披露したら、妻正子はどんな表情を見せるだろうか。友永は、これからの危険な航海の先にあるはずの、久方ぶりの家庭の幸せに思いをはせたであろう。

## ■ヘレンドーン中尉の胸に生きる友永

「ドイツ海軍士官たちはピアノが好きです。

あの有名な戦艦『ティルピッツ』にも、大砲とともにグランドピアノと箱型ピアノが搭載されていました。艦が揺れても動かないように、ピアノの脚は床に固定してありました。アスマンという士官が名ピアニストでね。彼のためにグランドピアノを載せたようなものです。彼の演奏に一同どれほどいやされたでしょうか。

私もその『ティルピッツ』の第二対空砲部隊所属の少尉でした。一九四四年一一月一二日、『ティルピッツ』は北ノルウェーのトロムセ付近で英空軍の爆撃を受け、大破沈没しました。艦橋で応戦していた私は海中に投げ出され、流れ出したオイルの中を漂流後、小さな島に泳ぎつき一命はとりとめました。しかしオイルが目に入り、しばらく視力を失い入院しました。退院後、健康回復のための休暇が与えられ、一九四五年一月二三日、ベルリン海軍省に出頭命令を受けました。

ベルリンのエバースバルデにある海軍省では、Uボート艦隊司令長官（Ｂｄｕ）デーニッツ提督から、『U234』で日本へ行き、少なくとも三年間軍事視察を行うことを命じられたのです」

彼はその足で、日本大使館主催の昼食会に出向いた。招かれたのは、他の乗組員よりあとに『U234』の任務が決定したリチャード・ブラ海軍大尉とヘレンドーン海軍中尉のふたりだけで、日本側は二〇名近く列席していた。

「料理はすばらしく豪華で、久しく味わったことのない海亀のスープ、うまい肉、料理された米などが次々に供されました。私は生れてはじめて箸を使い、肉に添えられていたグリンピースをつまもうとしたのですが、うまくいきません。口に入る前にグリンピースは、カーペットの上をころがり、はるかかなたまで遠ざかります。側でサービスをしていたドイツ人の執事が、ナイフとフォークで食べるようアドバイスしてくれたので、箸との格闘をあきらめました。

プロンで友永、庄司両中佐と過ごしている時、ふたりが私のグリンピースとの格闘を笑いをかみ殺

吾郷洋子と語らうヘレンドーン。『U234』の乗組員と便乗者たちの集いにて（序章参照）。筆者撮影。

して見ていた、と打ち明けられ、大笑いしたものです。

私が日本への命令を受けた時は二五歳でした。その命令に不安や航海の危険などをあまり感じなかったのは、若かったからでしょう。母はすでになく、父も私がキール出航直前に世を去りました。心残りもなく、ただ目前の命令に従うのみでした。

その後キールの司令部で友永、庄司両中佐付に任じられた時、彼らの世話と同時に、実は監視を命じられたのです。しかし、彼らと生活を共にしながら、私は彼らを監視するどころか、彼らの誠実で謙虚、豊かな人間性に深い畏敬の念を抱くようになりました。ドイツ語だけでは伝え足りないお互いの感情、意見をフランス語や英語を総動員しながら、幾日も語りあいました」

もと貴族の家系のヘレンドーン中尉は、温和で思いやり深く、高い教養を身につけている。司令部でもそうした彼を見込み、異国の技術士官らに付けたのであろう。

彼にとってはたったひと月足らずの異国人との共同生活であったが、友永、庄司の人柄は、青年ヘレンドーンの心のひだに深く織りこまれた。

ノイシュタットでの三人の休暇も九日目を迎えた。目前には命を賭ける任務がある。休暇とはいいながら、それは大手術を控えた患者のような、落ち着かない日々だった。

この日も友永は、朝から〈トロイメライ〉に熱中していた。午後のコーヒータイムに、司令部からヘレンドーン中尉に電話が入った。日本への派遣が中止になり、ほかの艦に移ることになるらしいという。突然の命令変更に戸惑ったヘレンドーン中尉は、とりあえず友永、庄司を残しキールに戻った。だが命令は二転三転し、結局再び『U234』乗艦が決定した。

三月二三日、友永、庄司にもキールへの移動指令が出た。ふたりは二週間の所在ない休暇を過ごしたノイシュタットに別れを告げた。ただ友永にとっては思いもかけない〈トロイメライ〉とのめぐり逢いがあった。

あのクリスマス・イヴと〈トロイメライ〉は、友永の三六年の人生の最期のひとときに訪れた、悲しくも心救われるエピソードとなった。

## ■なぜ『U234』は日本へ

友永が、滞独一年余りで帰国命令を受諾したのは、一九四四（昭和一九）年七月二五日だった。『伊52』が遣独第五便として七月下旬から八月上旬頃ロリアンに到着予定だった。海軍省としてはその『伊52』の帰路便の搭乗に間に合うよう友永に帰国を命じたものと思われる。ところが『伊52』はロリアン到着前に米軍機に爆沈されてしまった。海軍省がそれを確認したのは戦後である（三七二〜八二頁参照）。

同年九月、ドイツ駐在日本大使館付海軍武官小島秀雄少将（『伊29』で遣独）は、旧知のウーリッツヒ・ケスラー独空軍大将の訪問を受けた。ケスラー大将は海軍協力部隊空軍司令官で、フランス戦線に在った。彼は、小島少将に一身上の重大な秘密を明かし、協力を求めた。

ケスラー大将はヒットラー暗殺計画（三七三頁参照）に賛同していた。計画書へ署名はしなかったが、秘密国家警察《ゲシュタポ》はそのことを察知している気配がある。それを逃れるため、できれば昔訪れた日本へ行きたい。訪日に際してはジェットエンジン、V1・V2ロケット、高射砲関係の人材を同行し、日本の航空技術開発に全面的に協力する。ついては自分の日本への派遣を、小島少将から独空相ゲーリング元帥に進言してもらえないだろうか——、小島少将にとっては思いもかけない依頼であった。

小島少将は事が重大であるため、同大使館付陸軍武官小松光彦少将に相談した。その結果日本陸海軍省の承諾をとりつけることができた。小島少将は小松少将とともに、ベルリン郊外北東八〇キロのカリーンハレ別荘にゲーリング空相を訪れた。

小島少将は、かつてゲーリング空相の要望に応えて、日本海軍の航空魚雷やウォルフラム（タングステン）の原鉱などをとどけたことがあった。

「ケスラー大将の赴任を日本が要望している」との小島少将の進言に、ゲーリング空相はあっさりと承諾した。

小島・元少将は後年、その時のことを要約次のように回想している。ゲーリング空相とケスラー大将は、なにかにつけ反目しており、ゲーリング空相の説得は難航することを覚悟していた。ところが気抜けするほどスムースに運んだ。ゲーリング空相も、ケスラー大将の噂は耳にしており、その処遇に窮していたふしもあった。その矢先、日本からの申し出は渡りに船の話だったように思われる。折から、日本駐在のドイツ大使館付グロナウ空軍少将に対し、日本陸海軍関係者から不満が出ていた。グロナウ少将には、戦闘戦術についても最新技術についても、正確な知識がなかったためである。日本陸海軍がケスラー赴任を即、歓迎したのは、そんな好運な背景があった、と。

問題は渡航方法であった。ケスラー大将は北極圏回りの空路を提案したが、ソ連領通過の危険を怖れる日本陸軍の反対で、断念させられた。

海上渡航はすでに不可能で、結局Uボートしかなかった。ドイツ海軍は一二月なら出航可能、と回答してきた。

小島少将はこの時、海軍省からたびたび督促されている友永英夫、庄司元三両技術中佐を便乗帰国させることにした。ケスラー大将やドイツの優秀な技術陣の遣日であれば、ドイツ海軍もそれなりの艦長やスタッフを配置し、万全の対策を樹てた航海となるに違いない、これがおそらく独海軍遣日便最後の機会となるであろう、と思った。ケスラー大将に、友永、庄司両中佐の同行を願い、海軍省にもその旨を報告した。

すでにその二か月前の七月に海軍省から帰国命令を受けていた友永、庄司は、小島少将から帰国便を指定され、研究続行を願っての滞在延長をあきらめることにした。もちろん帰国に心はずませなかったわけではない。しかし戦況は余りにも悪化していた。航海の安全など望むべきもなかった。

一二月に入ったが、ドイツ海軍からの出発連絡はなかった。その間友永は、兵器購入のベテラン酒井直衛海軍嘱託と共に、日本へ持ち帰る資料の整理と、ドイツから譲渡される機密兵器類や購入資材選定などに当っていたと思われる。

一二月中旬、ヒットラーの最後の賭けがはじまった。雪におおわれ、攻撃力のにぶくなった西部戦線アルデンヌ方面連合軍に対して、ドイツ軍は一大攻撃に出た。一時はアイゼンハワー元帥率いる米軍を敗退させ、ドイツ軍再起と期待された。しかしドイツ軍機甲隊の燃料が続かず、一か月後この賭けにも敗れてしまった。

その頃、ベルリンの日本海軍武官邸に、ドイツの『U234』士官と便乗決定者の一部が招かれた。友永、庄司も出席していたが、極秘のため紹介はなかった。

招かれた人々は次の通り。艦長のヨハン・ハインリッヒ・フェラー海軍大尉、副艦長（先任将校）カール・エルンスト・パフ海軍大尉、ヘルベルト・ヤスパー海軍少尉ら『U234』の士官と、便乗者である艦隊判事ケイ・ニューシュリング海軍大佐、造船官ジェラルド・ファルク海軍中佐、レーダーの専門家ハインツ・シュリケ海軍少佐、海空軍共同作戦のスペシャリスト、リチャード・ブラ海軍大尉、それにメッサーシュミット社のトップ技術者で民間人のアウグスト・ブリンゲバルト、同社購買主任フランツ・ルフ技師である。

ベルリン日本大使館は空襲の被害が著しかったため、比較的損傷の少ない海軍武官邸が接客の場となっていた。

「日本側からは大島浩駐独大使（註・陸軍武官）以下各武官、ドイツ側からも海軍提督数名が出席していました。目を見張るような豪華な食事に驚きましたが、この時の訪日任務がただごとではないと感じたのは、ドイツ秘密国家警察《ゲシュタポ》の高級将校二名が参加し、鋭い目付きで監視していたからです」

その時の出席者のひとり、シュリケ少佐の証言である。

# 第二章　凶となった『U234』の遣日任務

■緊張の艦内、不安な便乗者たち

一九四五年三月二四日午後三時、『U234』乗組員に搭乗命令が出た。『U234』はUボートブンカー（Uボート格納庫）から出た。

明るいグレーの『U234』の船体は、そぼ降る氷雨の中で、ひと回り大きく映えた。『U234』は、時折首をもたげる白い波頭を切りながら、ヒンデンブルク海岸を、ゆっくり湾口に向かった。

ヒンデンブルクの一角で、黙ってハンカチを振る家族の一群があった。

機関士ヘルムート・リヒター兵曹は、『U234』改造中の休暇を利用して結婚した。花嫁ゲルダは一八歳、透き通るような肌に金色のうぶ毛が光る清純な乙女だった。彼女はたった二週間共に暮らして出陣する夫の姿を、涙に濡れた瞳で追い求めた。

その頃ディートリッヒが歌う〈リリー・マルレーン〉が流行していた。Uボート乗組員たちはその歌詞を次のように替えて歌っていた。

一〇〇〇メートルの底に潜っても
歩いてわが家に戻りたい
もしも大洋の底に沈んでも
一番近い岸まで
歩いていこう
君のところに
リリー・マルレーン

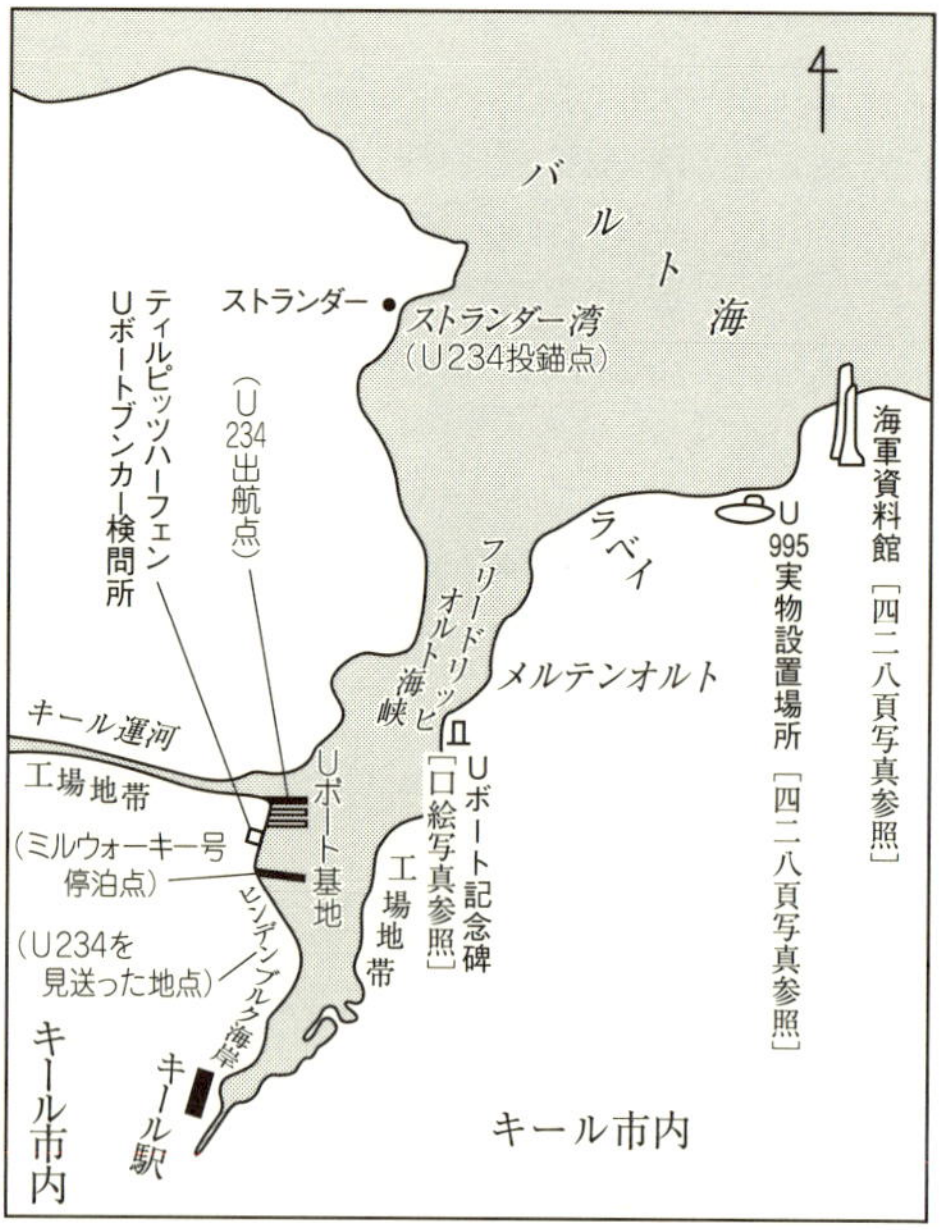

キール港周辺略図

リヒター兵曹はまさにその歌詞の心境だった。

「岸辺の群れに妻ゲルダがいると思うと、海に飛びこみ、なにもかも捨てて妻のもとに戻ろう、今だ！　今しかない！と、幾度もその衝動に駆られたのが、あの時の正直な気持です」と、後年彼は、深いしわが刻まれた顔に笑を浮かべながら、寄り添う妻を見返った。

「あの状況下でドイツの勝利を確信し、訪日の使命に燃えたぎっていた乗組員など、ひとりもいなかったでしょう」、当時の乗組員たちは口ぐちに回想する。出航日の空のように、彼らの心は重く灰色に塗りこめられていた。

『U234』はキール湾口で減速し「一時間にわたり救急訓練を行う」、と命令が出た。出航直前でのこうした命令は珍らしいことだった。六人用五艘、一人用七二艘のゴムボートが用意され、それに空気を入れて海上におろし、全員手際よく移乗する。

ボートの数は乗組員分よりも多い。乗組員のための訓練というより、便乗者グループのために行われていることは明らかであったが、誰もそれは口にしない。

救急訓練に続いて無音航行テストに移った。

潜水艦は、浮上中はディーゼルエンジンで航走するが、潜航すると空気が使用できないため、蓄電池の電力に切り替える。無音航行とは、潜航航行中、艦内で発生するすべての機器音を必要最少限度にとどめるテストである。

その頃、英・米海軍は新型の潜水艦探知機を開発、諸艦艇に設置した。これで深深度で潜航するUボートも捕捉でき、そのデータを即、駆逐艦や航空機に通報、Uボートは正確な爆雷攻撃にさらされるようになった。それを避けるには、Uボートが敵の探知機を早期に逆探知し、敵の捕捉不可能な深度まで潜航、無音航行に切り替えて危機を回避しなければならない。

水中での音の伝播力は、空中よりはるかに強い。そのため無音航行に入ると、勤務当番以外の者はベッドに横になり、呼吸量を抑える。音を発生する空気清浄器のレベルをさげるからである。不必要な会話は禁じられ、艦内歩行もフェルト底の靴か靴下のまま。電力節減のため電灯は暗く、食事は無火食、トイレも石油缶にため、海中排出はできなくなる。

攻撃力のない『U234』が、英海軍が制圧している北海、ノルウェー海から大西洋に抜けるには、無音航行テストは重要であった。

テストの際、プロペラシャフトから漏水が発見された。至急漏洩防止リングを装塡しなければならない。出航時にこれでは、前途多難な予感がする。

『U234』は艦首を回し、再びキール港のブンカーに戻り、補修された。

雨足は遠のき、夕闇が迫った。

午後六時。かすかな明りのブンカー内で、荷物を手にした二つの黒い影が足速に『U234』に近づいてきた。タールを塗った板敷きの道がコツコツと鳴った。

ソフトを目深くおろし、目立たないグレーの背広に黒っぽいオーバーの小柄な人物は日本海軍技術中佐友永英夫。もうひとりは、がっしりした体の、同じく日本海軍技術中佐庄司元三。ふたりはノイシュタットの〈隠れ家〉から戻ってきたばかりだった。

ただひとり白い制帽のフェラー艦長は、タラップを昇ってきたふたりの乗客を挙手で迎えた。

友永は馴れた身のこなしでするりとハッチをくぐり、艦底に降りていったが、馴れない庄司は垂直に五、六メートルはある梯子《ラッタル》を慎重に一歩一歩踏みしめながら降りた。

午後八時。

友永、庄司の世話係であるハインリッヒ・ヘレンドーン海軍中尉が駆け足で搭乗してきた。彼は戦艦『ティルピッツ』勤務中に被爆し、所持品のすべてを失った。日本派遣が決定後、大至急発注した衣服がやっと調達でき、ぎりぎりの乗艦となったのだ。

『U234』は再びブンカーを離れ、フリードリッヒオルト海峡を抜け、ストランダー湾に投錨した。しばらくすると小艇が波間に現れ、用心深く『U234』の舷側でとまった。

海明りをたよりに、小艇からは軍服、私服の人々が手さぐりで『U234』に移乗してきた。ケイ・ニーシュリング海軍大佐、ジェラルド・ファルク海軍中佐、ハインツ・シュリケ海軍少佐、リチャード・ブラ海軍大尉、アウグスト・ブリンゲバルト、フランツ・ルフ両技師ら六名の便乗者であった。どの顔も、目が異常に緊張していた。

彼らは乗組員に助けられながら、やっと体が入るハッチからラッタルを伝い、指定の居室に導かれた。

小艇は全速力で闇に消えた。スパイの目を逃れるための措置だった。

『U234』は厳重な警戒体制のままストランダー湾で翌三月二五日を迎えた。空襲がなかったのは幸運であった。

やがて護衛のためのXXIII型Uボート三隻と魚雷艇一隻が、『U234』の両舷に到着した。いよいよ出発である。『U234』は艦首を北東に向けた。ディーゼルエンジンがうなり、乗組員は配置についた。護衛艦の速力にあわせ、『U234』は一〇ノット（一ノット＝一時間に約一・八キロ進む航海速度）で海上航走に移った。

フェラー艦長は士官を集めた。

「われわれ『U234』は、クリスチャンサン（註・ノルウェー）を経て最終目的地日本へ航行する。現在、九名の便乗者、さらに途中で三名加わる。危険と困難はあるが諸君の協力で、この重大任務を無事達成することを望む」

簡潔な指示だった。何のために日本へ行くのか、一二名の便乗者たちがどんな役割を担う人々なのかは明かされなかった。

## ■襲いかかる敵機の狙いは

『U234』は、キール湾を出ると、フェーマルン島（ドイツ領）とロラン島（デンマーク領）の間を通ってバルト海に出た（八六頁地図参照）。三月二六日深夜コペンハーゲン沖を通過した。フランスのUボート基地をすべて失ったこの頃、Uボートの出撃コースはこの狭い海域に限られてしまっていた。

連合軍はこの海域を機雷と哨戒機で封鎖した。Uボートの半数は出撃途上で失われている。ヘルシングボリ沖からやっとカテガット海峡に出ると、雲が切れ、夕陽が射してきた。不気味なほど、何ごとも起こらない。

艦橋では、電波探知用のマットが無心に回転している。

「通信機が過熱したため、交換します。一〇分後に受信可能になります」

ウォルフガング・フィルシュフェルド通信士は司令塔に連絡した。

「了解。異常なし」

司令塔からの応答に、フィルシュフェルド通信士は作業を開始した。

作業終了直後だった。突如、新しく取り付けたサイレンが艦内に鳴り響いた。

「敵機三機、前方より進入」

本来ならば急速潜航するのだが、カテガット海峡は敵の機雷が多数敷設されているため、海上航走を命じられている。

浮上のまま、全員緊急配備につく。フィルシュフェルド通信士は、探知用スクリーンにスイッチを入れたが、すぐには反応しない。やっと表示が出た時には、すでに飛行機は五〇〇〇メートルに近づいている。

「距離三〇〇〇メートル」

フィルシュフェルド通信士が司令塔に報告した。

「撃て!!」と伝声管を通して命令が響いた。

だが、無音である。

『U234』は、重要な特殊任務を担っている。危険が迫った時にのみ攻撃が許されている。そのため対空砲も、二〇ミリと三七ミリ砲しか装備していない。

司令塔のフェラー艦長は、顔色を変え艦橋に駆け上った。

対空砲の部署についていた乗組員は、フェラー艦長の激しい叱責に驚いた。肝心の艦橋の伝声管が故障していたのだ。

あとでわかったことだが、それは『U234』にとって幸運だった。

敵機は『U234』を狙っていたのではなく、『U234』左舷のはるかかなたを航行中のドイツ客船四隻と、その護衛艦を標的にしていたのだった。薄暮の空が裂け、かなたの護衛艦の対空砲が火を吹いた。客船の一隻が被弾し、炎に包まれた。

『U234』の逆探知用スクリーンには、引き続き敵のレーダー探知が無数に走る。カテガット海峡上空には多くの敵機がいるらしい。西方から戦闘機が進入してくるのが認められた。『U234』の護衛艦に通報する。

対空砲火チームが再び部署につく。戦闘だ。緊張が走る。

「進入角度二八〇、距離四〇〇〇！」

思わず声も上ずる。

航空機にとって、浮上中の潜水艦攻撃など赤子の手をひねるようなものである。潜水艦側は敵機が低空になった時を狙って対空砲を発射するのだが、それ以前にやられる可能性の方がはるかに大きい。唯一の救いは闇夜であること。敵機から視認はできない。敵機はレーダーに頼って攻撃してくるのみだ。

『U234』からは強烈なサーチライトで敵機の進入正面を照射する。フェラー艦長以下対空砲チームは、その光の束の中を目を凝らして見据える。

スクリーン上の敵機の位置表示が次第に強くなり、敵機近接を知らせる。すると三三〇〇メートルの距離で、突然敵機は方向転換をし、六〇〇〇メートルのあたりで表示が消えた。

フィルシュフェルド通信士は、相棒の一等曹長ベルナール・バッハマン通信士と見交わし、肩をすくめた。なぜか敵機は去った。

三〇分後、再び西方から新しい敵機進入のサインが出た。ところが、これも三三〇〇メートルまで近づくと、南西へ方向を変え、飛び去った。

この神経に針を刺すような敵機の〈ゲーム〉は、その後三度続いた。敵機は『U234』のサーチライトを潜水艦ではなく、強力な艦隊と誤解したのだろうか、それとも、単に哨戒の義務だけを果たしたのだろうか。

とにかく最初の危機は去った。

## ■シュノーケルテスト中、艦尾破損

『U234』は北進を続け、翌三月二七日、懐深いオスロ湾（ノルウェー）の西岸ホルテン港に到着した。一帯は夜光虫が多く、艦周辺の海水がまるで蛍の群れに囲まれたように妖しく光る。それが艦尾に帯状に流れていく。便器内の水も青白く光り、一瞬幻想的な気分に引きこまれる。

この海域は比較的安全なため、ここでシュノーケルのテストを八日間行うことになった。

シュノーケルとはドイツ語で〈鼻〉という意味で、その名の通り、形状も役割も潜水艦の〈鼻〉に相当するものである。当初オランダ海軍が採用、その性能を認めた独海軍も一九四四年中頃から各Uボートに装備をはじめた。しかし資材と人手不足で捗《はかど》らず、不利な戦況にあえぐUボート乗組員を苛立たせていた。

潜航中の潜水艦は蓄電池の力で推進するが、一定量の電池を消費すると、浮上してエンジンで蓄電

シュノーケル概念図

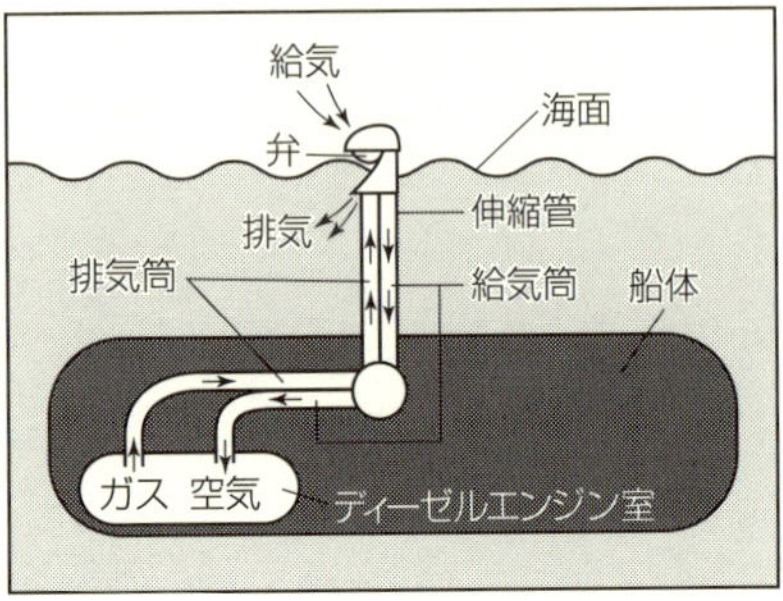


せねばならない。敵の制圧を受けている海域では浮上できず、電池がなくなれば自滅するか、浮上して交戦するかの選択を迫られる。

それがシュノーケルの装備により、油圧で伸縮するシュノーケルの長さ内なら、潜航のままディーゼルエンジンを使用し、給排気ができるようになった。Uボートの救世主である。ちなみに友永もこのシュノーケルに注目、情報を収集、日本へ送信している（二六八、三八五頁参照）。

この装備が『U234』にも取り付けられた。ただし、それは訓練航海を終え輸送潜水艦に改造された時であったため、乗組員はその操作について未経験で、就役後の訓練となったのである。

訓練ではまず、潜航中、甲板上に倒してあるシュノーケルを油圧装置で立て、その先端を潜望鏡のように海面に出して空気を吸いこませる。シュノーケルの表面には迷彩と、電波を妨げる塗料が施されている。敵からの探知を防ぐためである。

シュノーケルの通風管には、給気筒と排気筒がある。この給排気で空気の出し入れを行いディーゼルエンジンを動かす。燃料のある限り水中でも充電できるが、シュノーケルが計算通りに作動するか、操作はうまくいくか、綿密にテストしなければならない。

シュノーケル先尖には球状の弁がある。弁は高波の時には自動的に閉じ、海水の流入をとめるが、給気弁が閉じると、エンジンは艦内に残った空気を吸いこむ。そうなると艦内の気圧は八〇〇ミリバール（ヘクトパスカル）から五〇〇ミリバールにさがることもある。

通常艦内は、一〇一三ミリバールであるから、これほど急激に低圧になると、乗組員は鼓膜が痛み、眼球が飛び出しそうになる。この状態が一分を越えると、エンジンの排気は黒煙となって艦内に充満し、呼吸が困難となる。

高波が去り、給気弁が開くと今度は高圧力で空気が流入し、乗組員は叩きつけられるような苦痛を味わう。また、シュノーケルが順調に作動していても、エンジンの給気力が強すぎると艦内は低圧になる。かといって給気力を弱めるとエンジンが不完全燃焼を起こし、有毒ガスが発生しやすい。

機関長以下機関士たちが、こうした状況に対応しながら複雑な操艦に馴れるまでは、彼らをふくめ乗組員たちは、地獄の責め苦に耐えねばならない。

シュノーケルテストと同時に、速度計テスト、コンパス装置テストも平行して行われた。

こうしたテストがくり返されている五日目、四月一日のことであった。潜航訓練中の『U234』の後部に「ガツン」と強い衝撃が走った。座礁か——。一瞬全員青ざめた。

「一号燃料オイルタンクよりオイル流出！」

「一号潜水タンクに異常発生」

フェラー艦長は、浮上命令を出した。

『U234』は、滝のように海水をはじきながら船体を現した。

すると、すぐ側に護衛任務の潜水艦の一隻も浮上してきた。同艦もシュノーケルのテスト中強い衝撃を感じて、浮上したのだった。その艦首はひん曲がり、魚雷発射口の蓋は開いたままだった。

『U234』の後部タンクに、護衛潜水艦の艦首が衝突したのだ。

『U234』は、一号オイルタンク左側に裂け目が入り、燃料オイル一六トンが、緑色のフィヨドル海面に帯状に流出しはじめた。

フェラー艦長は士官たちを集め、善後策を検討した。レーダー技術者で便乗者のひとりシュリケ少佐は、「オイルは紫外線探知器に反応し、敵に航跡を発見される。微量でも危険だから、完全に補修しなければならない」と助言した。幸い航行は可能な損傷だった。予定ではクリスチャンサンに向かうのだが、同港にUボートドックはない。ドックは、ノルウェー海岸をさらに北上したベルゲンにしかない。

しかし、これだけ多くの積荷のある艦をドックに入れることは不可能である。

結局、クリスチャンサンに向かった。この埠頭で、『U234』は積荷のまま、前方タンクに注水して艦尾を持ち上げ、損傷個所を溶接することになった。

四月五日、『U234』と護衛潜水艦三隻はクリスチャンサンに到着。積荷のすべてを知っているフェラー艦長は、不様に艦尾をハネ上げた『U234』に溶接の火花が飛び交うのを、体を堅くして見守った。両艦の損傷が軽かったのは不幸中の幸いであった。万一激突であったなら——と思うと、フェラー艦長に戦慄が走った。

第二の危機はこうしてなんとか回避できた。

その間、当直以外の乗組員はクリスチャンサンで休暇が出た。

「あの時、友永中佐と庄司中佐は、あたりが暗くならないと街には出ませんでした。非常に用心していました。われわれはヤシの実の酒を飲みましたが、彼らはそれさえ口にしなかったのを覚えています」と元機関三等兵曹ヴィーランド・ツィーチェは回想する。

街は、空襲の恐怖もなく、子どもたちがのどかに走り回り、店頭には英国製の商品が並んでいた。

「この石鹸をあと三つほしいが」

「二、三日すると次の便で入荷します」

パフ大尉はもう一度石鹸のラベルを確かめた。英国製である。ドイツの配下にあるノルウェー基地の街にイギリスからの船が入港している証である。ドイツの力も、すでにここまで凋落している。きっと市民たちは次の覇者との取引をはじめているのであろう。とすれば、周囲はすべてスパイかもしれない。

## ■ケスラーら全便乗者の使命一覧

『U234』の補修がほぼ終わった夜、最後の便乗者三人が『U234』に乗りこんできた。『U234』の主役となる空軍大将フリーゲル・ウーリッヒ・ケスラーとその部下、空軍大佐フリッツ・ボン・サンダード、空軍中尉エーリッヒ・メンチェルである。

これで一二名の便乗者全員が揃った。

フェラー艦長は、個々の人物について、軍人は階級と氏名、民間人は氏名のみ紹介するにとどめた。

ここで、友永、庄司を除く、ドイツから派遣された一〇名の軍人および技術者たちの略歴と、日本で予定されていた使命を前記米ワシントン公文書館所蔵の訊問記録から採録しておく。

●フリーゲル・ウーリッッヒ・ケスラー空軍大将

日独間の技術情報、①射撃管制装置、②対空誘導ミサイル(293)③遠隔制御ミサイルに関する専門家。かつてシンガポールに独海軍航空部門を設立、日本海軍航空戦略の研究を終えて帰国。今回は日本の独戦闘機と対空兵器選定に当り、その監督指揮を執ることになっていた。

そのほか、トルコにおける日ソ協定、日本政府経由での独ソ単独平和交渉に関して精通している。

●フリッツ・ボン・サンダード空軍大佐

ブレーメンの防空省前長官。ドイツ新鋭対空武器の最近の実験すべてに参加している専門家。日本では、戦略的見地から対空防衛を指導することになっていた。

●ケイ・ニーシュリング海軍大佐

一九〇七年フレンスブルク生まれ。法律家。ナチ入党。一九三八年キール海軍裁判所補佐官となり大尉として軍歴に入り、以後法務官として活躍。日本へは在日ドイツ海兵隊員約二〇〇〇人の裁判官となるため。同時にナチの立場から『U234』便乗者と乗組員の監視役の密命も受けていた。在日ドイツ人、在独日本人の個人情報にも精通している。

●ジェラルド・ファルク海軍中佐

造船設計のスペシャリストで、戦艦から潜水艦まで最新の技術と設計に精通している。ロシア、ルーマニア、イタリア、ブルガリア、日本など各国の技術者たちと交流がある。

●ハインツ・シュリケ海軍少佐

技術学位と三つの博士号を持った教授でもある。レーダー、赤外線、D/Fの研究実験ではトップランクの専門家。一センチ波帯で受信可能な電探受信装置を携えていた。二〇～八〇メートル幅の電波誘導システムを〈ゴルドウェバー〉という暗号名で日本に建設する予定であった。ドイツではこのシステムをノルウェー、イタリア、日本に各一つ建設する計画があった。これらは非常に強力な回転ビーム（アンテナ）を動かすものだった。

そのほか日本製中空送電線とマグネトロン真空管を研究することになっていた。

●リチャード・ブラ海軍大尉

海空軍共同作戦のスペシャリスト。日本軍の戦略を観察して、ドイツ軍におけるムルマンスク（ロシア西部）作戦、および護送船団方式などでの経験成果を日本軍に指導することになっていた。

●ハインリッヒ・ヘレンドーン海軍大尉《ママ》

対空砲のスペシャリスト。戦艦『ティルピッツ』第二対空砲部隊で被曝負傷後復帰。友永、庄司付となる。日本では防空作戦を指導することになっていた。

●エーリッヒ・メンチェル空軍中尉

電波通信の専門家で、エルフルトの電波通信学校の教官、ベルリン近郊のウェルニッヘン実験電波局に勤務。ケスラー大将付ドイツ軍総務部の秘書役に任命される。日本では東京の大使館付武官の技術補佐官となり、日本海軍の対空・対艦防衛の技術的指導を行うことになっていた。

●アウグスト・ブリンゲバルト（民間人）

メッサーシュミット社（独航空産業）のトップ技術者。同社主ウイリー・メッサーシュミットの右腕といわれていた。ジェットおよびロケット推進に関するエキスパートで、ペーネミュンデでのV型ロケット爆弾の実験にも参加。日本ではMe262（世界最初の高性能ジェット戦闘機）を量産すること、およびMe163（ロケット戦闘機）製造の下準備をすることになっていた。

●フランツ・ルフ（民間人）

メッサーシュミット社購買関係のスペシャリスト。日本では工場建設、およびジェット、ロケット戦闘機を製造するための工具・機関類の段取りを指導することになっていた。すでに同社のハンガリー、ルーマニアでの工場建設を手がけていた。

以上一〇名のうち八名は軍人であったから、日本勤務命令を拒絶するわけにはいかなかった。しかし、ふたりの民間人は、ドイツ政府の命令をすんなり受諾したのであろうか。

## ■任務拒否の民間人を独政府脅迫

民間人ブリンゲバルトの長男ピーター・ブリンゲバルトは次のように証言している。

「父ブリンゲバルトは最初日本派遣命令を拒否しました。というのも、ドイツの敗北はすでに決定的でした。メッサーシュミットの同僚二名が一足先にUボートで日本へ出発しましたが、その艦はクリスチャンサンを出発して間もなく敵の攻撃を受けて沈没しました。そのことを知っていた父は、『私も、四五歳という年齢では三か月ものUボートの航海には耐えられない』と申し出たのです。それに対してドイツ政府は、メッサーシュミット社を通して『もし命令を拒否した場合は徴兵し、東部戦線に派遣する』と脅迫しました」

ブリンゲバルトの個人的な書類は発見できなかったが、もうひとりの民間人、フランツ・ルフの書類の一部は、前記米ワシントン公文書館に保管されていた。

それはメッサーシュミット社がフランツ・ルフとの間で交わした、「貴殿の日本への旅」と題した詳細な契約書である。

全文八項目から成り、雇用条件として「期間は不特定、給与は月額五五〇ライヒマルク（註・現在の円換算で約一一五万円）を家族に支払い、日本での報酬はメッサーシュミット社と日本帝国政府との間で交わした合意文書内に明記されたものを受けとること」とある。

また、「メッサーシュミット社は、フランツ・ルフの家族の保護のために五万六〇〇〇ライヒマルク（註・約一億二〇〇〇万円）の保険をかけ、ルフが任務を完了した時点で、その権利をルフまたは家族に移す」としている。万一そのリスクを保険会社がカバーできない場合は、メッサーシュミット社がそれを支払う、とまで約束している。そして最後の項目では次のように述べている。

「あなたを日本に派遣するという特異な状況を認識し、われわれはあなたに、自己の専門的任務、私的行動、そして何よりも他人に対する惜しみない協力と心くばりを期待して、あなたがドイツ帝国の国民であり、メッサーシュミット社の代表であることを常に自覚することを望む。

ハイルヒットラー

一九四五年一月一二日

メッサーシュミット社」

日本へ民間人を派遣する際のドイツ側の対応の一端がうかがえる貴重な資料である。また当時のこのような書類の最後にはほとんど「ハイルヒットラー」と記されている。

## ■混乱する『U234』への命令

フェラー艦長は便乗者一同に、艦内での規律と役割を伝達した。

安全な航行を続けるため、すべて従来の艦内規律に従うこと。例えば、当直勤務中の乗組員には話しかけないこと、許可なく居住指定以外の艦内を歩き回らないこと、ケスラー大将以外、各人は相応した職務を分担すること。そして、緊急時の対応などを説明した。

ところが、クリスチャンサンで出航指令を待つ『U234』に、突然次の無電が入った。

「『U234』は出航せず次の命令を待て。総統司令部」

フィルシュフェルド通信士はその無電をフェラー艦長にとどけた。

フェラー艦長はケスラー大将を招き、無言でその無電を示した。ケスラー大将の表情が変わった。

「ベルリンからゲーリング元帥が来るのではなかろうか。私は下船しなければならなくなるかもしれない」

ケスラー大将は沈鬱な声でつぶやいた。彼はヒットラー暗殺の一件が、ここにきて表面化したのでは——と一瞬思ったに違いない。

だがその杞憂は、総統司令部の命令をくつがえす次の緊急無電で解消した。

「『U234』は私の命令でのみ出航する。独自の裁量により、即時出航せよ。Bdu（註・Uボート艦隊司令長官）」

この指令はデーニッツ提督からのものだった。

ふたつの緊急無電の間に何があったかは不明である。

ただ、この時期、ドイツ軍の指令系統にかなりの混乱が生じていたことは、多くの資料が証明している。

例えば、日本へ派遣するUボートの選定にあたっては、『U234』に決定したあとも二転三転した。ケスラー大将と共にクリスチャンサンから乗りこんだ『U234』の便乗者、メンチェル元中尉は次のように証言した。

「私はケスラー大将の秘書役を兼ねて訪日がきまりました。ケスラー大将とサンダード大佐の三人で、すでに二月一三日、デンマークのコペンハーゲンから船でノルウェーのオスロに向かいました。幸いといってはドレスデンの市民に申し訳ないのですが、その日はドレスデン大空襲の日で、すべての敵の兵力がそちらに向けられていたためか、海上では一度も襲撃を受けず、無事オスロに到着、そしてオスロから列車でベルゲンへ行きました。

ところがベルゲンで私たちが乗るべきUボートが直前に沈没した、というのです。それがU何号であったかは知りませんが。仕方なくベルゲンで三週間、次の便を待つことにしました。

そのうちにデーニッツ提督から、三月にキールを出航する『U234』にクリスチャンサンで乗るよう指示されたのです」

ということは、『U234』以前に別のUボートが訪日の指令を受けていたことになる。

ケスラー元大将はのちに米海軍の訊問に対してこう答えている。

「『U234』より前に、数隻のUボートが日本への任務に就くべく検討されていた」と。

この証言を記録した前記米ワシントン公文書館資料によると、当初デーニッツ提督は便乗者の定員を一隻二名とし、戦闘任務に就きながら日本を目指すよう命じた。それに対しケスラー大将は、輸送機能を高めるために戦闘任務をはずすよう説得したが、拒否された。

しかしUボートの損失は高まる一方で、日本への予定艦が次々に沈没、便乗者一隻二名の計画が狂ってきた。そして最終的に『U234』一隻のみとなり、便乗者一二名と積荷内容が決定したのは二月中旬以降だという。

決定したとはいえ、その頃『U234』も油圧系統の不備の改修が思うように進まず、長期航海には不安を残していた。しかしもはや代替もなく、急いで整備し、積荷を開始したのが実情であった。

メンチェル元中尉はこう回想する。

「ベルゲンでわれわれが待機中、『U234』がホルテンでテスト航海をしていると聞き、私はサンダード大佐と共に、われわれが命を託す艦を見に行きました。空の勇者サンダード大佐は『U234』を一目見るなり、『あんな鉄の棺のようなものに乗っていくのはいやだ』と言いました。不安が九五パーセント、五パーセントしか可能性はないと感じました。しかし命令です。われわれは指令通りクリスチャンサンで『U234』を待つことになりました。

ケスラー大将は好きな釣道具やライカ、コンタックスの最新型、それに日本に到着したらすぐ着用する白い服なども用意していました」

## ■芽ばえたフェラー艦長への信頼

四月一六日午後、『U234』はデーニッツ提督の命令通りクリスチャンサンを出航した。出航に際しては、フェラー艦長が、ノルウェー南端を通過するまで、護衛艦と快速V戦闘機による護衛を要請した。

『U234』は静かにスカゲラック海峡に出た。沖には一艘のボートが停泊していた。『U234』に近づいたボートからFdu（Uボート艦隊司令官）ゼー・レージング艦長が乗艦してきた。

『U234』乗組員は艦尾に整列した。

「同士たちよ、君たちがこの航海から戻ってくる時には、最後の勝利は明らかになっている。航海の幸運を祈る」

レージングFduの訓示だった。

それを聞きながらフィルシュフェルド通信士は、勝利とはどちら側の勝利なのか、それとも彼は単に儀礼的にそう言ったのだろうか、と自問自答した。

Fduが下艦したあと、フェラー艦長は乗組員一同に告げた。

「乗組員諸君、今君たちは最後の訓示を聞いた。そして、敵がどこに居り、君たちの故郷がどうなっているかも知っている。ドイツはきびしい時代を迎えている。この戦いがどのような形で終わろうとも、私は君たちを無事に故郷へ連れ帰るよう全力を尽くす」

キールを出航してから約二〇日、そのたった二〇日間でドイツはいよいよ風前の灯となってきている。指揮官としてそれを知りつつも訪日命令を部下に下知し、遂行しなければならない。

フェラー艦長の切実な訓示は、乗組員たちにひしひしと伝わった。彼の指揮官としての資質に、もう誰も疑問を抱かなくなった。みんなの熱い視線がフェラー艦長に注がれた。フェラー艦長が発光体のように感じられた。

やがて護衛艦団が到着、上空にはV戦闘機が旋回しはじめた。『U234』は一六ノットの速度でスカンディナビア半島の西南端を航行した。ノルウェー南端リンネスネス岬のあたりでフェラー艦長は護衛艦団を解散させた。

「よき航海と無事帰国を祈る」

『U234』が独艦から受けた最後の挨拶だった。

『U234』は艦首を北に向け航行した。

艦内は便乗者一二名を加え、総員七二名が各自担当任務に就いていた。便乗者たちもその専門分野に近い部署で、なんらかの責任を分担するのが潜水艦の掟である。

友永と庄司は、ケイ・ニーシュリング海軍大佐、造船官ジェラルド・ファルク海軍中佐、対空武器のスペシャリスト、フリッツ・ボン・サンダード空軍大佐、レーダー・赤外線等の専門家ハインツ・シュリッケ海軍少佐らと同室だった。

そこは前部機雷敷設筒と蓄電池室の間にある士官室で、〈英雄たちの穴倉〉と命名された。ベッドはふたり一組に一台が割り当てられた。

つまり、交替で任務に就き、その間非番の者が睡眠をとる。

友永と庄司は、電動機室に設置されている製水器担当になった。海水を真水にする装置で、その操作はすぐ覚えられた。

友永を除く他の便乗者たちは潜水艦での航海などはじめての経験である。ふたりの民間人を除き、各人専門分野での戦闘は体験してきているが、潜水艦という未知の領域では、民間人と同じである。

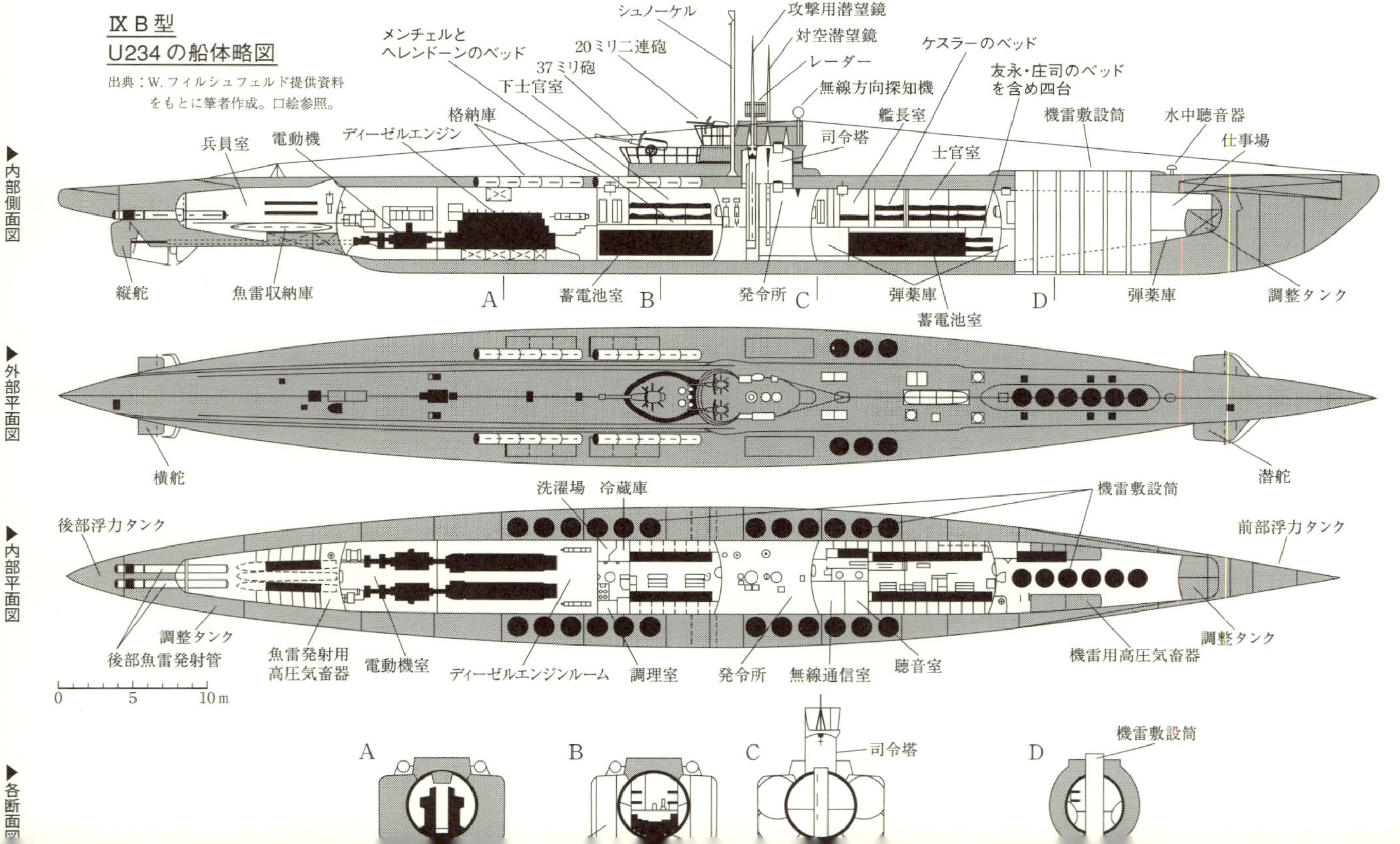
IX B型
U234の船体略図
出典：W. フィルシュフェルド提供資料
をもとに筆者作成。口絵参照。
▶内部側面図
▶外部平面図
▶内部平面図
▶各断面図
シュノーケル
攻撃用潜望鏡
対空潜望鏡
レーダー
無線方向探知機
メンチェルと
ヘレンドーンのベッド
20ミリ二連砲
37ミリ砲
下士官室
格納庫
ディーゼルエンジン
電動機
兵員室
ケスラーのベッド
友永・庄司のベッド
を含め四台
艦長室
司令塔
士官室
機雷敷設筒
水中聴音器
仕事場
縦舵
魚雷収納庫
A
蓄電池室
B
発令所
C
弾薬庫
蓄電池室
D
弾薬庫
調整タンク
横舵
潜舵
洗濯場
冷蔵庫
機雷敷設筒
後部浮力タンク
前部浮力タンク
調整タンク
後部魚雷発射管
魚雷発射用
高圧気蓄器
電動機室
ディーゼルエンジンルーム
調理室
発令所
無線通信室
聴音室
機雷用高圧気蓄器
調整タンク
0
5
10m
A
B
C
司令塔
D
機雷敷設筒

狭い部屋では、二四時間気心の知れない他人の目にさらされる。ベッドは思うように使用できないし、思い切り体をのばす広さもない。

乗組員たちも危険海域のためか常に配備についており、表情は堅い。無言である。その緊張が便乗者にも伝わる。

お互いに、全身針ねずみのように鋭敏になった神経が疲れはてると、やっと室内のムードもやわらいできた。

ケスラー大将には、上級機関士が交替用にのみ使用する特別ルームが割り当てられた。

友永に〈トロイメライ〉を教えたヘレンドーン中尉は、ケスラー大将付のメンチェル空軍中尉と下士官室でベッドを分かちあう仲となった。

『U234』はシュノーケル深度（シュノーケルが使用可能な深度）でノルウェー沿岸を北上した。この一帯からは、海岸から一〇メートル沖は一〇〇メートルの深度になる。入江と小島が複雑に入り組み、座礁の危険も多い。スパイやレジスタンス組織が、危険表示板を隠したり、攪乱表示したりしているので、油断できない。しかし、海岸の崖には大きな松が枝をひろげており、Uボートはその蔭に身をひそめ、上空からの偵察を逃れて休息をとることができる。

■排水ポンプ不能、シュノーケル故障、衝突

四月一七日、『U234』はスタバンガーからさらに北上を続けた。

ここらで敵の無線を盗聴して情報を得るため、慎重に浮上する。砲撃の音があたりの空気をふるわ

せている。英海軍が近くにいるに違いない。危険海域である。すぐ潜航に移る。

翌日のことであった。艦内に煙がたちこめ、焼けこげた異臭で息苦しく、目もあけていられない。主排水ポンプの電気モーターが火を吹いている。火は消しとめられたが、煙と異臭は艦内に充満したままである。海上は敵の哨戒がきびしく、浮上できない。

危機を救ったのは上級機関士ヴィンクラーだった。彼はシュノーケルを応用した。エンジンに艦内の空気とともに煙を吸いとらせ、各所の隔壁を開き、艦尾と前方の部屋に給気筒から新鮮な空気を送りこむ方法を考えた。その巧みな操作で一同いぶし殺しの恐怖から救われた。

原因は、艦内に貯蔵中の馬鈴薯が湿気で腐り、どろどろにとけたためである。これが排水管に流れこんで詰まってしまったため、排水ポンプがオーバーヒートした。主排水ポンプが使用不能になるのも、潜水艦にとって命とりとなる。機関担当は命綱の修理に目を血走らせて取り組んだ。第三の危機は避けられた。

『U234』はベルゲンに近づいた。

フェラー艦長は司令塔で潜望鏡用の椅子に腰をおろした。潜望鏡で位置確認をするため、潜望鏡深度（潜望鏡が使用可能な深度）を指示する。潜航中の潜水艦が外界を確認できるのは、この一本の細長い精巧な潜望鏡しかない。しかし、海上には敵艦や敵機が獲物を狙って待ち受けているかもしれない。じっくり視認する余裕はない。フェラー艦長は、帽子のひさしを後ろに回し、両脚でペダルを、右手で俯仰角（操作ハンドル）をコントロールしながら潜望鏡を上げた。

司令塔にいる全員が、フェラー艦長の表情に視線を注いでいる。

するといきなり潜望鏡の視界に、上空を旋回する機影が飛びこんできた。

「急速潜航」

警報が鳴りひびき、『U234』は急角度で一〇〇メートルまで潜航した。まだ爆弾は投下されない。だが、聴音機には三方向から、規則的に五秒間バンバンと叩くような音が入ってくる。

聴音係は、キールで手渡された新しい聴音リストカタログにせわしく目を走らせた。カタログにはいろいろな音の表現と、その音源が記されている。例えば指の爪で櫛を横にこする音、豆をブリキ缶に入れて振る音、電車がカーブできしむ音などの表現とともに、その音源が水雷艇のエンジン音、魚雷音、などと記されている。

そのカタログによると、バンバンと叩くような音の音源は、敵機が海面に投下設置した三つのソナーブイであった。各ソナーブイは、潜水艦の位置を電波で測定し、投下した航空機に自動的にその位置を送る。航空機内のナビゲーター（操縦者）がそれを受け、方向、深度に狙いをつけ、爆雷を投下する仕組みである。

『U234』は敵機にマークされていたらしい。ソナーブイの探知から逃れなければ危険である。

「深度二六〇メートル」

フェラー艦長の声が重々しく響く。

潜航二〇〇メートル以上は『U234』の安全深度を越える。しかし爆雷を避けるにはそれ以外の方法はない。

注水ハンドルを回す乗組員は、深度計をにらみながら緊張が高まる。水圧に耐えかねるかのように艦は時折ミシリミシリと悲鳴をあげてきしむ。隔壁から水滴が尾を引く。

全員息をつめ、誰も口を開かない。

頭上に敵機がいて、三方にソナーブイが投下されていれば『U234』は袋のねずみである。

だが、静寂が続く。無気味な時間が過ぎる。

結局爆雷は投下されず、第四の危機は去った。

ソナーブイは、潮流や海中の温度の変化によって反応が鈍ることがある。『U234』はソナーブイに包囲されながら、その欠陥によって助けられた。敵機は『U234』を発見できなかったに違いない。

艦内の緊張が解ける。

## ■英海軍は『U234』の任務キャッチ

実はこの前後の『U234』の行動は、英海軍にキャッチされていたことが前記NHK取材班の調査で明確になった。

同年四月三〇日付英海軍諜報記録〈ウルトラ〉には、「『U234』が四月一五日（註・『U234』の記録四月一六日と一日のずれ）クリスチャンサンを出航。重要機密を搭載し大西洋に向かって航海中」という記録が残っていたのである。

Ｂｄｕ（Uボート艦隊司令長官）から『U234』への無線を、すでに英海軍は盗聴解読していたことになる。またノルウェーにはレジスタンス組織が存在し、独海軍の動きは逐一英海軍に通報されていた。クリスチャンサンを出航した『U234』は、その時点でマークされていた。

それを知らぬまま、『U234』は一日約六〇浬《カイリ》（約一〇八キロメートル）の速度で、ノルウェー海岸をさらに北上していた。

艦内の温度は零下である。

「シュノーケルに故障発生」

ディーゼルエンジンを停止し、電動機に切り替えたが、エンジンから発生した残留ガスが艦内の空気を汚染する。

担当者たちは最悪の条件下で、一刻を争う修理をやり遂げた。第五の危機は克服した。

便乗者シュリケ元少佐は語っている。

「次第に体がふらふらし、自分でコントロールできなくなり、思考力が失われていきました。室内は暗い電光だけですから、昼夜の別も、曜日もわからず、非番の時はベッドに横たわるのみでした。私の艦内での任務は監視でした。浮上中は荒波と寒風にさらされながら艦橋にチェーンで体をくくりつけ、肉眼と双眼鏡で監視を続けました。寒さで躯が棒のようになり、感覚がなくなるほどでした」

『U234』はトロントへイム西方沖から艦首を西に向けた。深夜はシュノーケル潜航を続けていた。深夜なら敵機襲来の危険も少ない。

当直以外の者がやっとまどろんだ直後だった。けたたましく警報が鳴った。

潜望鏡で監視していた上級航海士ヤスパー少尉が、目前に大きな波とともに汽船が迫ってくるのを発見した。

『U234』出航路略図

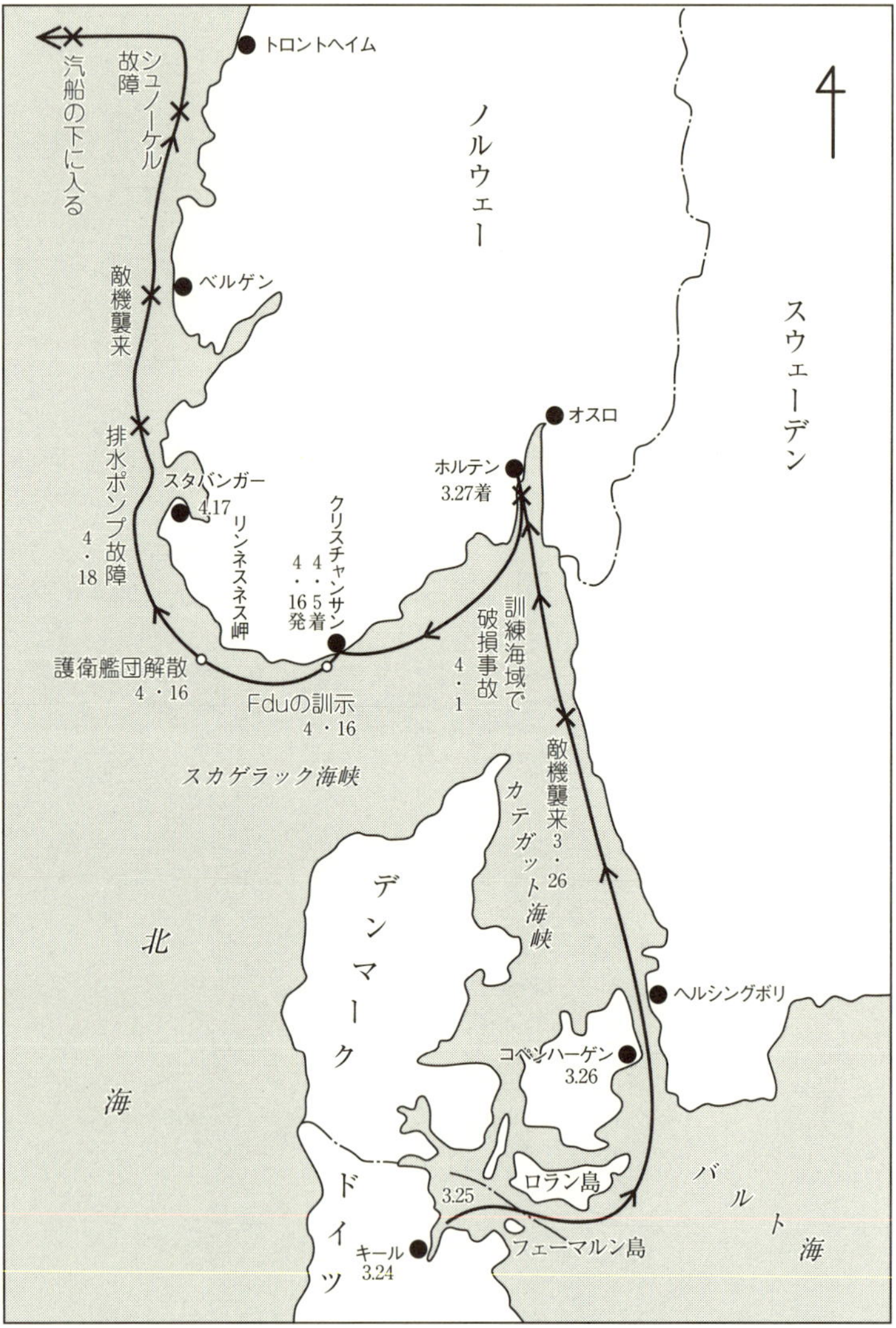
トロントヘイム
シュノーケル故障
汽船の下に入る
ノルウェー
ベルゲン
敵機襲来
スウェーデン
オスロ
排水ポンプ故障 4・18
スタバンガー 4.17
リンネスネス岬
クリスチャンサン 4・5着 4・16発
ホルテン 3.27着
訓練海域で破損事故 4・1
護衛艦団解散 4・16
Fduの訓示 4・16
スカゲラック海峡
敵機襲来 3・26
カテガット海峡
デンマーク
北海
ヘルシングボリ
コペンハーゲン 3.26
ロラン島
3.25
バルト海
ドイツ
キール 3.24
フェーマルン島

瞬間、『U234』は汽船の下にもぐりこむ形になった。一瞬の操作で『U234』の塔が汽船のスクリューに巻きこまれるのを防いだ。

なんという幸運か――。これで『U234』は六度目の危機を回避することができた。

## ■艦内生活と友永の〈褌《ふんどし》〉

『U234』の艦内生活は、通常の出撃航海とは異なっていた。一二名の便乗者たちへの配慮があった。攻撃は避け、警報その他の危機も、彼らへは必要最小限度の通報にとどめ、余分な恐怖心を抱かせないようにした。

「それでも潜水艦内の環境は予想以上に劣悪でした。敵の制圧海域のため、長時間潜航が続くと空気が汚れてくるのか、頭痛や吐気が激しくなり、次第に意識がもうろうとしてきます。急速潜航やシュノーケルがうまく作動しない時は、空気の急激な変化で、二匹の悪魔が耳を引っ張ったり、耳を首の中まで押しこんだりします。その度に頭の芯まで激痛が走り、それがくり返されると神経がまいってしまうのです」とケスラー元大将も語っている。秘密国家警察《ゲシュタポ》の恐怖からやっと逃れた彼には、この予期せぬ第二の恐怖が待ち受けていたのである。

実はUボート乗組員でさえ、こうした悪環境下で戦闘状態が長引くと、精神の均衡を失う時がある。〈クラウストロホビー〉という症状で、重症になると、ただ開放されたい一心で浮上用弁を勝手に操作したり、機器を叩き壊したりするようになる。こうなると監視をつけて監禁しなければならない。息苦しく、逃げ場のない水中での戦闘では、それほど恐怖の重圧を受けるのである。

こうした日々のストレスをやわらげる意味もあり、毎回の食事は通常より上等であった。『U234』の烹炊《ほうすい》（炊事の海軍用語）係はフランスの港街、マルセイユ出身のフランス人、シェールフ・ペーター海軍一等兵曹である。おそらく『U234』のために徴用されたのであろう。

「朝はコーヒーにパン、バター、ママレードなどで、コーヒーは久しぶりでしたから、みな大喜びでした。昼は肉とじゃがいもが主でした。毎日見た目も味付けも変化があり、食欲がなくとも手をつける工夫がしてありました。夜はパンとソーセージといった献立です。

しかし、パンは湿気の多い艦内ではすぐかびが生えました。それを取り除きながら食べるのですが、日々かびに侵食されて……。それがなくなると缶詰のパンです。一枚ずつ切ったものが入っています。これはパサパサとしていて味気なく、すぐボロボロくずれてしまうのです。

食事の内容は士官も下士官も同じですが、士官と便乗者たちには給仕が付き、部屋も別でした。私たち下士官は、各自箱のような手付盆に料理を受けとり、部屋の机を立てて食卓にします。アルコール類は一切禁止でした」

対空砲担当ヘルベルト・ラットケ元兵曹は語る。

友永と庄司は同室者や機関室員たちとはよく会話を交わし、平穏時にはチェスや腕相撲に興じた。

「友永中佐はご自分からわれわれの仲間に入ってきました。彼ははじめは目で挨拶をしていました。われわれの仕事の邪魔をしない彼の配慮でしょう。

彼が潜水艦設計のベテランだったことはあとで知ったのですが、それでよくわかりました。彼はいつもメモ帳とエンピツを手に、計器類の数字を熱心に記入していました。製水器が故障した時は、彼がその原因をつきとめ、すぐ修理しました。その手際よさに担当のUボート乗組員は脱帽しました。

彼と次第に親しくなると、日本語の挨拶や、日本女性に近づくために必要なことばも教えてもらいました。彼はわれわれよりずっと上位階級であるのに、全く差別なく、丁寧にやさしく接してくれました。

ある日、体を拭いている彼が〈褌《ふんどし》〉というものをしているのに気づきました。非常に珍しい日本人男性用下穿きでした。彼は技術者であるのに、腕の筋肉が隆々としており、ちょっとさわってみると固くひきしまっていました。

そんな彼も、腕相撲やチェスに負けると不快な顔をし、食事の量が減るのです。子どもっぽい一面があったのも愉快でした」

元機関三等兵曹ヴィーランド・ツィーツ、オットー・ディストラー、クルト・パーゲルらの回想である。

## ■敵機をふり切る艦長の戦術

『U234』はアイスランドとフェール諸島（デンマーク領）の間を通過（一三三頁地図参照）、いよいよ大西洋に入る直前、航海士と通信士たちとの間で意見が対立した。

ここローゼン・ガルテン海域は、潜水艦が投錨し海中で停泊できる格好の浅瀬で、大西洋に出撃したUボートがよく休養した場所である。それを察知した英軍機がこの海域に集中的に爆雷や機雷を投下している。

それを仲間から聞いていた通信士たちは、浮上航行を艦長に進言した。

航海士たちは、この厳戒海域を浮上するのは無謀、と主張する。

フェラー艦長は両者の主張を聞いた上、笛で浮上航行指令を出した。

万一『U234』の航行経路を敵に知られているとすると、危険がついて回る。それを振りきるため、艦長は水上を全速力で航走し、敵の計算圏外に出ようと試みたのだ。

シュノーケルは倒され、大西洋の大きなうねりの間に『U234』は徐々に船体を現した。

ディーゼルエンジンが始動し、潮騒と新鮮な空気が艦内を蘇生させる。

無線マットを艦橋に出し、敵機襲来に備える。その日二度敵機に見舞われた。

「四〇度方向、敵機」

監視員と先任将校（副艦長）の確認で、すさまじく警報が鳴りひびく。前部、後部の監視員たちがハッチに跳びこむ。垂直な梯子《ラッタル》を一歩一歩降りる余裕はない。両手両足で手すりを支え、滑り落ちる。落ちたらすぐ脇に寄る。次の監視員が間髪を入れず続く。もたついていると上から人間がかぶさってきて危険である。潜水艦乗りの訓練の第一歩は、このラッタル滑りである。

訓練を重ねるうちに要領を覚え、所要時間は短縮できるが、当初はすり傷、打僕傷が絶えない。

最後に先任将校が艦橋に誰もいないのを確認してハッチを閉じる。機関長はすべての弁が閉じられたか否かをランプ表示で確認の上、メインタンクに注水を開始、急速潜航する。

頭上で爆雷が炸裂した。潜航中の『U234』は苦痛に身をよじるように激しく震動した。立ってはいられない。二発、三発と容赦なく攻撃してくる。一刻も速く、爆雷がとどかない二〇〇メートル以上の深海に退避せねば、と気があせる。

「艦内で爆雷攻撃に耐えるのは実にイヤなものでした。友永中佐も同様だったらしく、爆雷が炸裂するたびに思わず首をすくめ、お互いに顔を見あわせ、照れたものです。それもはじめのうちで、攻撃がエスカレートし、艦内に浸水し、乗組員たちが走り回ると、顔は引きつり、もうダメかと幾度も観念しました」

便乗者、ハインツ・シュリケ元少佐はこう語っている。

## ■独降伏、無線は混乱

暦が五月に変わった。

五月一日、無線通信室に衝撃的なニュースが飛びこんできた。

「ヒットラー総統が死去――」

四月一八日、ドイツの心臓部、ルール地方のドイツ軍約三〇万が降伏した。同二九日、イタリア駐留のドイツ軍が降伏した。

ソ連軍のベルリン総攻撃は約二〇〇万の兵力で迫ってきた。防空壕の中のヒットラーは観念した。

四月二九日、ヒットラーは長年の愛人エヴァ・ブラウンと結婚し、遺書をしたためた。敗戦の責任をカール・デーニッツ提督に押しつけるべく、彼を自分の後任（独軍最高司令官）に命じた。

翌三〇日、ヒットラーは従者たちに別れを告げ、ピストル自殺を遂げた。エヴァは毒薬をあおった。ただひとりヒットラーに従ったゲッペルス宣伝相も家族を射殺し、自殺した。

五月二日、ベルリン守備隊七万が連合軍に投降したが、一部はツォー駅前の動物園内防空壕で抵抗を続けた。

五月四日、ドイツ北部方面軍がリューネブルク荒野で投降した。

五月七日、北フランス、ランスのアイゼンハワー司令部で、翌八日ベルリンのジューコフ司令部で、ドイツ無条件降伏の調印が行われた。

この戦闘終了経過が『U234』には、ロイター報道傍受で断片的に入電した。フィルシュフェルド通信士は、それらすべてをフェラー艦長に報告したが、全艦には伝達されなかった。情報の確認がとれないのだ。

『U234』には出航前、万一非常事態が発生した場合の特別な通信網が伝達されていた。しかし、その方法で電波を探ってみたが受信できない。通信士はあらゆる手段で電波と格闘し、やっと探り当てた。

五月八日、ドイツ全面降伏が暗号無電ではなく、公の通信で、明確に伝達された。暗号無電は以後禁止で、過去の暗号コードを消すよう指示された。

間もなく、日本の暗号コードに従って暗号化した無線通信が入った。クリスチャンサン沖で『U234』を見送ったＦｄｕ（Ｕボート艦隊司令官）ゼー・レージングからのものであった。

「『U234』は航海を続けるか、ベルゲンへ戻るか」

「『帰れ』だって、冗談じゃない」

フェラー艦長は、思わず怒鳴った。

艦内はすでに国家の異変を察知し、異様なムードに包まれていた。

フェラー艦長はこの日、士官とケスラー大将を召集し、事態を告げた。

「それは謀略にきまっているではないか。われわれの出航を探知した敵が流しているに違いない。ひっかかるな」

「ロイター電の報道とも合っているから正式の命令かもしれない。こちらからも確認の問い合わせをするべきだ」

「それをすれば、こちらの存在と位置が敵に知れる。却って危険だ」

議論の最中に、再びロイターの報道が入った。

「日本は、ドイツとの同盟関係を放棄した」

『U234』が目指していた日本は、この瞬間、同盟ではなくなったのである。

続いてデーニッツ独軍最高司令官名の停戦指令が入った。

「Uボート乗組員諸君に告ぐ。諸君は過去六年間、大洋上で真の勇者としてライオンのように戦った。激しい戦闘の中で、諸君の功績は永遠に歴史に刻まれるであろう。しかし、今われわれは降伏しなければならない。諸君は即時武器を放棄し、連合軍の命令に従え。そしてUボート乗組員の精神を、来るべき苦難の時代に役立ててくれることを願う」

遂に祖国ドイツは崩壊した。

フェラー艦長は身じろぎもしなかった。長い沈黙が続いた。

エンジンの音のみが響き、『U234』は大西洋を南下しつつあった。

## ■〈敵〉となった友永・庄司に艦内割れる

「『U234』はこれからどうすべきか最善策をみんなで検討しよう」

フェラー艦長がおもむろに口火を切った。

ヴァルター軍医大尉がまず発言した。

「私は艦を降ります。私はオーストリア人ですから」

ヴァルター軍医は、軍医不足のため、オーストリアから独海軍に徴用されたひとりだった。

「どうぞお好きな所へ行って下さい。ゴムボート一艘を用意しますから」

フェラー艦長の冷めた声に、ヴァルター軍医はそれっきり黙った。

「『U234』の現在の位置は、Uボート司令部にも連合軍にも知られていない。急いで降伏するよりも、もっと状況を見極めた方がよいのではないか」

「食糧はたっぷり一年分、武器もある。当分の間どこか暖かな南の島へ冒険の旅でもしようではないか」

「南米アルゼンチンは中立国だし、豊かな発展性もある。ドイツ人に対して友好的な歴史もある」

各人不安をふり切るかのように意見を述べた。

「ふたりの日本人士官をどうする」

「私がのちほど降伏を告げ、彼らの意見を聞いてみる」とフェラー艦長。

するとケスラー大将が言った。

「アルゼンチンには私の親戚もいる。きっと未来が開けるに違いない。友永、庄司両中佐はかつての同盟国人として、本来ならば日本へ送りとどける義務がある。中立国アルゼンチンなら、両中佐を保護してくれるだろう。そのためにもぜひアルゼンチンに向かおう」

他の士官たちは押し黙った。

フェラー艦長は戸惑った。即決するには余りにも事は重大である。とりあえず全艦に、デーニッツ独軍最高司令官の降伏指令を伝えた。

「ある程度予測していたとはいえ、降伏指令は衝撃でした。しかし過激な行動に走る者はいませんでした。正直言って『生き残った！』と思いました。結婚している者は、『さあ、これで家族のもとに帰ることができる』と喜びあいました」と新婚のリヒター元兵曹。

便乗者シュリケ元少佐はこう回想する。

「私はこの任務を受けた時、『万一敵に捕らえられたら自殺せよ』と命じられていたのです。日本人と同じようにね。だから降伏せよというメッセージが伝られた時は、内心ホッとしました。デーニッツからの命令には、『Uボートを破壊することなく連合軍に降伏せよ。諸君の冷静な行動が、東部ドイツに住む何百万人の同胞の命を救うことになるのだ』とありましたよ」

ソ連占領地の東部ドイツ市民がソ連軍から略奪や暴行を受け、惨状に配慮した米軍が、Uボート投降命令の徹底と引き替えに同地域市民の避難輸送をデーニッツに確約したのである。

## ■「日本へ」友永強く艦長に主張

フェラー艦長は、友永、庄司両中佐を艦長室に招いた。そしてドイツの無条件降伏と、デーニッツからの降伏命令を告げた。

「降伏には反対です。われわれはこの機密兵器を日本へ移送するため、いかなる状況下でも最後まで任務を全うするよう命じられております。これだけの機密兵器を敵の手に渡すわけにはいきません」

「――」

「日本では、はるばる航行してきた『U234』を捕らえるようなことは決してありません。われわれが全責任を負います。このまま日本へ行って下さい。お願いします」

「――」

「日本人は信義を守る国民です。連合国の捕虜になるより、あなた方は日本で、時機を待つ方が賢明だと思われます。われわれはあなた方から受けた恩義を、日本であなた方へお返しします」

フェラー艦長の眉間に深い苦悩があった。彼はしばし沈黙の末、口を開いた。

「日本へ行くことはもはや不可能です。ケスラー大将らの発案で、中立国アルゼンチンに向かう予定です」

「どうかもう一度考え直して下さい。一〇名の便乗者と搭載兵器は、ドイツと日本帝国の間に交わされた契約によって移送されているものです。その契約は一方的に破棄されるべき性質のものではありません」

友永の蒼白となった額に、青筋が浮き上っていた。庄司と共に、ひたとフェラー艦長を見据え、一歩も引かぬすさまじい気迫だった。

この搭載兵器が敵の手に渡ったなら、すでに沖縄まで失いつつある日本にとって、はかり知れない損失となる。今自分たちがそれを死守せねば――、との使命感に駆られたふたりの日本海軍技術中佐の前で、フェラー艦長は一瞬たじろいだ。フェラー艦長は、ふたりが今、自分と全く逆の立場に立ったことをつきつけられた。完全に敵と味方の対決となったのである。

「あなた方は、もしわれわれが連合軍に投降するとしたら、その前にこの艦の破壊を決意しますか」

フェラー艦長は、ふたりの鬼神迫る態度に、思わずそう問うた。

「もちろんです」

友永は言下に、きっぱりと答えた。

フェラー艦長は、最も怖れた事態にきたことを痛感した。

「わかりました。われわれ祖国は残念ながら降伏しました。いずれ乗組員は、各々家族のもとに帰ることになるでしょう。お互いに冷静に最善の解決策を検討しあいましょう」

フェラー艦長は、ふたりに握手を求めて席を立った。

フェラー艦長は、友永の存在が急に不気味になった。潜水艦設計者として『U234』に乗りこんで約五〇日、友永はすでに『U234』の構造は熟知したはずである。どこのボタン、どのスイッチ、どのハンドルを動かせば『U234』は決定的瞬間を迎えるかを知っているに違いない。

フェラー艦長は再びケスラー大将たちを召集した。そして友永、庄司両中佐の意向を率直に伝えた。

「こうなったからには、彼ら日本人は捕虜として扱うべきである」とけわしい口調で主張する士官に、一同賛成した。

フェラー艦長としても、自国の乗組員や便乗者たちの生命を守る責任がある。

あの敬愛すべき友永、庄司両中佐が無謀な行為に走るとは思えないが、お互いに軍人として祖国を背負っている。個人より祖国の利害が優先する立場にいる。

フェラー艦長の命令で、突然友永、庄司のベッドの側には銃を構えた監視兵二名が立った。

ふたりの自由は全く奪われてしまった。トイレにも監視が付いた。

## ■艦内反乱寸前

五月八日、九日と艦内は騒然となった。

まず、妻子のある者たちが、声を荒げて主張しはじめた。

「わざわざ遠いアルゼンチンまで行って捕らえられるより、一日も早く祖国に帰った方が賢明である」

「ケスラー大将とふたりの日本人のために、なぜわれわれが、これからさらに長期間危険を冒して航海しなければならないのか」

「もう戦争は終わったのだ。デーニッツの命令を無視し、投降せずに航行していれば、反逆行為として攻撃される。これ以上戦うのは真平ごめんだ」

「ケスラー大将は単なる便乗者のひとりにすぎない。『U234』の指揮官はフェラー艦長、あなただ。あなたは乗組員をとるのか、便乗者をとるのか」

フェラー艦長は、四面楚歌の中に立たされた。

このままでは艦内に反乱が起こるかもしれない。フェラー艦長は、乗組員ひとりびとりの意見を丹念に訊ねて回ることにした。

その間、無線通信室には刻々と変化する情勢が入電した。

北海の電波からは、「ソ連軍の空と海からの攻撃が継続している。それに対し、ドイツ軍がイギリス軍の同意のもとに応戦している」という奇妙な情報も入ってきた。

ロイター電は、「日本にいる全ドイツ人が抑留された」と伝えた。

フェラー艦長は、全員の総意を確かめた上、アルゼンチン行きを中止し、連合軍への降伏を決断した。士官たちにその旨を通達した。

ケスラー大将も艦内の緊迫したムードを察し、それ以上口をはさまなくなった。

一方、友永と庄司は空気のよどんだ艦底のベッドで、暗転しつつある運命の音を聞いていた。ふたりであらゆる方法を探ってみたが、もはや無意味だった。次第に思考がにぶくなってきた。同室のニーシュリング海軍大佐や、サンダード空軍大佐らも、あきらかに、友永、庄司に一線を画して応じるようになった。

潜航を続ける艦内の空気は汚れ、監視兵は銃を持ったまま眠りこんでしまった。それを発見した乗組員の通報で、交替要員がやってきた。

間もなくフェラー艦長は友永、庄司を招き、次のように伝えた。

「『U234』は連合軍への降伏を決定しました。今われわれの位置は英海軍の領海域です。アイルランドに行く可能性しかありませんが、どの国に投降するかは目下考慮中です。これから浮上し、その準備に入ります。あなた方が艦を破壊しないと誓うなら、監禁は解きます」

「そう決定したのなら仕方がありません。しかしわれわれは投降するわけにはいきません。ただし、破壊行為もいたしませんからご安心下さい」

日本の武人は投降せず、〝ハラキリ〟を選ぶと聞く。それは避けさせねばならない。

フェラー艦長は言った。

「ロイター電は、『連合軍は、日本駐独大使オオシマ陸軍中将とその部下を投降させた』と伝えています。連合軍は、あなた方に不当な行為はとらないと思います」

友永、庄司はそれには答えず自室に戻っていった。

フェラー艦長は士官、便乗者たちと投降地を協議した。

「イギリスはわが国と長い間宿敵関係にある。彼らの憎しみは激しいに違いない」

「それに、物資の不足を米国に依存している。そんな国（註・イギリス）の捕虜になったのでは、痛めつけられるにきまっている」

「フランスも、われわれに占領された怨みを抱いている」

「米国との敵対意識は薄い。それにヤンキー気質は、こだわりがなく明朗だという。国も広く豊かな国らしい」

「どうせ投降するなら米国まで行った方がよいのでは――」

圧倒的多数の意見で、米国を投降地にすることがきまった。だがそのためには米軍海域に入ってからしか投降通報はできない。

当時、西経三〇度が分岐線で、東が英軍、西が米軍海域であった。『U234』はまだ完全に英軍海域にいる。英軍に発見される前に、一刻も早く海域を脱出しなければならない。

『U234』は日中は水中を、夜間は水上を全速力で西南に向かった。

五月一〇日、Uボート司令部から、連合軍より命じられた降伏指令書がとどいた。

一、すべての魚雷は信管（註・爆発装置）を除去し、信管のみ艦外に投棄せよ
二、高射砲弾はすべて艦外に投棄し、大砲は艦尾に移動させること
三、黒い降伏旗を潜望鏡に取り付けること
四、航海灯を取り付け、灯をともすこと
五、正確な位置を知らせ、水上航行すること

続いて海域別に航路と寄港地を指示してきた。それによると、『U234』はハリファクス（カナダ）に向かわねばならないことになる。

フェラー艦長は、それらすべてを無視した。そして、フランス語、スペイン語がわかるブルンナー中尉、英語がわかるバッハマン通信士のふたりと無線通信室にこもり、国際ラジオ放送を傍受しながら、状況を把握した。

五月一二日、Uボート周波の無電で次のような警告がとどいた。

「いまだ降伏していない艦は海賊とみなされ、正規の海事裁判にかけられる」

発信名がない無電であったが、それがイギリスからであることは想像がついた。

連合軍は海上の全Uボートに総降伏命令を出した。ところが四日経過したにもかかわらず、まだ推定数のUボートからの降伏届がない。そのために再度の警告を発したものと思われる。

『U234』は慎重に西南方向に航行を続けた。

## ■降伏発信、上空に英機

五月一三日夜、いよいよ降伏準備に入った。

フェラー艦長は、フィルシュフェルド通信士に降伏届の発信を命じた。

フィルシュフェルド通信士は、キール出航以来、はじめて送信機のスイッチを入れ、キーを押した。それがまさか降伏のサインになるとは——。

フィルシュフェルド通信士は、指定通信地ハリファクスに呼びかけた。

ハリファクスからは、「『U234』、位置を教えよ」とドイツ語で応答してきた。

フィルシュフェルド通信士が位置を答えると、ハリファクスへの航路と、四時間置きに位置と速度の通報を、と指令してきた。フェラー艦長はハリファクスへ向かう気などない。

「前進速度八マイル」とハリファクスへ通報しながら、実際は一五マイルの速力（海軍で使用するマイル＝カイリ、一カイリ一八五二メートル）、指定より西寄りのコースで、ひたすら米海軍に発見されることを願って航走した。

機関士たちは、ディーゼルエンジン用の黒く粘り気のある重油にシーツをひたした。指定された降伏用の黒旗を作るためである。

これを潜望鏡の先に取り付け、第一デッキ後部の角にドイツ戦旗を掲げた。航海灯も設置した。『U234』が、命じられた降伏措置を守ったのは以上二項目で、あとはそれに逆うことにした。

万一、上空と海上から攻撃された時には、応戦する構えを整えた。魚雷は発射装置にこめられ、弾薬を装填した対空兵器はいつでも攻撃が開始できるよう空に向けられていた。そして無線マットを常時作動させながら、上空を監視していた。

同日午後一一時、当直のバッハマン通信士が、非番のフィルシュフェルド通信士を緊急に呼び出した。無線通信室のスクリーン上に一機の機影が浮かんできたからである。

フェラー艦長は、航空機警報を艦内に発し、対空兵器担当は部署についた。

バッハマン、フィルシュフェルド両通信士は、食い入るようにスクリーン上のレーダーのサインを追った。

だが、機影は『U234』からの射程距離に近づくと機首を変え、『U234』にとっての安全圏内を旋回した。それは英軍機だった。英軍機は位置確認の印である〈白い星〉をレーダー上に残し、飛び去った。

すると、ハリファクスが無電で呼びかけてきた。

「『U234』へ。あなたたちが届け出た位置とコースは間違っている。ハリファクスへ向かって三四〇度の舵をとれ。四時間ごとに位置とコース、速度を届け出よ」

飛来した英軍機は『U234』が無電で届け出た海域を探索したが見当らない。そこからはずれた海域で、やっと『U234』を発見し、届け出位置が誤っていることをハリファクスに通報したのだ。

フェラー艦長は、ハリファクスからの無電に目を通しながら微笑した。敵の裏を掻く快感がある。もちろん従う気などない。

『U234』は全速力で米海域に向かっていた。フェラー艦長はこれから発生するであろう難関の数々を想定しながら、さらに気を引きしめていた。

### ■英・米、無線で『U234』争奪戦

翌五月一四日、『U234』の無線通信室にはハリファクスからの執拗な呼びかけが続いていた。

「ほっておけ」

フェラー艦長は余裕綽々の指示をする。そしてフィルシュフェルド通信士に命じた。

「ハリファクスに位置報告を。ただし、いい加減な位置をね」

フィルシュフェルド通信士が無線のキーを押した。するとハリファクスは、まるで『U234』からの連絡のみを待ち受けていたかのように、即座に応答してきた。

「『U234』へ。こちらは音量五で受けている」

フィルシュフェルド通信士は、位置を伝えようと再びキーを押した。すると強力な電波がそれに重なってきた。キーを離すと、その電波も消える。

フィルシュフェルド通信士が改めて交信を開始すると、また強力な電波が即かぶってくる。

ハリファクスがあわてたように呼びかけてきた。

「『U234』。妨害されている。周波数を変えよう」

通信周波数をわずかにずらして発信してみた。

またしても強力な電波が重なってくる。

何者かが意図的に妨害していることは明らかである。決して偶然ではない。

ハリファクスはそれに気づいたのであろう。激しく慌立ちながら、絶え間なく呼びかけてくる。

「『U234』。こちらは別の周波数で受けたが、再び妨害された。もう一度周波数を変えよ」

すると、フェラー艦長が命じた。

「フィルシュフェルド、送信スイッチを切れ。『U234』は、これでもはや届け出をしなくもよい立派な理由ができたのだ。『送信不能状態』とね」

フェラー艦長は、『U234』に時の女神がほほえんだことを感謝した。

その直後のことだった。

「駆逐艦一隻、後部より接近」

艦橋監視員の報告に艦内は緊張した。攻撃してくるかもしれない。

艦橋上に手動サーチライトが設置され、駆逐艦との交信がはじまった。

司令塔には伝令兵士が待機、逐一報告する。

駆逐艦は米海軍『サットン』であった。

『サットン』艦長T・ナズロ海軍大尉は、『U234』に次のように命じた。

「『U234』はハリファクスとの交信を中止し、次に指定する航路と速度で、メーン州カスコ湾（註・ポーツマス北東九〇キロ）に向かえ」

『U234』は、望み通り米海軍に発見されたのだ。

あの妨害電波は、『サットン』が『U234』とハリファクスとの交信を傍受し、発信したことが明確となった。


当時駆逐艦『サットン』は、僚艦『スコット』とともに大西洋上で対潜水艦パトロール中であった。五月一〇日午前三時二五分（米国時間）、『サットン』はレーダーで『U858』を捕らえた。ドイツ降伏命令後、米海軍が接触した最初のUボートであった。『サットン』と『スコット』は『U858』を先導、指令通りに自軍に引き渡し、再び大西洋上の任務に出動した。

続く五月一一日、両艦は『U1228』を発見追跡、これを捕獲し、引き渡す。

そして五月一四日、午後二時三六分（米国時間、以下同）、『サットン』の通信士が『U234』からハリファクスへの通信を傍受した。捕捉のため全速力で追う途中、『U234』からハリファクスへの二度目の呼びかけを傍受。

それによれば、カナダのハリファクスPF隊は、『U234』の最初の位置報告海域に向かったが、『U234』を発見できなかったらしい。事実、同隊は追跡前方海域でかすかに艦影を捕らえたが見失ってしまった、とハリファクスに報告している。

一方、『サットン』は追跡開始約六時間後、レーダーに『U234』を捕らえた。その間の距離一万八〇〇〇ヤード（一ヤード＝約〇・九一メートル）。『サットン』は『U234』がUボート進路、速度で航行中であることを確認し、全速力で追跡、午後九時四一分、遂に捕獲Uボート第三号『U234』の側に到着、監視先導をはじめた。

『U234』艦内ではいよいよ来るべきものが来たと観念した。誰もが、何をどうしてよいのかわからず、ふてくされていた。

『U234』と『サットン』との交信はスムースに行われたため、双方とも攻撃の心配はなくなった。しかし『サットン』は約八〇〇メートルの距離を保ちながら、すべての砲身と対空兵器の照準を『U234』に定めている。『U234』が少しでも不審な行動をとれば、即時攻撃の構えだ。

## ■壮烈な自決

『サットン』接近と同じ頃、『U234』内ではもうひとつ深刻な事態が発生していた。フェラー艦長のもとに便乗者ニーシュリング大佐があたふたと駆けこんできた。

「友永、庄司両中佐のベッドから大きないびきが聞こえているが、なにか異常を感じる。今日彼らの食事には、手がつけられていない」

フェラー艦長はハッとし、唇を噛んだ。その予感はあったが、艦内の混乱収拾と外部との交信、英機の追跡、『サットン』出現、と息つく間もない対応に追われ、ふたりへの監視を怠っていたことが悔まれた。しかし今、無線通信室を離れるわけにはいかない。フェラー艦長は烹炊《ほうすい》係である一等兵曹シェールフ・ペーターに、友永、庄司のトランクや持ち物を調べてみるよう命じた。

フェラー艦長は友永、庄司の自決に感づき、ペーター兵曹に遺書の確認をさせたものと思われる。間もなくペーター兵曹は、一通の封筒を握って戻り、艦長に差し出した。

封筒の中は遺書だった。それに目を通したフェラー艦長は、深い吐息をついた。そしてペーター兵曹に、再び友永、庄司の様子を確認してくるよう命じた。

ペーター兵曹がふたりの部屋に戻ると、同室のシュリケ少佐が、自分のベッドに腰掛け、一点を凝視していた。

シュリケ元少佐はその時の状況を次のように語っている。

「私は、フェラー艦長の命令でやってきたペーター兵曹と、ベッドに引かれたカーテンの上から、彼らの体をゆさぶってみました。しかし反応はなく、荒い大きないびきがひびくのみでした。カーテンを開く勇気がなく、部屋にあった先のとがった長い柄で、もう一度彼らを服の上から刺激しました。やはり反応はなく、意を決してカーテンを少しずつ開いてみました。

彼らは、狭いベッドに抱きあうようにして眠っていました。口からは白い泡のようなものがこぼれ、それが周りにこびり付いていました。やがてヴァルター軍医が現れ、彼らに注射をしました。強心剤かなにか、彼らを助けようとしたのでしょう。私は監視任務の時間になり、部屋を出ましたが、ショックでした」

シュリケ元少佐が語っているように、遺書から友永、庄司の強い遺志を読みとったフェラー艦長は、ペーター兵曹に指示を出したあとヴァルター軍医を呼んでいる。

「ふたりの日本人技術士官は、今ベッドの中に居る。彼らはこの遺書で『静かに死なせてほしい。そして水葬を』と願っている。陽が昇ると、米艦からは『U234』に将兵らが乗りこんでくるに違いない。彼らは日本人士官らを蘇生させるため、あらゆる手段を試みるだろう。しかしそれは、潔い日本人たちの遺志に反する。今夜中に、ふたりを望み通り水葬しなければならない。よろしく頼む」

ヴァルター軍医は、フェラー艦長をじっと見つめ、彼の指揮官としての苦衷を察した。そして無言のまま診療用のカバンを持ち、友永、庄司の居室に向かった。

友永、庄司はすでに深い昏睡状態にあった。渾身の力をふりしぼった呼吸は生への別れの咆哮だった。ヴァルター軍医は、ふたりがすでに肺水腫状態にあると診断した。おそらくルミナール服用後、一二時間以上は経過している。ヴァルター軍医は、脈をとり、聴診器を当て、瞳孔反射を調べた。注射液の小瓶の口をやすりで切りとると、注射器に移し、ふたりの腕に打った。しばらくふたりを見守っていたヴァルター軍医は一礼し、立ち去った。そしてフェラー艦長に対し、無言のままうなずいた。フェラー艦長も無言で応じた。


友永と庄司が自決を決意したのは五月一一日、フェラー艦長が連合軍への投降をふたりに告げた時だった。それまで友永は、執拗にフェラー艦長に食い下った。そのふたりの緊迫した後姿を、通信士フィルシュフェルドが凝視していた。

「私の無線通信室は、通路をはさんで艦長室の前にありました。そこは防音のため、上半分に素通しのガラスがはめられた扉で仕切られていました。艦長室前の彼らの姿は見えましたが、会話は聞こえませんでした。

彼らが自決する少し前のことです。友永中佐が艦長と何かしきりに議論していました。すると、並んで立っていた庄司中佐が、艦長に見えないように友永中佐の後ろに手を回して、彼の腕を引っぱっているのです。『もういい、やめろよ』と言うように。とても印象的な光景でした。やがてふたりは去っていきました」

友永がフェラー艦長に、日本へ行くことを強硬に主張したのは、万一の場合を想定した取り決めが、事前にベルリン日本海軍事務所内で、関係者らと確認しあわれていたためだと考えられる。それは、ベルリン陥落直前にスウェーデンへ避難していた駐独武官阿部勝雄海軍中将が、五月二九日、米内光政海軍大臣、豊田副武軍令部総長両名宛に打った次のような親展電報から読みとれる。

「両官（註・庄司、友永を指す）ハ出発ニ際シ、次ノ如キ盛確《ママ》ナル決意ヲ抱キ居タリ。即チ途中如何ナル情勢変化ニ遭遇スルトモ、独潜ヲシテ飽ク迄モ日本側基地ニ到達セシム。特ニ独ガ聯合《ママ》側ニ降リ独潜ニ他国港湾ニ入港スベキ命令発セラレタル場合ニ於テモ、艦長ヲシテ独断専行ニ依リ、其ノ初志ヲ貫徹セシムル処アルベシト、其ノ準備ヲ整ヘ居リシモノニシテ、両官ハ右決心ニ基キ有《ママ》ユル努力ヲ為シタルモ――」

阿部中将は避難先のスウェーデンで、『U234』が米海軍に拿捕され二人の日本海軍士官が自決した、との記事（『スウェンスカ・ダークブラーデット』五月一七日付朝刊・ロイター配信）を読んだ。彼は記事の確認をとった上で、同月二九日、当電報を打ったものと思われる。

当初友永は、フェラー艦長に、もし『U234』が連合軍に降伏するなら『U234』を破壊すると迫り、フェラー艦長を恐怖に陥れている。その結果、監禁される身となったが、それでもフェラー艦長に翻意を促す努力をしている。しかし艦内の状況は切迫、フィルシュフェルド元通信士の証言にあるように、年長の庄司に「もうこれ以上はむりだよ、あきらめよう」と切言され、友永もそれに従う気になった。

ふたりは、まず艦長宛の遺言状の文案を相談しあった。それを独文にして記述する役目を、独語に通じている友永が引き受けた。五月一一日夜、友永はそれを書き上げ、幾分肩の荷がおりた。次にふたりは、手元にある最重要機密書類を海中に投棄した。本来ならば、ドイツから日本へ譲渡されるはずの積荷をすべて処分したかった。しかし、それらはフェラー艦長の掌握下にある。フェラー艦長にすれば、同盟国ではなくなった日本のために、今、危険を冒してそれらの積荷を投棄する義務はない。前記米ワシントン公文書館保管の米海軍情報部報告書には、『U234』の積荷リスト記載項目のうち、現物がないものとして「ショージ・ゲンゾーの書類と通信文類」と明記されている。ふたりの所持していた最重要機密書類が少なくとも米軍の手に渡っていないことはこれで確かである。

公的な任務を片づけたふたりは、身辺の整理にかかった。しかし、狭い居室で、他の便乗者の不審を買うことのないよう、細心の注意を払わねばならない。それにふたりの存在をまだ不気味に感じている者もいる。そうした艦内の雰囲気を察した友永は、持っていたスイスフランと、留守中の家族が世話になっている人々に贈るつもりだったスイス時計を、艦内で親しくなった乗組員たちに、さり気なく手渡して回った。バッハマン通信士からそのことを聞いたフィルシュフェルド通信士は、「なぜ急に友永中佐が、そのようなことを……」と、不可解に思ったという。

一方、庄司はその間、乗組員たちと座り相撲に興じていた。食糧など、日々消費するものが減っていくと、狭い艦内にも幾分空間ができてくる。そこで、非番の乗組員は体を動かして運動不足を補う。かつて第六高等学校時代から柔道に親しんできた庄司は、狭い空間でも楽しめる座り相撲を乗組員たちに教えてみた。するとみんな興味を抱き、次々に仲間に加わった。しかし、座る習慣のない乗組員たちはコロコロと負け、誰ひとり庄司に勝った者はいなかった、とパフ元大尉は追想している。

それまで積極的には乗組員たちの仲間に入らなかった庄司も、ここにきてこのようにゲームに興じ、自分たちへの警戒を解く努力をしている。また自決を控え、狭い自室にこもるより若い乗組員たちとのふれあいを望む、自然な気持に従ったのかもしれない。自決を気づかれないよう、直前までこのように明るく振舞ったふたりに、心が痛む。

祖国崩壊と降伏という非常事態に、艦内では戦いの恐怖からは逃れたものの、各人不安から落ち着かず、ざわめいていた。他人のことなど構う余裕もないこうした状況は、最期の時を迎える友永、庄司にとっては幸いだった。

フェラー艦長宛の公的遺書のほか、自分の家族への私的な遺書については、ふたりとも、この時があるのを予測し、すでに託してあった。

庄司はクリスマス後、ベルリンからスウェーデンに戻り、一月末ストックホルムで『U234』の出航準備を待つ間にしたためて、ベルリンの日本大使館に託した。

「とうさんは、刻々と生の終る時間が近付きつつあるにもかかわらず、極めて平静にこの手紙の筆を運んでいる——」

こう綴った二通の遺書（一六四、三九九～四〇〇頁参照）は、妻和子とふたりの息子、元信、元昌に宛てたもので、夫として、父として、庄司がはじめて吐露した真情だった。のちにこの遺書は、前記NHKテレビ『Uボートの遺書』（二一四頁参照）で公開され、多くの人々の琴線に触れ涙を誘った。

庄司はドイツの戦況から、たとえ帰国便に搭乗できても、その先には死しかないことを、この時点ですでに自覚していたのである。フィルシュフェルドの目撃証言にもある、艦長への友永のきびしい追及を庄司がもうここらが限界となだめ、断念させたのも、庄司が一足先に締念にたどり着いていた結果かもしれない。

友永の、妻正子への遺書は、一九四三（昭和一八）年三月、遣独任務に出発直前、親友遠山光一海軍技術少佐の強いすすめで綴り、遠山に託しておいた（一五七頁参照）。まだ切迫感もなく、むしろ新任務に就く士気に満ちており、事務的に事後処理を淡々と述べている。友永は、まさかこの遺書が、そのまま妻の手に渡るなど思いもよらなかったに違いない。庄司より六歳年少の友永にとっても、死を覚悟の『U234』搭乗ではあったが、彼の性格から、まだ一るの望みを期待していたかもしれない。

友永、庄司は、フェラー艦長宛の公的遺書を完成後、自決決行はフェラー艦長が降伏発信を命じる時に、と申しあわせていた。

自決の方法は、武人ならば刀か銃が望ましい。しかし、刀は『U234』搭乗時にフェラー艦長に託した。ピストルの所持は許されていたが、馴れない操作で、万一銃弾が外れ、艦を損傷する怖れと、流血で迷惑をかける。女々しい方法ではあるが、薬物によるしかなかった。

そのために、友永、庄司はベルリン出発に際し、小林一郎海軍軍医少佐からルミナール一瓶を渡されていた。ルミナールは、ドイツの化学薬品会社バイエルン社の代表的薬品のひとつで、本来は抗てんかん剤として開発された。同時に強い催眠、鎮静作用があることから、催眠剤としても通用していた。劇薬指定で、致死量は一五〇〇ミリグラムとされているが、あくまで推定値である。健康な成人であれば、死亡しない可能性もある。小林軍医が、ふたりに各々渡したルミナール一瓶の内容は不明であるが、自決を前提にしたのであるから、致死量分が入っていたであろう。

五月一三日夜、友永と庄司は、フェラー艦長がフィルシュフェルド通信士に、降伏を発信させると知った。

ふたりは翌一四日未明、居室に人目がなくなるのを確かめた上で、自分たちが担当していた製水器から、ひそかに水を用意した。そして、一気にルミナールをあおった。

友永は、遺書が人目につくように、時計のベルトにはさみ、ベッドのカーテンの釣金具にぶらさげた。

ふたりは、交替で使用したベッドの奥に庄司が、手前に友永が横になり、緑色のベッド用カーテンを静かに閉じた。身動きもままならない狭さで、ふたりは自然に抱きあうような形になった。やがて眠気が襲い、呼吸が苦しく、思考がにぶくなった。

ひそやかな旅立ちに気づいた者は、ひとりもいなかった。

ふたりが交わした最期の会話は——。うすれゆく意識の中に浮かび上ってきたものは——。

そこだけに、白く静謐な時が流れはじめた。

親愛なる艦長フェラー大尉へ

われわれはあなたと、あなたの艦とともに生死を共にしたことは、非常にうれしいことでした。しかし、どうにもならない運命のため、われわれはあなたとあなたの艦に別れなければならなくなりました。

われわれはあなたの戦友としての扱いに感謝し、以下のことをお願いします。

一、われわれを静かに死なせて下さい。われわれの死体を海に葬って下さい。

二、われわれの私物を乗組員にわけ与えて下さい。また、あなた自身もそのうちの最も多くをお受けとり下さい。

三、できる限り早く、日本に以下のことを連絡して下さい。

『技術中佐　庄司元三
技術中佐　友永英夫は
一九四五年五月□日に『U234』で自決した』と。

最後に、あなたとあなたの乗組員の親切に御礼を申し上げます。艦長と乗組員の幸運を祈ります。

庄司　元三
友永　英夫
（註・原文は口絵参照）

友永の筆跡に自決前の動揺など微塵もなく、訂正はわずか二か所。自分たちの命の燃え尽きる日の予測がつかないため、死亡日付を空欄にしておくこの周到さ――。

友永、庄司両技術中佐の表情に、苦しみのあとがまるでなかったのが唯一の救いだった、という。医師として、ヴァルター軍医の心境は複雑だったに違いない。本人たちがそれを望んでいたとはいえ、ルミナールによるショック症状の末期にある者を、より早く看取ることに手を貸したのだから――。もちろんそのことは、フェラー艦長とヴァルター軍医だけが心に秘し、明かしていない。

シュリケ元少佐が「強心剤かなにかを打って助けようとし――」と述べたことに、フェラー艦長も、ヴァルター軍医も、全員そう信じたままでいい。これこそ、戦いが生んだ悲劇なのだから――。


自決の経過症状について、東京大学名誉教授杉本恒明医学博士は、あくまで一般的な推察であると念を押し、次のように語っている。

「ルミナールを大量に服用すると、眠気、集中力低下、注意力低下、反射運動の低下が起こり、眼振、運動失調、そして昏睡状態となります。呼吸が早くから抑制され、最後は無呼吸状態になります。脈拍ははじめはゆっくりですが、次第に速くなり、弱まります。体温は下降し、冷や汗をかき、これをショック症状といいます。呼吸中枢と反射機能は抑制され、気道狭窄が強まり、狭い気道を空気が流れるため、いびきが起こるのが特徴です。肺に水がたまる肺水腫になり、口から血性の泡を吹き、終焉を迎えます。服用量が多いと血中濃度は高く、持続時間も長くなります。

ヴァルター軍医が用いた注射液は、おそらく高濃度のカリウムではないかと思われます。カリウムを静脈注射すると、心停止や心室細動が発生することは、一九一五年にすでに発表されていますし、現在でもそれは通用しておりますから、最も一般的な方法として考えられます」

この説明と、前述のシュリケ元少佐の証言とを照らしあわせると、友永、庄司両中佐臨終までが、悼ましくも推測できる。

## ■無念の水葬

フェラー艦長は、ふたりの遺体をデッキに運び上げ、水葬の準備を指示した。

灰色の皮製の、Uボート乗組員作業衣姿のままであった遺体に、乗組員たちは胸を衝かれた。あの部屋で、突然ふたりが自国の軍服に着替えれば、同室者たちの不審を買うにきまっている。ふたりは最期までUボートの仲間であったことを、作業衣で示していたのではないか、と水葬を担当した乗組員たちは感じたという。

フェラー艦長は『サットン』に覚えられないよう、甲板での水葬は海明りだけに頼れ、と念を押した。

乗組員たちはふたりの遺体に敬礼し、新しい防水カンバスの〈棺〉にくるみ、ハンモックに納めた。

フェラー艦長は、ふたりから搭乗時にあずかった日本刀を、各々の遺体に添えた。

「エンジン停止」

フェラー艦長は掌を組み、頭を垂れた。

「天にましますわれらの父よ、御名のあがめられますように、御国が来ますように――」

低い声で主の祈りが捧げられた。

甲板に整列した士官や非番の下士官が一斉に敬礼する中、重しを加えたハンモックは、粛々と波濤の間に消えた。ふたりの〈無念〉は、波紋となり、どこまでも広がっていった。

一九四五（昭和二〇）年五月一四日深夜、漆黒《しっこく》の大西洋は、志なかばのふたりの日本海軍技術士官を永久に抱きとった。

『U234』では、弔砲のかわりに一〇分間の祈りの時が持たれた。

そこへ『サットン』がサーチライトで呼びかけてきた。

「なぜ停止した」

「エンジンの故障です」

フェラー艦長は、即座にそう答えさせた。深夜であるにもかかわらず、『サットン』艦上では『U234』の異変に感づいたらしい。これ以上彼らを刺激するのは危険である。全員居室に戻り、エンジンはあたりの静寂を破って始動した。

〈自決〉の衝撃は、艦内を一時空白にした。誰も口をきかず何も手に付かなかった、という。

後年、フェラー元艦長は次のように語っている。

「友永、庄司両中佐は、『U234』を破壊することもできたのに、それを自制して、自分たちが死に赴き、乗組員と便乗者全員を救う道を選んだ。その尊く偉大な行為と、潔さは年を経るごとに思い出されます。あの遺書も、ドイツ国内、海外をふくめ、これほど騎士的で礼儀にかなった立派なものは見たことがありません」

フェラー艦長ばかりではない。全員が、〈技術科士官〉という本来戦闘には参加しない両中佐が人間の在り方として示した高潔な最期に、ふるえるような感動を覚えた、という。

ちなみに、前記阿部海軍中将が海軍大臣と軍令部総長宛に打った親展電報は、次のように続いている。

「両官ハ不幸ニシテ其ノ目的ヲ達スル能ハズ遂に自決スルニ至レルモノト確信ス。両官トモ其ノ人格高潔ニシテ至誠奉公ニ一貫シ、勤務又抜群ニシテ特ニ此ノ壮烈ナル最期ハ真ニ軍人ノ亀鑑トスルニ足ルモノナリ。依リテ右潜水艦ニ於テ戦死セルモノトシテ処遇セラルベキモノトシ、戦死認定方具申ス。」

〈自決〉は戦死として扱われず、処遇上遺族年金も支払われない。阿部中将はそれを配慮し、長文の電報で両士官自決に至る経過を述べ、戦死として認定するよう願ったものと思われる。

スウェーデンに避難中の駐独大使館関係者たち一行は、阿部中将の指示で、一日歌舞音曲《かぶおんぎょく》を慎み、両中佐の冥福を祈った、という。

一方、日本ではドイツ降伏をどうとらえ、いかなる処置を講じたのであろうか。

同年四月三〇日、最高戦争指導会議は『独屈服ノ場合ニ於ケル指導要綱』を決定した。その内容は、ドイツ降伏に際し、国内の動揺を抑制するよう指導し、一億心を一にして戦争の完遂を期する、としている。

対独措置の中には、「独艦船ハ対米英戦ニ使用スル如ク措置シ、右ニ応ゼザルモニハ抑留ス」とある。

「ドイツが危いことがわかった頃でした。日本から、『もし独海軍が降伏する時は、事前に速やかに、日本へUボートを譲渡してほしい旨、独海軍に申し入れせよ』と命令がありました。早速独海軍当局に主旨を伝えました。まだ敗北が決定したわけではなし、独海軍だってそんな申し入れは、気分のよいはずがありません。勿論断られました」

当時ベルリン駐在武官補佐官であった豊田隈雄・元海軍大佐はこう証言した。

ドイツ敗北当時、日本海軍基地に入港中のUボートは、シンガポールに『U181』『U862』の二隻、スラバヤ（東ジャワ）に二隻、呉に二隻、合計六隻であった。

これらは日本海軍に接収され、乗組員は抑留された。日本海軍は接収Uボートを、日本海軍潜水艦の『伊』号五〇〇番台の艦名に替えて、第一、第二南遣艦隊に配属、呉の二隻は特殊警備艦として呉鎮守府艦隊に編入した。

五月九日夜、コロンボからの敵（連合軍）の電波は、英海軍東洋艦隊司令長官名で、在アジアの独Uボートに現地からの脱出命令とその要領を伝えた。暗号ではなく、ドイツ語の平文で、二時間にわたり反復したという。

## ■『U234』拿捕、艦内の〈喜劇〉と〈悲劇〉

五月一五日午前六時過ぎ、『U234』の艦内スピーカーからフェラー艦長の指令が流れた。

「全乗組員に告ぐ。米海軍駆逐艦がボートをおろした。間もなく拿捕指揮官が『U234』に乗艦してくる」

フィルシュフェルド通信士は、居室から通信無線室に疾駆した。当直のバッハマン通信士と、機密重要書類や暗号コードを棚から引き出した。海中に投棄するには遅すぎる。

「どこへやる」

ふたりは顔を見合わせた。そこへディストラー機関士が大きな袋を持ってかけこんできた。

「機密文書があったらここへぶちこんで下さい。その上に水気のある生ごみを入れて機関室に置いておきます」

ディストラー機関士は、重くなった袋を担ぎ、烹炊《ほうすい》室に走り去った。生ごみは、機関室の熱気で腐敗が早い。異臭を放てば、中の書類も発見されずにすむ。万一発見されてもインキは消え、用をなさなくなることを狙ったのだ。

フィルシュフェルド通信士は、艦橋に駆け上ってみた。目前八〇〇メートルあたりに駆逐艦『サットン』が停泊していた。砲身も対空兵器も『U234』に向いている。Uボート乗組員になってはじめてこの目で見る敵艦であった。

常に水面下で敵と対峙するUボート乗組員にとって、白日の海上で敵艦とまみえることなど、ほとんどあり得ない。

『サットン』からは、拿捕指揮官とその部下が乗ったモーターボートが、白波を蹴立てながら『U234』に向かってきた。

だが波が荒く、『U234』の舷側に近づけない。強い波にあおられたボートは『U234』の魚雷発射口に激突寸前で難を逃れた。全員一瞬ひやりとする。

ボートから『U234』の艦尾に小さな錨が投げこまれた。梯子をかけると、激しく上下するボートから第一陣が『U234』によじ昇ってきた。

一番手は指揮官らしい。片手に自動小銃を、もう片方にコルト銃を皮ひもで手首に固定している。首からは弾薬筒をさげている。『U234』乗組員たちは彼らの重装備ぶりを、目で冷笑しあう。

午前八時二三分、指揮官と士官三名、兵士一三名が『U234』に乗り移った。

拿捕側に、ありありと緊張がみなぎっている。指揮官は、一通の書類をフェラー艦長につきつけた。降伏指令書であった。

一、私は米海軍キング提督の命令で『U234』に武装警備隊を配置し、港まで先導するよう指示されている。

二、もし貴殿、および貴殿の乗員が武装警備隊指揮官の指示に従えば、貴殿たちは平等な扱いを受ける。

三、この文書受理後貴殿は次の事項に従う。
(1)部下を艦前部に集める。
(2)この項目の内容を伝える。
(3)質問にはすべて答え、武装警備隊の艦点検に協力する。
(4)二〇名を越えない乗組員と二名の士官を選び出す（註・『U234』の操艦に当らせるため。実際は二四名の下士官と四名の士官）。
(5)担当士官に、『U234』は今や米合衆国の所有物で、米国旗を掲げると伝える。彼らは武装警備隊の指示に従い、能力の限り艦を操る。
(6)下にサインする。
(7)命令通り、残りの士官と乗員と共に艦を立ち去る。

T・W・ナズロフ

フェラー艦長はこれに署名した。そして、その命令をひとつびとつ実行に移した。

拿捕隊員たちはフェラー艦長を伴い、用心深く艦内の点検をはじめた。米二等水兵のひとりが、長い鉄の鎖を引きずり、それを潜望鏡に巻きつけた。さらにハッチにも投げこんだ。これでハッチはもう閉じることができない。

潜舵・横舵の舵輪にも鎖が巻かれた。舵輪は電気による自動操作だから、その阻止措置は無意味ではある。そのことに彼らは気づいていない。

Uボート乗組員はお互いにそれをあざ笑い、ささやかにうっ憤を晴らす。

「日本人たちはどこに居る」

彼らはなぜ日本人が乗っていたことを知っていたのであろうか。

「ふたりの日本人は大西洋の海底で眠っている」

フェラー艦長は厳粛に答えた。

やがて艦内のスピーカーと、電話の使用が禁じられる。彼らは持ちこんだケーブルで、司令塔と各監視兵を結ぶ。武装した監視兵士はイヤホーンとマイクが付いた装備で命令を受けながら、艦内の要所を固めている。

拿捕指揮官は、『U234』を二七〇度のコースで少し前進させよ、と命じた。『U234』がひどく横揺れしはじめたからである。

ところが操舵にあたった拿捕士官のミスで舵角指示器が危険ラインを越えてヒューズが飛び、『U234』は『サットン』に向かって動き出した。

それはまるで『U234』が『サットン』に体当りするかのようだった。『U234』前部が『サットン』に乗り上げる寸前、『サットン』が艦首を回し、大事には至らなかったが、拿捕隊員たちは大混乱となった。

『U234』艦橋で、『サットン』と小型無線機で連絡にあたっていた米海軍二等兵士が、上ずった声で叫んだ。

「Uボートは大丈夫です。私たちは大丈夫です。ドイツ人乗組員も心配ありません。単なる操舵ミスです」

拿捕士官は、フェラー艦長に舵を至急修理するよう命じた。スピーカーも電話も切られていたため、フェラー艦長は伝令兵を現場へ走らせた。

伝令兵は全速力で司令塔から駆け出した。彼はいつもそうしたように、円型の防水隔壁上部の取っ手に手をかけ、勢いをつけて両足を前方に出してくぐり抜け、さらに走った。

ところが、後部魚雷室前で銃を構えていた米監視兵は、突然走ってくるUボートの伝令兵を見るや、銃を投げ出し、両手を挙げたのである。

伝令兵は信じがたい〈敵〉の行動に一瞬立ち止まった。これはどういうことなのか——。

米海軍には、勇猛果敢なドイツUボート乗組員に対する恐怖があった。「何を仕出かすかわからない奴ら」と教えこまれている。

米監視兵は、駆けてくるUボート伝令兵が自分を襲ってきたと思いこみ、手を挙げて降伏を示したのだ。

舵の故障も修理できた。

「一一時を期して全部の武器を拿捕指揮官に引き渡し、『サットン』号に移乗せよ」

時間をきっての指令が出た。

『U234』の士官室では、ケスラー大将が洗面台の前で、ひげを剃っていた。拿捕士官が後ろで慌立っている。

「時間は過ぎた、急げ」

ケスラー大将はそれを全く無視し、泰然と鏡の中の自分の顔を興味深く観察している。

『U234』全員が上部デッキに集められた。しばらくすると、ケスラー大将がドイツ空軍の制服に、首には騎士十字、目には片メガネという正装で現れた。

「私のために、米将兵たちはたいへんご機嫌斜めのようだ」

ケスラー大将は、含み笑いをしながら片目をつぶって見せた。なかなかの役者ぶりである。

### ■降ろされたUボート戦旗、揚がる米旗

拿捕士官が米国旗を広げ、それを『U234』の艦橋に掲げようとした時であった。

「その前に、われわれドイツUボート戦旗を、われわれの手で降ろさせてほしい」

フェラー艦長が発言した。

「よろしい。どうぞ」

フェラー艦長はポール・リッシュ上級操舵士とショルヒ一等兵曹に、合図した。

ふたりが位置についた。

「気を付け！　最後の旗を降ろせ！」

『U234』乗組員に、この戦旗のもと死闘をくり返してきた日日が甦ってきた。戦死した戦友たちの顔が浮かんでは消えた。

フェラー艦長の頬を、ひと筋涙が伝わった。乗組員たちも奥歯を咬みしめ、悲憤に耐えた。

栄光のUボート戦旗は、大西洋の五月の風にはためきながら、デッキの上にたぐり寄せられた。

連合軍指令により潜望鏡に掲げ、ディーゼルオイルに染められた屈辱的な黒旗は、ショルヒ一等兵曹によって降ろされた。ショルヒ一等兵曹は、いまわしい黒旗をポイと海中に投げ棄てた。『U234』乗組員たちは「やってくれた」というような表情で溜飲を下げた。

即座に拿捕隊員が叫び、黒旗を拾い上げようとした。うまくいかない。

彼らが黒旗に注意を奪われているすきに、リッシュ上級操舵士は、降ろしたUボート戦旗を、自分の皮のジャケットに隠すことに成功した。

Uボート乗組員たちは、指名された四名の士官と二四名の下士官、便乗者ブリンゲバルトを『U234』に残し、モーターボートで順次『サットン』へ移送された。

リッシュ上級操舵士は、モーターボートの縁からそっと掌を海中に入れてみた。なつかしい海の感触だった。彼はずっとそのままでいた。

「そんなに温かいか」

フィルシュフェルド通信士が問うた。

「五月だもの。春だよ」

みんな、黙ってその声を聞いていた。

## ■英機執拗に追跡、艦内では誤射事件

『サットン』の舷側には網が掛けられていた。Uボート乗組員たちはそれをよじ昇った。

彼らはデッキ上に整列させられ、まず武器の有無を徹底的に検査された上、下士官室に監禁された。

カービン銃を構えた監視兵が配置され、トイレも監視付きだった。

この日、『サットン』艦長ナズロフ大尉は、米大西洋艦隊司令長官宛、次のような報告書を送っている。


　命令通り、午前一一時五〇分までにフェラー艦長、ケスラー大将をふくむ三七名の捕虜を『サットン』に収容。『U234』乗員、乗客の完全なリストは同封Eに託す。

　合流した『フォーシス』とともに先導を再開。

『U234』に関する事実は次の通り。
一、『U234』は四月一五《（ママ）》日、日本へ向けてクリスチャンサンを出航した。
二、『U234』は日本への外交武官使節団の一行となる一一《（ママ）》名を乗せていた。

ウーリッヒ・ケスラー
フリッツ・ボン・サンダード
エーリッヒ・メンチェル
ジェラルド・ファルク

ケイ・ニーシュリング
ハインツ・シュリケ
ハインリッヒ・ヘレンドーン
フランツ・ルフ
アウグスト・ブリンゲバルト

（註・リチャード・ブラの名が欠けている）

Uボートが降伏すると聞き、ルミナールを飲んで自殺したと報告されている二人の日本人士官、彼らの遺体は降伏前に水葬された。

三、『U234』は軍需機器、図面、書類といった貴重な積荷をハッチに収納しているとの報告を受けている。

四、日独間の外交関係断絶のニュースを受けてから降伏するまで、艦長は五日間待った。彼はアルゼンチンに行くことも考えた。

五、捕獲された時、『U234』は魚雷七本、および武器弾薬を大量に積んでいた。

六、降伏以来、『サットン』および『U234』内のドイツ人は常に協力的であるとはいえない。ドクター・ヴァルターは『フォーシス』の医師と共に、『サットン』の隊員ひとりに困難な腹部の手術を行った。

T・W・ナズロフ

第六の項目にもあるように、『U234』乗組員は拿捕隊員を、何かにつけ手こずらせたらしい。「ドクター・ヴァルターが――」というのは、『U234』に残された二八名の乗組員と拿捕隊員によって操艦中の『U234』艦内で、誤射事件が発生した報告である。

拿捕隊員のひとりが、捕獲武器のピストルをもてあそんでいたところ、誤って銃弾が飛び出した。銃弾は同僚の無線士の背後から腎臓に命中した。

手術設備のある『フォーシス』が緊急に呼び寄せられ、同艦に搭乗の軍医と『U234』のヴァルター軍医が執刀した。手術は一応成功したが、患者はその後死亡した。

ヴァルター軍医大尉は、日本海軍友永、庄司両中佐の最期を看取り、拿捕にやってきた米海軍兵士の弾丸摘出緊急艦内手術を手がけた上、これも看取る役目を担ったことになる。

翌五月一六日、『サットン』内に航空機警報が発せられた。米水兵たちは、のんびり構えている『U234』乗組員たちに怒鳴った。

「訓練ではないぞ」

「ドイツは降伏したのに、一体どこの空軍が攻撃してくるのか」

「ダム・ブリッツ（イギリス野郎め）」

米士官が吐きすてるように答えた。

『U234』を、ハリファクスに誘導しようと捜索中の英軍機に相違ない。

先にも述べたように、英海軍情報部は『U234』がドイツの機密兵器と優能な人材を満載して日本へ向かっている〈宝船〉であることを知っている。

THE NEW YORK TIMES, SUNDAY, MAY 20, 1945.
A GERMAN SUBMARINE, BOUND FOR JAPAN, SURRENDERS TO AMERICAN NAVY
United States sailors board the 1,600-ton U-234 from a tug before she heads for the Navy yard at Portsmouth
Associated Press Wirephoto

米水兵に曳船されポーツマス海軍基地に向かう途中の『U234』を報じたもの。見出しには「日本行きの独潜水艦、米海軍に降伏」とある。出典：『ザ・ニューヨークタイムズ』1945年５月20日付。

英海軍は全力を挙げて『U234』の行方を追っていた。それを掌中にする直前、鳶に油揚をさらわれてしまった。

米国旗を掲げ、米駆逐艦に護衛されて航行する『U234』を、英軍機は煮え返る思いで見送ったであろう。もちろん攻撃を加えることはせず、姿を消した。

『サットン』に収容され、捕虜となった『U234』乗組員たちは、常に監視付きではあったが、一時間ほど上部デッキで日光浴が許された。

ふと見ると、米国旗を翻した『U234』が、側を航行しているではないか。やはり憤怒がたぎった。耐えがたい屈辱だった。

そんな〈捕虜〉たちの心情を米監視兵たちも次第に理解するようになった。そして、同じ海の上で命を賭けて戦ってきた同志として、片ことの英語で話しあうようになった。

「お前たちって意外にいい奴だな。俺たち、もっとお前らが悪党だと思いこんでいた」

米監視兵はそう言いながら、構えていた銃を脇に置くようになった。

『サットン』艦内の緊張もやわらいできた。

米海軍士官は〈捕虜〉たちに告げた。

「諸君はポーツマスで、陸軍に引き渡されることになろう。米国では、海軍は捕虜を取り扱わない規定になっている。諸君は個人の文書、貴重品を今提出しておけば、諸君が解放される時に再び手渡してもらえる。陸軍に提出すれば、二度と再び諸君らの手には戻らないだろう。判断は諸君ら自身にまかせる」

「私は『サットン』の士官に身分証明書と無線技士免許証を提出しました。事実それはのちにワシントンからドイツの私の自宅に直接送付されてきました」

フィルシュフェルド元通信士は語る。

『サットン』内には温かい風呂と、うまいパン、それに新鮮な空気があった。捕虜生活の第一歩は思ったより満足すべきものであった。

## ■「ヒットラーか」とブリンゲバルト

五月一九日、『U234』には右舷前方に『フォーシス』と護衛を交替した『カーター』が、右舷四分の一の位置に『ミューア』が、そして舷真横に『サットン』が各々配置され、米国ニューハンプシャー州ポーツマスに入港した。

『U234』出航から拿捕までの航路略図

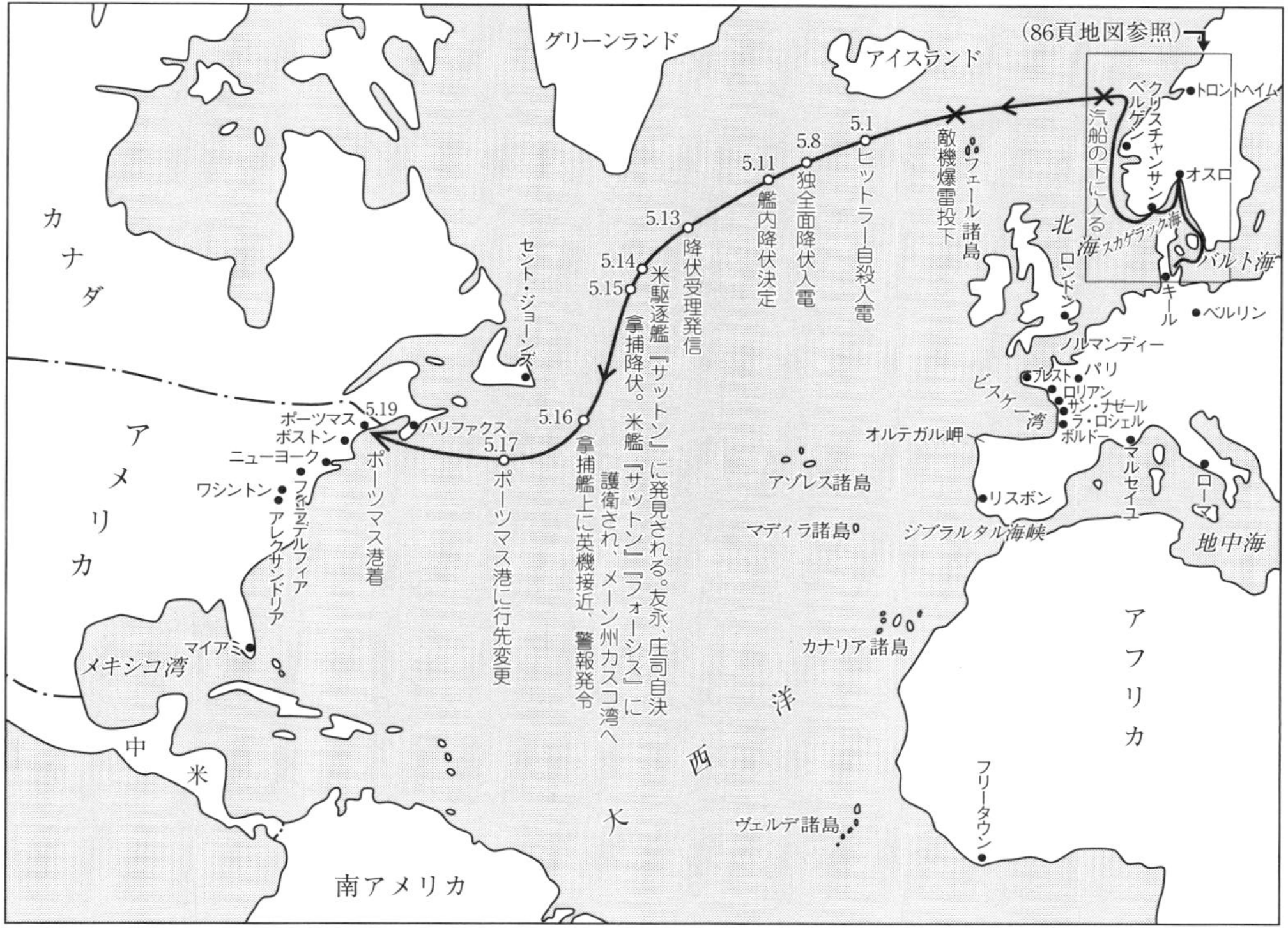

The Portsmouth Herald

VOL. LX., NO. 196 PORTSMOUTH, N. H., THURSDAY EVENING, MAY 17, 1945 ★ 12 PAGES 5c 24c

# TWO ADDITIONAL U-BOATS ARRIVE AT NAVY YARD HERE

## U-234 with 3 Air Generals, 2 Dead Japs Due Saturday

Two more German submarines, the U-827 and U-1228, which surrendered at sea while on Atlantic patrols, have been brought into Portsmouth harbor during the past 24 hours, increasing to three the number of Nazi underseas craft now in the Port City.

The 1200-ton U-827, commanded by Kapitaenleutnant Steinhoff, a sullen Bavarian Nazi, arrived at the navy yard shortly after four o'clock yesterday afternoon after being intercepted at a point two miles west of White Island light at the Isles of Shoals. The 740-ton U-1228 was brought into Portsmouth at 7:30 o'clock this morning and her Portsmouth mooring crew took her over four miles out of the harbor between Whaleback light and the Shoals at six o'clock this morning. A youngster of 25, Oberleutnant Frederick Wilhelm Marienfeld, was in command of the Nazi U-boat which arrived this morning.

The crew of the 827 was by far the hardest looking group of prisoners brought into Portsmouth to date and information on the activities of the ship was practically impossible to obtain from the Nazis who served aboard her. However, Comdr. T. K. Kimmel, USN, submarine training coordinator at the Portsmouth navy yard, who has been bringing these submarines into port, told newspapermen that she was the "[illegible] craft that [illegible] it, similar to the crew of the 805, and they cracked smiles and joked. Even the captain of the craft paused to pose willingly for photographers and he came the nearest to smiling than any of the skippers have as yet. The 25-year-old captain appeared to be the oldest man in his crew while the 837 had a 34-year-old captain. However, Oberleutnant Marienfeld of the 1228 refused to tell newsmen of his cruises.

The underseas boat which arrived this morning radioed its unconditional surrender May 9 while it was 600 miles east of St. John's, Newfoundland. The rendezvous point for the American prize crew to take over the vessel was set for a point 300 miles east of St. John's last Monday. The U-boat then set sail for Portland, Me., to a surrender point south of Casco bay but this was changed to Portsmouth and the craft was turned over to Portsmouth navy yard officers this morning.

The 1228 was the cleanest boat brought into Portsmouth yet and her green exterior paint is the neatest of any of the U-boats brought to anchor here. It is of the same class as the 805 and 49 members of her crew were brought ashore this morning, while nine of them were left aboard the boat with the American prize crew.

拿捕された『U234』がポーツマス港に到着する予告記事。出典：『ザ・ポーツマス・ヘラルド』1945年5月17日付。

当初の命令は「メーン州カスコ湾に先導」であったが、一七日の命令は、それより南のポーツマス港に変更となった。ポーツマス港には米海軍工廠がある。『U234』の積荷の重要性を認識した上での変更とも考えられる。『U234』の初航海、訪日の重要任務は、遂に果されることなく、ここポーツマス港で終わった。

現地の新聞『ザ・ポーツマス・ヘラルド』は、五月一七日付で、「Uボート二隻が海軍基地に追加到着（註・すでに一〇隻以上投降）。『U234』、三《（ママ）》人の空将と二人の死せる日本人と共に土曜日に到着する予定」と予告

(写真右参照)。予告当日の五月一九日夕刊には、「一六〇〇《（ママ）》トン、ナチ潜水艦ポーツマスに到着。『U234』はウーリッヒ空軍大将と二人の死せる日本人を運んできた」との見出しで報じた。同一九、二〇両日には全米の主要紙のほとんどが『U234』関連記事を載せている。

〈捕虜〉となった『U234』乗組員たちは、名簿を持った米海軍兵士のチェックを受け、重装備で二重に列を作っている軍警察官の間を通り、待機しているバスに向かった。

その周囲にはニュースで知った米国人群集が押しかけていた。彼らは大声で叫びながら『U234』乗組員に殴りかかり、軍警察官はそれを懸命に制した。

ポーツマスは軍港であり、市民の米海軍への思い入れは深く、身内には海軍籍や関係者が多い。それだけに〈灰色の狼〉と怖れられていたUボートへの憎しみは人一倍強かったのであろう。

フィルシュフェルド元通信士は次のように語っている。

「米国人の激しい敵意には驚きました。彼らの興奮がエスカレートするのを避けるかのように、バスはすぐ発車し、全速力で大要塞のような建物の前で下車させられました。窓には鉄格子が入っており、階段の踊り場には士官が立っていました。彼はフランクフルトなまりの強いドイツ語で『さあ、昇ってきなさい。心配することはない』とわれわれをうながしました。

しかし、収容所の入口を過ぎると、棍棒をかざした看守に殴られました。彼は米国に帰化したポーランド人だったのです」

注目されるのは、『U234』はヒットラーを乗せ、南米に脱出させる極秘任務を負っているのではないか」と、米海軍情報局が疑っていたことである。
「ヒットラーでは——」との疑いをかけられたのが、『U234』便乗者である民間人アウグスト・ブリンゲバルトとフランツ・ルフだった。ふたりは変装や整形の形跡がないか、捕虜生活の間、かなり執拗に追及されたという。

それから半世紀余り経った一九九八年五月、米ワシントン公文書館から、ヒットラーの手配写真が公表され、ロイター電が、六枚の変装したヒットラーの写真を配信した。それによると、当時の米戦略事務局（OSS）が、一九四四年六月六日の連合軍ノルマンディー上陸作戦以降、ヒットラーの逃亡を怖れ、ニューヨークのメーキャップ専門家に、ヒットラーが変装したことを想定して、六タイプのヒットラー像を作らせ、主要機関に配布したというのである。

ロシア前線軍第三攻撃団がヒットラー官邸に突入した一九四五年五月一日、最初に発見したヒットラーの遺体は影武者のものであることが判明した。その後同月八日にヒットラー本人と確認できる遺体を発掘した。

しかしソ連は、ヒットラーの死について何ひとつ公表しなかった。スターリンは、連合軍側にも自国向けにも「ヒットラーは生きて、逃亡している」と発言していた、という。こうしたソ連の情報操作の最中に『U234』は拿捕された。ブリンゲバルトらが疑われたのも当然かもしれない。

## ■積荷には独最新兵器

一方、米国にとって『U234』の積荷は全く予期しない、すばらしい〈贈物〉となった。米海軍情報局は、まず積荷を識別した上で荷降ろしするため、フェラー艦長、パフ副艦長（先任将校、積荷担当責任者）、そして便乗者たちを個々に訊問し、どこに何が入っており、どう扱ったらよいかを具体的に聞き出した。

例えば、〈レーダー・赤外線の専門家シュリケ少佐関係の荷は、「TONI」と記されて魚雷管の一つに収められている。爆発したり傷つきやすいものが多いため、極力注意を要する〉、〈「エリック（エーリッヒ）・メンチェル」と記された鉄製のふたつの箱には、メンチェル空軍中尉の任務に関する極秘フィルムと書類が入っている〉、〈主要な書類は機雷敷設筒と燃料室に置いてある〉――といったように。

その上で係官は『U234』乗組員に荷降ろしを命じたが、頑として拒絶する者も多く、手こずっている。

荷降ろしした物品は厳重に管理し、検査した上で最大限に利用された。

その検査、取り扱い方法についての一九四五年六月二二日付覚書が残されている。

〈贈物〉は、とりあえず次の三つに分類している。

a、報告書、印刷物、書籍

b、デッサン、設計図

c、その他の捕獲品、ノート、日記、個人的持ち物、贈物、新聞、雑誌類

分類別に指定した建物に搬入し、すべての品々の概要を記入し、カード化した。これらのリストは、

ひとりの人物の責任下に置き、それらの品を散逸させないよう責任者の許可なしには一切の移動を禁じた。

こうして作成されたデータ・リストをもとに、捕獲品を専門分野に各々照会した。

それに対し、各照会先からは即座に回答や要望が寄せられている。

例えば、陸軍化学兵器課は、「積荷の中にドイツの毒ガスに関する資料が入っていないか注意を払って調査し、発見されたならば迅速に通知してほしい。特にトリロン、タバン、サリン、ソマン、F83、F144という名称の付いているドイツの毒ガスには注意を払ってほしい」との要望書を送っている。

米軍側が手にした思わぬ〈贈物〉に、メッサーシュミット社が開発した世界に誇るジェット戦闘機Me262と、ロケット戦闘機Me163の資材がある。

それもMe262発明者アウグスト・ブリンゲバルトともども〈棚ボタ〉式に降ってきたのだから、米陸軍航空関係者は、ゾクゾクするような興奮に包まれた。

時速九〇〇キロの高速でヨーロッパ戦線の米空軍に大打撃を与えたMe262二機分の部品と精密な設計図のほか、ユンカース航空機に関する設計図、BMW9ニューデザイン・エンジン、レーダー各種など一六項目にわたる航空機関係の重要書類も入手できた。

前記NHK取材班によると、これらすべてが、実は日本初のジェット戦闘機〈橘花〉に採用される予定であった。日本は沖縄を足がかりに日本本土上陸を狙う米軍を迎撃するため、高性能の〈橘花〉

の開発と量産を計画し、ドイツに協力を依頼していたのだという。

Me262の部品や設計図は、ライトパターソン（現ライトフィールド）陸軍航空基地に送られた。ブリンゲバルトもここに移送され、以後その研究施設で助言をすることになった。

軍需物資以外の、例えばプラチナ三・〇一四キログラム、合金四・九五七キログラムは、米海軍作戦本部長を通じて米商務省にとどけられている。同省ライマン・J・ブリィッグス名で、これらのプラチナを受理した感謝状が、一九四五年九月七日付で、海軍作戦部長ジョージ・R・フェラン宛に提出されている。

## ■ウランはどこへ

『U234』の最も予期せぬ〈贈物〉は、ウランだった。

それは「『U234』搭載貨物について一部のリスト」の件名の中に記載されていた。

それによると、『U234』の搭載貨物一六二トン中、〈重要品目〉をⓐからⓥの項目で列挙している。

その中のⓚの項目に「多量の酸化ウラニュウム《ママ》」（『U234』の資料では五六〇キログラム）とある。

ⓐからⓥまでの〈重要品目〉には、各々の専門分野へ照会した際のやりとりも記載してあるが、ウランに関してのみ、照会先も送付先も一切書かれていなかった。

つまり、『U234』が運んだウラン五六〇キロに関しては、「多量の酸化ウラニューム《ママ》」のたった一行しか公開されていないのである。

今日でも、米国はウランに関する情報をトップ・シークレットとして封印したままである。

『U234』がポーツマスに入港直後のことだった。『U234』前部の機雷敷設筒を改造した積荷倉庫から、クレーンで筒状の荷物が釣り上げられ、慎重に岸壁におろされた。

すると、長い柄の先に計測箱を取り付けたガイガー・ミュラー計数管（放射線を検出する装置）を持った米兵士が現れ、筒状の荷物とその周囲を計測しはじめた。

フィルシュフェルド通信士はそれを目撃し、ハッとした。あの筒の中には『U234』の出航前に、友永と庄司が木灰で〈U235・〉と記した、あの重く四角い木箱が入っているはずだ（四一頁参照）。その木箱にガイガー・ミュラー計数管を当てるということは、あの物体の中身は放射線物質ウランかもしれない。〈U235・〉、それはまぎれもなくウランの化学記号で、原子爆弾の原料ではないか。友永中佐はあの時、「日本へ行かなくなった『U235・』の荷物」と、とっさに言い逃れたが、なんという偶然の符号の一致だろう——。

フィルシュフェルド通信士の場合は、ウランに関するわずかながらの予備知識があった。〈U235・〉がどんな物質で、何に利用されるのか、他の乗組員で正確な知識を持っている者は少なかった。

実は積荷の責任者であった副艦長エルンスト・パフ大尉でさえ、重い四角の木箱の中身を知らされていなかった。パフ大尉が、フェラー艦長からそれを明かされたのは、ふたりが重要人物捕虜として拘束され、同じ房に収監されてからである（四一三頁参照）。

その約一か月後、パフ大尉は再度『U234』の運んだ〈U235・〉にめぐり会う。

パフ大尉が、バージニア州ワシントン市郊外のアレクサンドリアに移され、ドイツ人特別捕虜収容所できびしい訊問を受けていた六月中旬のことである。彼はそれまで着用していたカーキ色の服から、記章と肩章付きの、仕立てのよい制服に着替えるよう命じられた。そこへ米陸軍のかなり上級と思われる士官が現れた。

「君は逃亡しないと誓えるか」

「もちろん誓います。逃亡しても、私は西も東もわからないのですから」

「じゃ君を信用し、今からドライブしよう」

陸軍士官は、パフ大尉を伴ってステーションワゴンに乗りこんだ。

明るい初夏の太陽がパフ大尉にはまぶしかった。車はアレクサンドリアから葉桜の続くポトマック河沿いにワシントン市に入った。そして米海軍情報局のインディアンヘッド本部に到着した。

出迎えたひとりの係官は、パフ大尉に「ここにはドイツの武器や日本の一人乗り魚雷艇がある」と説明しながら、彼を映写機と大型スクリーンの置かれた大きな部屋に案内した。パフ大尉はそこで『U234』甲板上の弾薬庫の筒を撮ったフィルムを見せられた。

その筒はすでにはずして、インディアンヘッド本部に持ちこまれていた。筒の中はツー・バイ・フォーのように仕切られ、各々溶接してあった。

かたわらに二、三〇名の米軍士官が待機していた。彼らは口ぐちに、この筒には爆発する仕掛けがあるに違いないと主張した。

パフ大尉はそれを否定した。すると、その筒の溶接部分をパフ大尉立ち会いで切断せよ、と命じられた。筒はフットボール場ほどもある大きなドームに運びこまれ、回りを砂袋で囲むなど、万一の事故への対応が施された。

そこには切断用のトーチ・ランプを持った米国人の溶接工が待機していた。溶接工はパフ大尉に、涙を浮べながら訴えた。

「私には家族がいる。家に帰って子どもたちの顔を見るのが楽しみなんだ。ここで死ぬことのないようにしてくれ」

溶接工の額にはじっとり汗がにじんでいた。

「大丈夫だよ。何も起こりはしないから」

パフ大尉は溶接工を励まし、切断しはじめた。四分の三ほど切断すると、焦げくさい臭いが漂ってきた。パフ大尉はあわてて溶接工を急がせた。筒は切断され、中から対空用の砲弾が現れた。なんと、弾薬の詰まっている信管に一〇センチと離れていない所を切断していたのである。もしそこに触れていたら全員ふっ飛んでいたかもしれない。溶接工は、生きていられたことに感謝する、と言ってパフ大尉に汗のにじんだ掌を差し出した。

米士官たちもパフ大尉に、ありがとうと声をかけた。

長時間の危険作業を終えたパフ大尉は、疲労困憊した体を壁際のベンチに倒れこむようにあずけた。ふと気がつくと傍に、灰色の背広に同色のソフトをかぶった民間人男性が立っていた。目と口の大きな、やせ型の特色ある容貌だった。

男性は目の前に並べられた木箱の中身、すなわち四七個の小型の包みを熱心に確認していた。

パフ大尉は、その男性が妙に印象に残った。

それから一か月余の八月八日、新聞に日本への原爆投下のニュースが大々的に報じられた。その開発者ロバート・オッペンハイマー博士の写真が〈原爆の父〉として大きく紙面を占めていた。

パフ大尉は思わず息を呑んだ。インディアンヘッド本部にいた、あの灰色の背広の男、その人がオッペンハイマー博士だったのだ。とするとあの時彼の前に並べられていた、見覚えのある四七個の包みの中味こそ、フェラー艦長から明かされた、あの酸化ウランではないか——。

ウラン、オッペンハイマー、そして日本への原爆投下——。パフ大尉はその一連のできごとで、脳裡をかき回された。

同じ八月八日、捕虜として服役中だった『U234』乗組員たちは、工廠内での作業が突然中止となり、居住船内に集合させられた。ティラー米海軍大佐らが全員に告げた。

「わが国は日本に最初の原子爆弾を投下した。これで日本との戦争も決着がつく。今やワシントン国防省は、Uボートやその兵器を重視する必要がなくなった。君たちと折角親しくなったのに、残念だ。君たちはこれからボストンに向かうことになるだろう」

詳細な説明はなかったが、原爆一基で日本が降伏するほどの威力があるとは——。

だが、『U234』乗組員全員が『U234』にウランを積んでいた事実を知るのは、第二次大戦が終結し、『U234』元乗組員たちによる親睦会が開かれるようになってからである。その頃には原爆による広島・長崎の惨状の詳細がドイツでも報じられていた。友永、庄司という二人の日本海軍技術士官を通じて、日本への近親感がめばえていた『U234』の元乗組員たちは、それ以来原爆、ウランに無関心ではいられなくなった、という。

第二次大戦初期、世界でウランに関する研究が進んでいたのはドイツだった。一九三九年九月から原子力の戦時利用研究がはじまっていた。

天然ウランにわずか〇・七パーセント含まれるウラン〈U235・〉を、九五パーセント以上に濃縮したものが原子爆弾の原料になる。濃縮ウランの核分裂連鎖反応の巨大な爆発力を、原子爆弾として応用しようというものであった。

ウランの濃縮技術には、遠心分離法とガス拡散法があるが、いずれも複雑な過程と時間を要する。ドイツとチェコ（当時チェコスロバキア）の国境山岳地帯エルツ山脈は、ウランの宝庫だった。一九四二年にはウラン濃縮に必要な原子炉の構造や、連鎖反応の実験も目星がついていた。

ドイツ占領地ノルウェーには、原子炉の材料となる重水工場も完成していた。

それを最も怖れていたのが、実はドイツから米国に亡命していた反ナチ科学者グループ、アルバート・アインシュタイン、レオ・ジラード、エドワード・テラーら六名であった。

彼らは米政府に進言し、ルーズベルト大統領の保護のもと、原子爆弾製造計画を開始した。一九四三年七月には原爆研究所がロスアラモスに設立され、オッペンハイマー博士が所長となった。

一方、米国では、スパイ情報によって、ドイツとその占領地域にある独原子力関係施設をピックアップし、集中的に空爆を実施していた。その結果ドイツでは原料、資材、人材が不足し、原爆製造が不可能となった。ヒットラーが、原子力の兵器化よりロケットに期待を寄せていたのも、その一因とされている。

日本では一九四二（昭和一七）年末、陸軍が当時の理化学研究所仁科芳雄博士に「ウラン爆弾の製造に関する研究」を依頼した。仁科研究室ではそれに応じ、理論研究と〈U235〉の濃縮実験をはじめた。一九四四（昭和一九）年、日本の戦局悪化にともない、陸軍からは原爆製造を急ぐよう強く要請された。

前記NHK取材班の調査によると、当時仁科研究室研究員だった水越邦彦は次のように証言している。

「仁科先生に呼ばれて、『ドイツにウランを送ってもらうよう頼むのだけれども、原子爆弾みたいなものを造るというのでは出してくれそうもないから、何か適当な用途をお前考えろ』と言われたことがあります」

同研究室の研究用ウランの在庫は数十キロにも満たなかったため、原爆製造にはとても足りなかった。

一方、海軍のウラン研究は京都帝国大学の荒勝文策博士と湯川秀樹博士を中心に進められていた。海軍は、それに必要な純度九五パーセント以上の品質の酸化ウラン五〇〇キロをドイツから購入するよう軍需省に要求していた、という。

『U234』に積まれていたウランが、陸海軍いずれの要求に応じたものか定かではない。

いずれにせよ、断末魔の日本では陸海軍ともに、ウランを使用した兵器の開発に一るの望みを託し、ドイツへの要請となったのであろう。

『U234』の便乗者たち複数が米海軍情報局の訊問に次のように答えている。

「ドイツも、自国でウランの利用が不可能になっていたから、これが同盟国日本でより有効に利用され、連合軍に脅威を与えることを望んだのでしょう」と。


米国では一九四五年六月一日、原爆に関する最高政策決定機関である暫定委員会で、「日本に早急に原爆を使用すること。事前予告なしに、軍事施設と一般市民住居地の二重目標に投下すること」を全員一致で決定している。

『U234』副艦長パフ大尉が、米海軍情報局敷地内で、『U234』搭載の〈U235・〉の包みと、それを確認するオッペンハイマーの姿を見たのは、この数日後のことである。

七月一六日、米国は世界初の原爆実験をニューメキシコ州アラモゴルドで成功させた。

そして八月六日、ウランを原料とした原爆が広島に、八月九日には、人工的なプルトニウム（原子炉で大規模に製造できる）を原料とした原爆が長崎に投下された。

その惨状は日本の敗戦を決定的にした。

## ■原爆は『U234』のウランではない

これらの経過については、日独米のウラン研究に詳しい、東京工業大学大学院社会理工学研究科教授山崎正勝が次のように語っている。

『U234』で日本へ運ばれる予定だった積荷明細と五六〇キロの酸化ウランについては、ワシントンの海軍研究所の史料室にあった資料で知っております。酸化ウラン五六〇キロは高濃度に濃縮しない限り、広島型の原爆にはなりません。当時ドイツに濃縮施設はなく、運ばれた五六〇キロは天然の〈U235・〉です。これを米国で全部濃縮したとしても、約三・五キロ前後の濃縮ウランしかできず、広島型原爆で使用された五〇数キログラムのわずか七パーセントにしかなりません。当時米国は、すでに一〇〇〇トンオーダーのウランを保有していましたから、『U234』が運んできたウランをあてにする必要など全くなかったと思います。

ですから、これが日本に投下された原爆に使われた、とは考えられません。

一九九二（平成四）年以降、先の公開資料に基づいた新聞・週刊誌記事が掲載されました。それには、『U234』が運んだ〈U235・〉五六〇キロは原爆二基に相当する量である、とか、あたかもそれが日本への原爆に使用されたものでは……とのニュアンスをふくむものが散見されましたが、それらは誤りです。

当時米国は、日本のウラン研究の進捗状況について、克明に情報を得ており、日本での原爆開発はあり得ないとの確証を得て、日本への原爆投下に踏みきったのです。もし日本が原爆を開発ずみであれば、その報復を怖れていたからです」と。

もうひとつ、原爆にまつわる日本潜水艦『伊58』と、米原爆輸送艦『インデアナポリス』との、因縁めいた戦記を付記しておく。

## ■『伊58』、米原爆輸送艦を撃沈

敗戦直前の一九四五（昭和二〇）年七月二九日、午後一一時過ぎだった。『伊58』艦長橋本以行海軍中佐は、マリアナ諸島西方海上で敵艦影を発見した。「急速潜航、魚雷戦用意、『回天』（註・人間魚雷）戦用意」と命令。敵艦に接近して潜望鏡で確認したところ、戦艦並みの大型艦である。当時このフィリピン海域には、すでに日本潜水艦が出没する危険性はないと判断したのか、敵艦は大胆にも単独航行をしているようだ。『伊58』は出航のあと発信を控えていたため、敵艦は『伊58』に全く気づいていない。

橋本艦長は敵艦との距離や速度を測定、六本の魚雷を扇状に発射するため、慎重にタイミングをはかり、発射ボタンを押した。

一瞬間を置き、敵艦首一番砲塔の右側に、続いて後方二番砲塔の真横に、水柱と真赤な炎が吹きあがるのを潜望鏡が捕らえた。さらに三本目が艦橋の真横に命中したのが確認できた。敵艦は徐々に前のめりに沈みはじめた。『回天』の出撃もなんとか避けられた。

『伊58』は現場から離れ、一時間後に再び潜望鏡で確認したが、すでに敵艦影は波間に消えていた。

橋本艦長は、艦隊司令部に「アイダホ型戦艦を撃沈」と報告しておいた。

潜水艦の場合、このように戦果を正確に視認することはむずかしい。まして夜間の場合はさらに困難である。

実は、その敵艦は米重巡洋艦『インデアナポリス』で、米本土から日本へ投下する原爆二基分の、最も重量がかさむ部分を搭載してティニアン（サイパン島の南）基地に移送したあと、再び指令を受けフィリピン・レイテ島に向かう途中だった。

『伊58』の魚雷は『インデアナポリス』中枢を直撃した。通信、電源、レーダーなどすべてが破壊され、防水扉も開かれたままであったため、全艦に浸水、SOSの発信もできず、わずか一四分で沈没した。乗組員一二〇〇名のうち四〇〇名が艦と運命を共にし、八〇〇名が漂流。米双発爆撃機に偶然発見されたのは四日後。救出者の数は艦長バットラー・マックベイ大佐をふくむ三一五名であった。漂流中に五〇〇名弱が力尽きたことになる。

戦闘海域では、敵の魚雷攻撃を避けるために各艦はジグザク航走を実行する。これを『インデアナポリス』が行っていたかどうかはあいまいだった。

防火扉も閉じていなかった。

米海軍基地レイテ島では『インデアナポリス』の未入港に気づいていなかった。

米海軍は『伊58』が所属司令部に発信した「敵戦艦撃沈」の暗号を解読していながら、それを『インデアナポリス』とは認識できなかった。

これは、米国側にとっては大きなミスが重なった米海軍最大の事故である。この重過失を問われ、マックベイ艦長は軍事裁判を受けることになった。

一方、敗戦を迎え、呉港で戦後処理業務に当っていた橋本・元艦長は一九四五（昭和二〇）年一二月、『インデアナポリス』マックベイ艦長軍事裁判の証人として、ワシントンへの出頭命令を受けた。

勝者として絶大な権力で君臨している米国に、単身敗者の身で赴かねばならない。わずかに残っていた資料と、衣服、日用品をかき集めるのに手間どり、やっと出発指定日に間にあった。

「戦犯容疑者にされては……と怖れ、逃亡したのではないかと心配した」と関係者に言われたと、橋本・元艦長は自著『伊58帰投せり』（学習研究社刊）に記しているが、それが占領下の当時の状況だった。

米軍用機に乗せられ、南鳥島からミッドウェー島、パールハーバー（真珠湾）とかつての激戦地上空を経た時は感無量だった。

ワシントン到着後、橋本・元艦長は軍事法廷に入る前にホテルから米海軍基地内の宿舎に移された。世話役の海兵隊士官は、「あなたへの『インデアナポリス』遺族たちの感情がよくないから、これからあなたの護衛役になる。決して監視役ではない」と釈明したという。

橋本・元艦長が、マックベイ艦長の軍事裁判証人に、遠くワシントンまで招致されたのは、『インデアナポリス』が原爆搭載という重要な国家軍事機密保持艦であったことと、その被害の甚大さが要因であろう。

軍事法廷では、『伊58』が『インデアナポリス』の重大機密を知った上で、周到に報復攻撃を加えたのではないか、との疑惑を解くため、各角度から橋本・元艦長に審問を続けたらしい。

橋本・元艦長はこの時点では『インデアナポリス』が原爆搭載艦だったことなど承知していない。一九四九（昭和二四）年三月、『月刊中央公論』に掲載されたコリー・スモールの「原爆部隊」の記事に、「広島に投下する原爆の弾体に〈インデアナポリス乗艦員の霊に捧ぐ〉と記して飛び立った」とあるのを読み、「はじめて知った」と彼は前記自著に綴っている。

法廷で彼は、『伊58』の戦闘経過を、資料と記憶をふまえて正確に詳細に証言した。「全くの偶然につかんだ好機だった」との橋本・元艦長の証言に、米海軍もマックベイ艦長もきっと胸をなでおろしたことであろう。

橋本・元艦長の法廷での真摯な証言と人柄があってのことと思われるが、米国での彼への待遇は総じて紳士的であったという。

ちなみに、橋本・元艦長の前記自著には、『インデアナポリス』が原爆搭載艦であったことについては一切触れていない。

いずれにせよ『インデアナポリス』は、広島、長崎に人類最大の被害を与えた原爆を移送し、『伊58』はそれとは知らず偶然にこの艦を撃沈した。そして双方の被害は桁違いであり、被災者の一方は非戦闘員の市民、もう一方は戦闘員の将兵という決定的な問題を残した。

この因果は戦いのむなしさを物語っているといえよう。

# 第三章　空の骨箱と妻正子

## ■蒲団を干し、夫待つ妻

一九四五（昭和二〇）年五月七日、友永正子は一通の封書を受けとった。夫英夫の東京帝国大学時代からの親友であり、共に海軍委託学生（一七五頁参照）として任官した遠山光一技術中佐からであった。

友永はドイツ出発に際し、妻正子に留守中のことはすべて遠山に相談するよう言い置いた。遠山は折にふれて正子へ、許される限りの友永の近状を伝えていた。

拝啓　爆音硝煙をよそに、新緑愈々常の如くよい気候の頃と相成候。（中略）
欧州状勢には誠に御心痛の御事と拝察致し居り候が、各方面に当り候処、御主人様は既に彼地を離れ居らるる事確実なる由に候。欧州戦局最悪の場合といえども、御心痛なきよう御願い申し上げ候。尚、詳細を得ば御報告申し上ぐべく候。まず何よりと小生も一安心致し候。（中略）
貴家、東京を早期疎開せられたる事何よりと御噂致し居り候。思い切り何よりも肝要と存じ候。緒明君（註・友永の後輩）も大和村にて全焼の憂目をみ、貴家旧御住所に居られ候はば、罹災せられし事と存じ候。四部（註・艦政本部第四部、友永が元所属していた部署）にても罹災逐次増加致し、何とも残念に存じ居り候。（中略）
先づは取りあえず御主人御安泰のお知らせまで
草々
五月七日
埼玉県熊谷市熊谷九七四　遠山部隊
遠山光一
友永正子様

「お父さまがお帰りになられるわ」

正子の声が上ずった。

一九四三年（昭和一八）年三月、友永正子は夫英夫を見送ったあと、山口県萩市呉服町の正子の生家菊屋家に疎開した。

菊屋家は屋敷も広く、食糧も自給できた。

正子は六歳の長女洋子、三歳の二女展子《のぶ》と共に、両親の許に身を寄せていた。

正子は押入れから夫の蒲団を出してみた。初夏のまぶしい太陽にたっぷり当てておこう。そろそろ単衣《ひとえ》の季節、浴衣はどこに入れたかしら、兵児《へこ》帯も揃えておかねば——。正子はいつ夫が戻ってもよいよう準備を整えた。自然に口許がほころび、心がはずんだ。

「夫がすでにドイツを離れたといっても、どんなルートで帰国するのか知らされておりません。当時ヨーロッパ駐在の商社や外交官の方々が、シベリア経由で続々と帰国される様子が報じられておりましたから、夫もそのルートであろうと想像しておりました。朝鮮から船なら門司か下関あたりに入港すれば萩も近いし、と毎日連絡を待っておりました。のん気なことに夫は帰ってくるものと信じて疑わなかったのです」と正子。

それからひと月は、あっという間に過ぎた。

萩の菊屋家には、同家の二女である正子母娘一家のほか、東京に嫁いだ同家の長女加来喜美子一家も疎開してきた。

正子母娘は離れの六畳と四畳半を居室としていた。廊下をへだてて広い庭園がひろがり、部屋にはさんさんと陽光が射しこんでいた。

窓下の小棚には、ラジオと並んで友永の写真が飾ってある。友永が呉時代に潜水艦上で撮った一枚で、おおらかな笑顔は友永の人柄そのものだった（口絵参照）。

一輪挿しには、夫の無事を祈る正子が、四季折々の花を欠かさなかった。

春から明倫国民学校に通うようになった長女洋子は、毎朝父の写真の前で掌を合わせ、「行ってまいります。お父さま」と挨拶するのが日課だった。

六畳南側には洋子の机と本棚、新婚以来の桐白木の小箪笥など、最小限の疎開生活ではあったが、正子にとっては両親姉弟たちに囲まれて、不自由も淋しさもない恵まれた日々であった。

国中に男手のなくなった当時は、家庭婦人にも勤労奉仕が義務づけられていた。萩港には暁部隊によって満洲から食糧が運ばれてきた。正子はその荷降ろしや、農作業に汗を流していた。

五月九日、新聞やラジオはドイツの無条件降伏を報じた。

夫が独潜水艦で帰国途上にあるとは思いもよらない正子にとって、ドイツ降伏のニュースはさほど気にならなかった。おそらくすでにシベリア鉄道で満洲に近づいているものと信じていた。

折から沖縄戦は、沖縄住民を巻きこんでの悲惨な激戦となり、日本軍の死守する地域も次々に敵の手に陥ちた。

日本包囲網は狭められ、日本各地の空襲は、日を追って激しさを増してきた。

幸い萩はその牙から逃れていたが、日本各地の主要港周辺では敵が敷設した機雷で船舶の被害が続出した。もはや、日本周辺の空も海も敵の制圧下にあった。

## ■届けられた遺書と爪

六月一二日、萩は五月晴れだった。正子はその日、麦刈りを予定していた。

そこへ遠山中佐からの封書がとどいた。

「お父さまのことのお知らせよ」

正子は飛び立つ思いで封を切った。

拝啓　新緑深き候、戦局愈々急迫し参り候。

その後御無沙汰申し上げ申し訳なく候。

扨　御主人様その後の御動静に関し、御心痛の御事と存じ上げ候。先般彼地脱出の件は御報告申し上げ置き候通りにて、御帰還の日々を鶴首し居り候処、彼国降伏の為、状勢急転致し、彼国艦船の無条件降伏したるもの続出せしは御承知の通りに候。

為に御主人様、彼船の帰趨に関し案じ居り候折しも、投降艦船中に邦人ありて自決せりとの情報、万一の場合をも予想せざるを得ざる状況と相成り、誠に心痛致し居り候。最悪の事態に直面し、武士としての覚悟に欠くる事なかりしは疑の余地なく、事情かくの如くに御座候へば、誠に残念至極に御座候も、御含み置き下されたく候。

申し上げ難き事項にて、且御心痛を増すことのみに候へども、状況斯の如くに候へば御諒承置き願ひ上げ度く、状況更に判明致し候はば、御報告申し上げ候。

右取り急ぎ御通知申し上げ候。

草々

六月九日

遠山光一

友永正子様

正子の掌から便箋が散り、そのまま姉喜美子の腕に倒れこんだ。

正子の記憶には、喜美子が低い声で歌う〈海征かば〉がかすかに残っている。

遠山中佐は、おそらく幾度か逡巡の末、正子への手紙を書き終えたであろう。

「遺書を書いておくと気が落ち着くから」と、訪独任務に就く直前の友永に、むりやり遺書を書かせた遠山中佐だった。まさかそれが現実に必要になろうとは思わなかったであろう。

遠山中佐は、重い心を封じこめ、預っておいた友永の遺書と遺品を、自分の書状とともに正子のもとへとどけたのだった。

遺書

昭和一八年三月一二日

友永英夫

友永正子殿

友永英夫戦死の公報に接したるに於ては既に覚悟は出来居ると存じ候。特に申すべき事無之も、左記一言遺言す。

記

一、英夫は海軍技術武官として立派なる場所を得て死したる事を銘記する事。国家非常の時に際し、技術者として（註・傍点筆者）最重要なる任務を帯びて職に殉じたるなり。

二、人との応対に際しては、英夫今日迄海軍に於て賜りたる厚遇に対し、深く感謝し、厚く御礼申し上ぐる事。

三、御両親始め親戚御一同に宜しく御礼申し被下度。

四、今度の身の振り方に就きては申し残す事無し。貴殿の意志に依る事とし、御両親と相談され度。

五、子供の教育に関しては特に御願い申し上げ候。洋子は英夫の幼少の頃と酷似致し居り、将来必ず怜悧なる娘なりと信じて疑はず候。伸び伸びと教育され度。

六、英夫の跡仕末に関し左記を指示す。

㈠　公務関係

(イ)　勤務庁に於ける整理は、遠山技術少佐（註・当時の位）に依頼しあり。残務並に懸案中の仕事全く無く、英夫公務上思い残す事無之に付大いに安心すべし。

(ロ)　私宅に職務上機密に渉る書類なきにしも非ずに付、遠山技術少佐に依頼、英夫の書類を調査疎漏のなき様同少佐の指示に従う事。職務上の形見となるもの一物も残らざるは淋しき事と存ずるも、私すべきに非る事も承知相成度。

(二)　一身上の事項

(イ)　通知先

鳥取市立修立国民学校

鳥取県立鳥取第一中学校

第一高等学校

同弓道部

東京帝国大学船舶工学科

海軍潜水学校

呉海軍工廠潜水艦部

造船会

造船協会

機械学会

学士会

海軍関係通知先は遠山技術少佐に

大学同窓会関係は遠山光一氏に

一高同窓会並に弓道部関係は溝口秀和氏に相談相成度。

其の他は御承知の通り

(ロ)
残品に目ぼしき物は無之も書籍は若し当局に於て御受納被下るならば、海軍潜水学校（註・二四一頁左註参照）に御寄贈致度希望を有し居り候。失礼に渉らざる様、遠山兄と相談相成り、厳選の上寄贈せられ度。

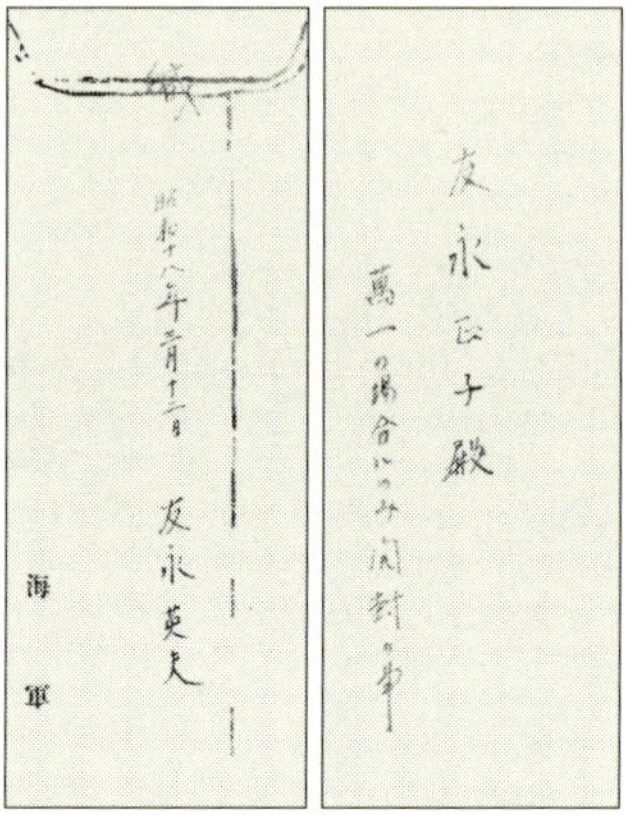

事前にしたためていた遺書の封筒。友永家所蔵。

封筒には〈友永正子殿／萬一の場合にのみ開封の事〉と付記してあった（写真上参照）。

そしてもうひとつの封筒から出てきたのは、その日の友永の爪と、出発直前まで使っていた日付入りゴム印だった。日付は〈昭和十八年三月十二日〉となっていた。

正子は、はらはらと封筒からこぼれた夫の爪を目にするや、今まで耐えに耐えてきた夫への追慕がたぎり上った。夫の躰の一部がそこにあった。まるで今、夫が切りとったかのような三日月形に反り返った爪が、なまなましく正子に迫ってきた。正子は爪に頬をすりつけ、身も世もなく泣きくずれた。

「あなた『死ぬときは共に』ってあんなに約束したではありませんか……」

六歳の洋子と三歳の展子に、まだ母の悲嘆は理解できなかった。ふたりの幼ない娘は、号泣する常にない母の姿に不安をかき立てられ、母にすがってしゃくり上げ、おびえた。

正子の傷心は、父母や姉妹たちのなぐさめでも癒されなかった。

六月二三日、沖縄も敵の手に陥ち、ソ連を介しての和平交渉も失敗、いよいよ本土決戦の道しかなくなった。

七月二六日、米英中三国はポツダム宣言を発表（のちにソ連も参加）、日本に無条件降伏を迫った。日本政府はこれを無視した。

八月六日広島に、八月九日長崎に原爆が投下され、追い討ちをかけるように、ソ連がソ満国境を越えて侵攻、日本と交戦状態に入った。

そして八月一五日、日本無条件降伏――。

正子の手もとへ、夫の戦死公報は遂にないまま、戦いは終わった。

## ■空の骨箱に火を放つ正子、心中とめた洋子

山の紅葉が鮮やかな、その年の一一月一三日。

山口県美祢郡大田町（現・美東町）の地蔵院で友永英夫の葬儀が行われた。戦死公報がとどいたのは、その直前であった。

〈戦死〉と同時に、友永は海軍技術大佐に昇進、従五位に叙せられていた。

すでに海軍省はなく、その後身である第二復員省の主催で、造船会会長江崎岩吉（元海軍技術中将）、同級生総代遠山光一（元海軍技術中佐）らが列席し、大田町長小方輝男も郷土の英霊に弔辞を捧げた。

『大義院秀道英徹居士』

友永英夫の法号だった。

正子は、盛大な葬儀もうつろだった。

夫が命と引き替えにした国は滅びてしまった。一体夫の死は何だったのだろうか。たとえ夫の名は後世に残っても、何ものにも替えがたい夫の命を奪われた妻の悲憤は、未来永劫に消えることはない——。

正子は何でもいい、夫の痕跡にすがりつきたかった。正子は、復員省から渡された骨箱の包みを解いた。

白木の箱は、鉋《かんな》もかけてない粗雑な作りだった。

〈友永英夫海軍技術大佐の英霊〉

その中にあったのは、ザラ紙に書かれた一枚の紙片。筆跡も十把一からげに書かれたかのような、なぐり書き。

「夫の命の代償がこれ……。なんと冷酷な仕打ち。夫を返して……」

正子は憤怒に駆られた。思わずそれに火を放った。一片の紙と白木の箱は、炎の中で反り返り、またたく間に消え去った。わずかな燃えかすが、いつまでもゆらめいていた。

正子は深まりゆく秋の低い日射しを背に、唯一遺された夫の爪を卓上にひろげ、それに訴えかけ、泣き伏した。

夫の、左の人差し指と中指の黄色くなった爪には、友永の愛用したたばこ〈チェリー〉の香りが残っていた。正子は日々それを掌に載せ、その香りを嗅ぐひとときにのみ、心の安らぎが訪れるようになった。

正子が、たばこをたしなむようになったのは、それがきっかけとなった。

紫煙の中に夫を感じ、語りかけながら、正子は生きる道を模索した。

「友永の死が自決だったため、当初遺族年金は支給されませんでした。皆様のご尽力でいただけるようになったのは、確か洋子が高校生になった頃だったと記憶しております。

幸い友永は、ドイツ滞在中に七万円を横浜正金銀行経由で送ってくれておりましたので、当座の暮らしには困りませんでしたが、将来のことを考えますと、夫のいない生活など、私にはどうしても考えられなかったのです」と正子。

ある夜のことだった。正子は洋子と展子を前に、しばらく沈黙し、静かに告げた。

「三人でお父さまのところへ行きましょう。お母さまとても生きていけなくなったの」

「いやです。だめです、お母さま!!」

七歳になった洋子は、いつも毅然としていた母が見せるこのところの脆さが、子ども心に不安だった。洋子はまだ生死を把握するには幼すぎたが、本能的に母を守る立場を自覚した。

夫に面差しがよく似た洋子が、ひたと母を見守り、必死で押しとどめる姿が、正子を吾に還した。

正子のこの苦悩はカソリックへの信仰によって救われ、やがて自立した母として、戦後の日本社会の一翼を担うことになる。

## ■遺書を支えに生きた庄司和子

庄司元三の妻和子が、夫の自決を告げられたのも友永正子と同じ頃で、三二歳だった。二男元信が九歳、三男元昌が六歳。長男元彦を失った和子の悲嘆に、夫の悲報が追い討ちをかけた。残されたふたりの遺児を各々慶應義塾大学、早稲田大学を卒業させ、社会人として世に送り出すまでの二五年間、細腕ひとつでミシンと格闘した。そのエネルギーになったのは、夫が『U234』搭乗前に綴った遺書だった。そこには、生前の夫からは想像もできない、妻への愛と感謝のほとばしりがあった。

「――昭和七年、人のすすめで出会った和子を、一目で『この人だ！』と直観し、結婚した。自分は、爆撃機のエンジン開発に没頭、新婚時代は太陽のもとで和子の顔を見たことはわずかしかなかったが、和子は一度も不満を洩らしたこともなかった。なんと辛抱強い女性かと、幾度も感服した。わずか六年の結婚生活ではあったが、嫌な想い出などひとつもない――」と。

そして、二人の息子、元信、元昌に宛てた遺書には、「母はお前たちにとりては、何時も、永久に絶対なるべし」と銘記してあった。

「無口で、無骨なあの夫が、私をこんなに思って、見てくれていたなんて……。夫が異国で死を覚悟してこの遺書を綴った時の苦悩を察すると、私のどんなつらさも、ものの数ではないと思い、ここまでやってこられたのです」

和子の、それまでたたえていた人なつっこい笑顔がくずれ、メガネをはずしてハンカチで顔を拭う指がふるえていた。「夫を国に捧げる」との美名のもとに、戦争未亡人となった昭和の女性たちが秘めてきた素顔だった。

だが、元信も元昌も、母から父の遺書を読むよう示されたことは一度もなかった。和子は、息子たちが、自らそれを手にする時を待った。

## ■友永と正子、萩での出逢い

敗戦の一〇年前、一九三五（昭和一〇）年八月のことであった。

菊屋正子が、はじめて友永英夫と出逢ったのは、萩の菊屋家の近くの春日神社だった。

正子の高等女学校時代の恩師から、正子の結婚相手として、友永英夫の話がもたらされた。

友永の長兄重夫の妻が萩市の出身で、正子の恩師と親しかった。

ある日、正子に恩師から連絡があった。

「春日神社の境内で、お相手の方がお待ちだから、通りがかりにご挨拶なさって」

夕立ちが去った盛夏の午後であった。

友永英夫とはじめて出逢った日の菊屋正子（昭和10年８月、萩、菊ヶ浜にて）。写真提供：友永家。

正子は愛犬〈長門〉と散歩に出る時間だった。ひとりでは気恥ずかしいが、〈長門〉となら自然に出逢えるような気がした。

正子は喜んでじゃれつく〈長門〉を伴い、高杉晋作の旧宅横を通り、新堀川沿いに春日神社に向かった。

松の古木に囲まれた春日神社には、菊ケ浜からの汐風が渡ってきた。年輪を刻んだ社の境内に、純白の第二種軍装（夏用軍装）に短剣、軍帽を真深にかぶった海軍士官の姿があった。

正子は一瞬たじろぎ〈長門〉を引き寄せながら近づいた。長めの袂が大きく翻った。

友永は軍帽を脱ぎ会釈をした。彫りの深い顔立ちに、含羞がよぎった。

切れ長の大きなまなざしが正子を直視した。

ゆったりと男らしい落ち着きが、小柄な友永の躯をひと回り豊かに見せていた。

正子は、片手で裾を押さえながら会釈を返した。

たぐり寄せられるように、心がかすかに揺れた。

一方、友永も見るからに俊敏なシェパードを伴って現れた正子の知的な美しさに気圧された。あざやかなグリーンの濃淡で描かれた、八ツ手模様の麻の薄物、娘らしく腰高に結んだ淡いオレンジの単衣帯《ひとえ》とのとりあわせは、正子の意志的な面差しにマッチしていた。

ふたりはことばを交わすことなく別れた。

# 第四章　生い立ち

## ■土木技術官の父、八人兄弟の切磋琢磨

友永英夫は、一九〇八（明治四一）年一二月六日、韓国東莱《トンネ》府西下草缶洞（現・釜山直轄市）、釜山水道聖地谷工営所官舎で生まれた。父染蔵、母芳枝。ふたりの兄が在り、英夫は三男だった。その後三人の弟と、ふたりの妹が生まれ、八人兄弟となった。

父染蔵は土木技術官で、同地のダム建設に当っていた。

当時の日本は、日露戦争の勝利を背景に、韓国を保護国化し、支配権を強化していた。

英夫が生まれる年の一九〇八（明治四一）年八月には、日本が韓国軍隊を解散させたため、反抗した一部韓国軍と日本軍が抗戦した。それに触発された韓国民衆も加わった反乱は、翌年には全土にひろがった。

一九〇九（明治四二）年一〇月、韓国統監を辞任したばかりの伊藤博文がハルビン駅頭で安重根《アンジュウコン》に射殺されたのも、その流れの中にあった。

そんな騒然とした時代に、英夫は誕生した。

その後染蔵は日本に帰国、兵庫、鳥取、岐阜のダムを手がけ、一家は共に転居した。

染蔵は技術者にありがちな性格の片寄りもなく、円満な人格者で、現場の労働者たちから慕われた。南画、謡曲、碁と趣味も広く、息子たちを相手に将棋をさすのが楽しみだった。

芳枝は明るく、竹を割ったような人柄だった。八人の子どもたちに長幼の序を守らせ、家庭教育はきびしかった。男の子にも、年齢に合った家事分担で責任を持たせた。こまかいことには口を出さず、大局から子どもたちの成長を見守った。

技官の夫の収入で、八人の子どもたちに高等教育を受けさせ、社会に送り出すまでの芳枝の苦労はそれなりにあったであろう。しかし、子どもたちは母の愚痴を聞いたためしがなかった。

## ■病で難聴、反応が遅かった幼時

幼い頃の英夫は、才気煥発な子ではなかった。重い中耳炎をわずらったのが原因で、やや難聴となった。そのため、人のことばが聞きとりづらく、反応が遅くなった。

時には聞き違ってちぐはぐな言動をとることもあった。

英夫は、朝夕の雨戸繰り、寝具の上げ下ろし、お使い、火鉢やおこたの火継ぎなど、いやな顔ひとつせず母を助けた。

　ある日英夫は母芳枝から、近所の叔母に風呂に入りにくるよう伝言を頼まれた。

　叔母は英夫に、「はい、ありがとう」と答えた。英夫はきびすを返したが、ふと立ちどまり再び戻って叔母に問い直した。

「叔母さん。来るのですか、来ないのですか、どちらですか」

　のちのちの英夫の性格がよく表れたエピソードである。

　この頃、長男・重夫、二男・信夫、三男・英夫、四男・和夫で歴史上の人物に自分たちの名をなぞらえて遊んだ。重夫が木村重成、信夫が織田信長、英夫が豊臣秀吉、和夫が山内一豊で、誰が一番偉いか、ということになった。

「秀吉は信長の家来だぞ」と信夫が胸を張ったが、英夫は冷然としている。信夫は、英夫が本当は秀吉の方が偉いことを知っていてそんな態度をとっていると思うと腹が立った。信夫はいきなり英夫の頭を殴った。英夫は蒼白になり立ち上った。拳を握りしめ、涙をポロポロこぼしながら信夫をにらみつけた。だが、決して殴り返さなかった。

　信夫は将棋でも待ったをかけ、英夫に負けることが多かった。信夫はくやしまぎれに英夫に喧嘩をしかけたが、英夫は耐えた。

　それを見ていた芳枝は、駒をかまどに投げこんで戒めた。

「柔順な英夫は、暴君の私のためにずいぶん災難に遭った。かわいそうなことをしたと思います」と、のちに信夫は述懐している。

　だが、幼い頃から六人の男兄弟の中での切磋琢磨は、英夫の人間形成に役立つことになる。

一九二一（大正一〇）年、鳥取市修立小学校を卒業した英夫は、同年鳥取県立鳥取第一中学校に入学、二兄信夫と共に下宿生活に入った。

五月、同中学校では新入生歓迎をかねた恒例の全校学芸会があった。配られたプログラムを信夫が見ると〈一年・友永英夫・一口噺〉とあった。

信夫はクラスメートに「お前の弟だろう」と囁かれたり、肘をつつかれたりすると、すっかり落ち着かなくなった。うまく演《や》ってくれればよいが、もしへまでもすれば——と、本人より信夫の方が冷汗をにじませた。

すると、小柄で、やや頭の鉢の大きい英夫が、一番最初に壇上に現れた。新しい霜降りの制服から、少し高めの白いカラーがのぞいていた。英夫は臆することなく一礼した。

「爺さん、このうどんは黒いね」

「それはソバだから黒いのです」

英夫はテーブルから数歩引きさがった。そして、離れた位置からソバを見ながら、眉をひそめ、口をとがらせるようにして言った。

「いや、遠くから見てもやはり黒い！」

会場はドッと沸いた。英夫はその手の小噺を三つすると悠々と壇を降りた。当日一番うけたのが英夫だったという。

## ■一高へ

一九二六（大正一五）年、友永英夫は第一高等学校理科甲類に入学した。当時一高は現在の東京大学農学部の場所にあった。友永は弓道部に入った。

弦を引き絞り、的に向かって矢を放つまでの精神統一、そして広い空間からわずか一点を仕留める快感は友永をとらえた。

その後、ボート部にも入り、オールを握った。

友永と一高弓道部時代から同寮で、その後東大工学部、海軍と同じ道を歩んだ三嶋忠雄、長野利平、佐藤正彦は、当時の思い出をこもごも次のように語っている。

友永は、がり勉屋ではないのに抜群の成績だった。全寮茶話会での演説ぶりは、アジるでなく、気負うでなく、淡々とした中に同輩を感化し、魅了するものがあった。

一高生のモットーに「淋しく強く」がある。

ある日、久留米絣《かすり》の着物に懐手した友永が机に向かって熱心に本を読んでいた。いがぐり頭の髪がそそけ立ち、頬がげっそりこけていた。いつもの明るく賑やかな友永からは想像もつかない、孤独なきびしい一面がのぞいていたのに彼らはハッとしたという。

## ■不況、軍縮下、東大工学部へ

一九二九（昭和四）年、友永英夫は東京帝国大学工学部船舶工学科に入学した。

一九二〇（大正九）年の株価暴落、日本の景気は落ちこむ一方で、一九二三（大正一二）年の関東大震災がそれに追い討ちをかけた。被害額は前年度一般会計予算の三倍にものぼり、復興は思うように進まなかった。社会不安から労働争議も相つぎ、昭和に入った。

一九二七（昭和二）年の金融恐慌はさらに日本経済を揺るがした。

一方、中国では同年から翌年にかけ、蒋介石が国民党左派や中共を抑えて南京政府の樹立を目指し、東北軍閥の張作霖《チョウサクリン》も勢力をつけ、中国の内乱は激化した。それを利用した日本は、居留民保護を理由に出兵。済南事件や、関東軍による張作霖爆殺事件も発生、日中間の亀裂が深まった。

こうした中、造船学を目指した友永英夫にとって深くかかわってくるのは、ワシントン海軍軍縮条約（一九二二＝大正一一年）と第一次ロンドン海軍軍縮条約（一九三〇＝昭和五年）である。

日清・日露戦争に勝利した日本海軍はそれまで友好関係にあった米海軍から注視される結果となった。中国の権益をめぐる思惑や、日系移民問題などもからみ、敵対意識が顕著になった。両国間で建艦競争がはじまった。

しかし、第一次大戦後の一九二一（大正一〇）年から翌年にかけ、米国の提案でこの建艦競争に歯どめをかける、海軍軍縮条約ワシントン会議が開かれた。大戦後の国内不況に苦しむ米英、それに日本もその主旨には賛同した。結果は主力艦の一〇年間の建造禁止、主力艦保有比率については日本三に対し米英各五という、日本海軍には不満と不安が残る形でワシントン軍縮条約は締結された。

日本海軍は進水した戦艦『長門』『陸奥』、建造中の戦艦『土佐』ほか合計七隻、二八万余トンを廃棄、さらに戦艦『摂津』以前に建造された一〇隻、一五万九八二八トンを廃棄した。

もうひとつ、ロシアを視野に入れて締結していた日英同盟（一九〇二＝明治三五年）に、日本を敵視しはじめた米国が反発、ワシントン会議で、日英同盟は解消された。それまで英海軍を範としてきた日本海軍は、以後次第にドイツの科学力や軍事力に目を移していくことになる。

一方、ワシントン軍縮の制限対象は戦艦で、巡洋艦、潜水艦の制限はなかった。そこで各国は制限外の建艦競争に入った。

今度は補助艦制限の国際会議が一九二七（昭和二）年から一九三〇（昭和五）年にかけてロンドンで開かれた。第一次ロンドン軍縮会議である。各国の国内経済危機は深刻で、国際的社会情勢も軍縮実現が期待されていた。

特に日本は、金解禁の公約を果たすためには米英との協調が必要であり、日本が対決中の中国に、米英が接近していることも考慮せねばならなかった。

会議は難航の末、一九三〇（昭和五）年四月二二日、正式に調印された。日本は「補助艦総括で対米六割九分七厘五毛、大型巡洋艦六割、潜水艦五万二七〇〇トンで均等」という「七割達成」の日本海軍の悲願を成就できなかった。その憤懣は、一九三四（昭和九）年一二月のワシントン条約破棄通告になり、一九三六（昭和一一）年一月、第二次ロンドン軍縮会議中途に日本海軍の軍縮体制脱退へとつながっていく。ワシントン海軍軍縮条約調印以降一四年に及ぶ〈海軍休日〉に幕が降り、ここに日本海軍は米国を仮想敵国として対決姿勢を鮮明にしていく。

友永が東京帝国大学工学部船舶工学科に入学した一九二九（昭和四）年は、まだワシントン海軍軍縮条約下にあり、翌一九三〇（昭和五）年には第一次ロンドン海軍軍縮条約が結ばれているから、〈海軍休日〉は友永が卒業するまで続いた。

そして友永が造船官に任官してから四年後の一九三六（昭和一一）年に日本海軍は軍縮体制を離脱する。

しかし〈休日〉中には〈休日〉をカバーするため、艦の性能向上と装備の充実が要求された。それが数少ない造船官たちにのしかかってきた。〈休日〉離脱後は、文字通り〈月月火水木金金〉のさらなる重責が加わった。

こうして海軍軍縮条約は、一造船官友永英夫の短い一生にさまざまな試練をもたらしていくことになる。

## ■富国強兵の人材養成を東大工学部に

一九二九（昭和四）年当時の東京帝国大学は、日本の近代化政策の柱である〈富国強兵〉と密接にかかわっていた。特に工学部には、官・産・軍への指導的役割を果たす人材の養成、交流が求められていた。

優秀な学生は、海軍技術科士官を前提に〈海軍学生制度〉で選抜された。卒業後は造船、造機、造兵の三部門に配属され、中尉に任官された（一八七頁左註参照）。

これら関連学科の講座や教官人事にも海軍の意向が反映された。日本の軍事体制強化によって、その傾向はさらに強くなった。

友永が入学した時は、関東大震災から六年経っていたが、東大も震災で六二パーセントの校舎が使用不能となり、船舶工学教室はまだ再建されていなかった。

大学正門左手にバラック建ての船舶実験室と物置があり、弥生町寄りに二棟の仮教室があった。造船官への道に夢を抱く一学年三〇余名の学生たちは、ガタガタと音が反響する粗末なバラック教室で初講義を受けた。

友永はこの教室でふたりの親友とめぐりあった。のちに遺書を託すことになる遠山光一と、遠山と共に友永の追悼記録を残すことになる、卓チャンこと船越卓である。

## ■〈海軍委託学生〉に

一年の終わり頃、友永は〈海軍委託学生〉の試験を受けた。

当時民間の造船界は、実質的に海軍の支配下にあり、貨客船、貨物船、漁船といったように建造船種が限られていた。

さらに、民間の造船には人命尊重の立場から航行の安全が優先し、設計規準が細部にわたって規制されていた。設計上の冒険はタブーであった。

その点軍艦設計は大胆な着想が許される。可能性は限りなく広がってみえる。造船官は上級士官まで進級がのぞめ、外国留学や海外勤務も約束されるという特典があった。造船なら海軍、というのが当時の風潮であり、学生の憧れであった。

それに、不況期にあって海軍委託学生への月額四五円の支給は魅力だった。当時大学出初任給が五〇円から六〇円である。友永にはまだ五人の弟妹が控えている。自分だけでも親に負担をかけずに、と思ったに違いない。

一九三〇（昭和五）年、友永は二年進級と同時に、遠山光一と共に海軍委託学生に採用された。この年度は造船二名、造機一名、造兵六名が合格している。翌年、親友船越も海軍委託学生となった。海軍委託学生は一九三六（昭和一一）年には合計二二名と急激に増加した。日本に軍国主義の波が押し寄せてきていることがうかがえる。

## ■平賀譲に造船官の技と信念学ぶ

海軍委託学生になると正規の授業のほか、特別講義もふえた。友永らはうす暗い製図室で机を並べ、計算やトレースに精を出した。

毎週木曜日は学生が最も緊張する日であった。平賀譲教授の設計製図の講義が原因だった。平賀は東京帝国大学工学部の前身である工科大学造船学科を卒業後、一九〇八（明治四一）年英グリニッチ海軍大学校造船科を卒業、日本の造船技術を世界のトップレベルにまで引き上げた逸材である。

彼はまた、世界の建艦競争に対抗し、日本の艦齢八年未満の戦艦、巡洋艦各八隻ずつを主力化する〈八八艦隊計画〉もリードした。しかし、戦艦『長門』『陸奥』竣工後に、日本は前記ワシントン軍縮条約に調印した。日本海軍は、量の劣勢を質の強化で補う道を探らねばならなかった。その重責を平賀は担った。

艦艇の質の強化には、船舶としての基本的な性能を保持した上に、速力、攻撃力、防御力など、高度の戦闘能力を備える必要がある。その上、船体をコンパクトにしなければならず、バランスの配分がむつかしい。これらの課題に取り組むには、造船だけではなく、機関、電気、通信、大砲、水雷（魚雷・機雷）、航海などに精通していなければならない。

各部署からは造船官へのつき上げがくる。例えば、用兵側からは戦術面で兵装の強化を要求してくる。機関側からはエンジン機能のアップを強制してくる。

こうした要求や強制を己の技術的信念に基づいてさばかねばならない。平賀はその点で一切妥協しなかった。その毅然たる剛直さを、「平賀譲ではなくて不譲だ」と関係者が愚知ったエピソードは有名である。

だが、その姿勢こそが造船官にとって重要なのである。後述する〈水雷艇『友鶴』事件〉（二〇〇頁参照）や、〈第四艦隊事件〉（二〇九頁参照）によってそのことが証明される。

平賀は剛直さとともに、性格的にも好悪の感情が激しく、それをかくさなかった。学生たちは平賀の逆鱗にふれないよう、全神経を立てて授業にのぞんだ。

東大時代から平賀に教えられ、のちに戦艦『大和』の設計でも指導を受けた牧野茂・元海軍技術大佐は、後輩友永英夫の学生時代の〈伝説〉を次のように語っている。

「平賀は学生の製図机をひとつひとつ回り、じっくり目を通す。友永はその靴音が近づくと、手にエンピツと消ゴムを握り、直立不動で待った。平賀の視線が設計図の一点にとまる。友永は平賀から指摘される前にそれを察知し、さっと訂正にかかる特技を持っていた」

## ■卒業設計にバルジ付戦艦

平賀の講義は卒業設計で終わる。学友船越は友永の卒業設計に瞠目した。友永はバルジ付の戦艦を設計していた。

バルジとは、艦の両サイドにまるくふくらんだ空洞を設け、その中に多くの配管が装備された部分をいう。こうすることでバルジは艦本体をおおい、敵からの魚雷攻撃の防御役を果たす。

しかし、艦のバランスや速度とのかねあいを多角度から算定した上で、それに最も適した形状のバルジを設計するには、相当の力量が必要である。

当時、海軍艦政本部（二六一頁左註参照）のベテラン造船官たちの間でも、戦艦にバルジを付ける計画はあったと思われる。だが、まだ実現には至っていなかった。

もちろん学生は、海軍の機密に属するそのような戦艦設計の詳細など知る術もない。にもかかわらず、この時点ですでに友永は自分なりの着想でバルジ付戦艦を設計していた。

船越は、自分には考えも及ばない友永の造船家としてのひらめきを感じた。

それから五年後の一九三六（昭和一一）年、船越は戦艦『陸奥』と『長門』にバルジを付ける作業に加わった。卒業時の友永の先見性を思いながらの作業だった、と船越は回想している。

## ■共同卒論で造船協会名誉金牌受賞

もうひとつ船越の脳裡に焼きついている友永の姿がある。友永と船越が共同卒業論文「構造物振動に就いて」にとりかかっている時だった。

この研究は、軍艦の三角マストの揺れを最小限度にするには、どのような構造にするのが望ましいかを、実験で出したデータをもとに理論式を編み出すものであった。

友永は船越と共に一メートルぐらいのエボナイトの棒三本を組み立て、三脚マストの模型を作った。それを軍艦のマストと同じように、鉄板の上に据え付ける。友永はまず鉄板にマストを据え付ける金具のアタッチメントの詳細な設計図を作った。上野駅近辺で板金屋を探し出し、設計図通りのアタッチメントを作らせた。

できあがったマストの模型を振動台に載せ、振幅、速度によってマストの揺れがどう変化するかを実験し、逐一写真に撮り、実証した。さらにその実験データから計算につぐ計算で、遂に独自の理論式を見出した。

友永は手抜きせず、緻密に忍耐強く自分の着想を理論化したのである。

友永と船越のこの共同卒業論文は、当時の造船界で最高の権威ある造船協会名誉金牌を受賞した。ふたりは造船家としてのパスポートを手にしたのである。

## ■徳川武定の訓戒を身に刻む

教官のひとりに水戸徳川家分家の当主、講師嘱託徳川武定（一九三八＝昭和一三年教授、のちに海軍技術中将）がいた。船体構造の大家で、潜水艦設計に貢献した。

当時船舶工学科の悲願は、船の抵抗、推進研究に必要な試験水槽の設置だった。しかし予算上実現不可能とわかるや、徳川は自邸内の小型水槽を同学科に寄贈、学生の研究に供する熱心な子爵教官だった。

徳川は講義中、造船のハード面での知識ばかりでなく、造船官としての心得も重要であると説いた。「友永英夫追悼録」（私家版）に、徳川から寄せられた一文がある。徳川は友永を秀れた造船官に育てるため、友永にあえて彼の欠点を指摘し、反省を促した、という。

一、ものごとを完成するには、多くの人の世話になる。自分ひとりの力だと得意になるのは堕落のおそれがある。

二、ものごとに熱心であることと、しつこいことを混同してはならぬ。くどく人に訊ねたり、語ったりするより、自分自身で深く考えよ。

三、技術者として細部も大切だが、もっと全体を見るように。君はややもするとものの軽重をあやまりやすい故、注意するように。

友永はこうした徳川の忠告に、時には大いに抗弁した。しかし、のちにその忠告を素直に認め、徳川に詫びたという。

この徳川のきびしい訓戒は、友永が造船官として名を成した時、人々を心服させる数々の挿話となって実を結ぶことになる。

二、三年に進級すると夏の実習がある。横須賀海軍工廠（一九三頁左註参照）で造船過程を実地に学ぶ。クラス全員、特務士官クラブや海友社の二階で合宿生活に入る。炎天下、鉄鋼板の照り返る中でリベット（鋲）打ちや、コーキング（かしめ作業）を続けると肉体的に消耗した。粗食だったため、学生たちはみるみる頬がそげ、汐焼けした顔に眼は血走り、人相まで変わってしまった。夜になると倒れこむように眠りこけた。しかしこの合宿でお互いの人間性がむき出しになり、兄弟以上の連帯感が育った。

## ■後輩となった弟和夫とカフェへ

友永英夫が三年になると、弟の四男和夫が同じ工学部の土木工学科に合格した。ふたりは大学から近い東京市下谷区谷中清水町（現・台東区池之端四丁目）の下宿に住み、本郷に通うようになった。工学部の共通講座〈金属材料〉は兄弟で受講した。そのテスト前夜、和夫は早々と眠ってしまった兄英夫を横目に、深夜まで机に向かった。にもかかわらず、英夫はあくる日のテストで解答を書きこむや、さっさと教室を出ていった。和夫がやっと書き終え、ふと気づくと窓の外で英夫がニヤリと笑っていた。英夫は出てこいと手で合図をした。英夫はなじみの喫茶店〈白十字〉に和夫を誘い、テストの成果を確認しあった。やはり兄にはかなわなかった、と和夫は述懐している。

和夫にとって英夫は実に頼り甲斐のある兄だった。

工学部学生の参考書は高額だったが、英夫は、和夫が欲している参考書は自分の小遣いを工面して買い与えた。和夫が上京後初の誕生日を迎えた時は、英夫は和夫をカフェに伴って祝った。

「こんなところへ兄弟で飲みにくるなんて変わってるわ」

女給たちはぶどう酒に頬を染める友永兄弟を変人扱いしたという。野球、短艇、蹴球などのスポーツ観戦にも英夫は和夫を連れ出し、競技のルール、選手名、特徴などをていねいに説明し、団体競技の妙味を教えた。

当時中学生だったふたりの弟、五男哲夫、六男芳男は、兄英夫の帰省を待ちこがれた。英夫の東京みやげは、哲夫、芳男にとって自慢のタネであった。英夫は銀座の夜店回りが好きだった。慣性輪の付いたおもちゃの自動車、障害物に当ると方向転換して走る自動車など、着想のおもしろいものや、流行のローラースケートなどを弟たちに持ち帰った。そして、齢の離れたふたりの弟たちと一緒になって楽しむ英夫は、すっかり童心にかえっていた。

小学生の妹八重も、英夫を待ち受けていた。

朝起きるとまず英夫の部屋に駆けこんだ。鼻をつまんだり、足をくすぐったりして兄と戯れた。

「英坊《ひで》ちゃん（註・英夫の家庭内での愛称）の足は太くて、少しO型で、長い毛がいっぱい生えている！」と八重ははやし立てた。

「でも、二本あってよかったね。一本じゃおかしいものね」と英夫は幼い妹の相手にもなった。

八重が女学生の頃、フランス映画でシュバリエ主演〈陽気な中尉さん〉がヒットしていた。そのシュバリエの風貌と陽気さが兄にそっくりだった、と八重は述懐している。

八重が高等女学校三年の春、英夫は菊屋正子と名古屋で挙式した（一二二頁参照）。当日、英夫は八重とデパートで調髪し、カメラ売り場に立ち寄った。

「実は私は今日結婚するのですが、もし妻が写真機を持っていたら、私が買ったものが無駄になります。その時に返却可能ならば一台いただきたいのです。お返しする場合は、明後日までに持参いたします」

英夫は売場の店員に堂々と問うた。店員は英夫の態度にのまれたかのように承諾した。英夫は名刺を取り出して一筆書き添え、店員に渡した。

八重は兄の合理性、勇気を感じながらその横顔を見つめていた。

## ■母に遺した老眼鏡

前記「友永英夫追悼録」には、母芳枝が一高、東京帝大時代の息子英夫の忘れがたい想い出を記している。

一高二年の冬休みのことだった。英夫はいつも休暇になると真っ先に帰郷するのに、この年の冬休みは年が明けてからの帰宅となった。東京の郵便局で年賀状よりわけのアルバイトをし、大晦日まで働いていたという。

「遅くなり申し訳ありません。二五円もらったので、これおみやげです」

英夫は父染蔵には酒の肴にと味醂《みりん》干しを、母芳枝には三味線の胴掛を差し出した。味醂干しはともかくも、三味線の胴掛という特殊な趣味の品を、一高生の身でよくも思いつき、探し出したものである。芳枝は驚きながらも胸が熱くなった。

芳枝の想い出はさらに続く。当時名古屋に住んでいた友永家では、長男重夫が東京帝国大学法学部を、二男信夫が同じく経済学部を各々卒業して就職、英夫が同大工学部在学中と、三人の息子たちが東京で生活していた。

芳枝は、時折息子たちの蒲団や衣服の整理、つくろいものに上京した。

ある日、芳枝は窓のあかりを背に、針に糸を通していた。幾度も糸を口でしめらせ、指先で撚りながら針の穴に通そうとするのだが、うまくいかない。焦点をあわせようと、針の位置を目から離す芳枝の姿に、英夫ははじめて母の老いを感じた。そういえばこの頃の母には、昔のようなぴりぴりしたきびしさがなくなってきた。英夫はしぶる芳枝をうながし、上野広小路のメガネ屋で老眼鏡を買い与えた。

芳枝にとってこの頃のひとときは、一番幸せだったかもしれない。頼もしく成長した上三人の息子たちを見上げながら、これなら下三人の息子たちもあとに続いていくであろうと、ほっと息つく思いだったに相違ない。

「英夫は趣味もひろく、なんにでも手を出しているようでしたが、学資以外に一度も無心したことはありませんでした。いつも与えられた中で工面しておりました。あまり口数の多い子ではなかったのですが、たいへん親思いで、こうして英夫が買ってくれたものは、今でも大切に使っております」と芳枝は綴っている。

# 第五章　任官・仮締ボルト時代

## ■晴れの任官式

一九三二（昭和七）年三月末、友永英夫は東京帝国大学工学部船舶工学科を優秀な成績で卒業した。四月一五日、海軍省で任官式があるまでの二週間は、友永ら海軍委託学生だった者にとって、わが世の春であった。海軍省から準備金五〇〇円を支給され、指定された店で海軍士官*（次頁左註参照）の制服一式をあつらえた。

紺ラシャ地の第一種軍装（冬用）、白麻の第二種軍装（夏用）、事業服（作業服の海軍用語）の第三種軍装のほかに、金モール正肩章の付いた大礼服、フロックコートのような通常礼装、そして冬用の士官マントに、各々の帽子、手袋、靴と揃えると、五〇〇円では足りなかった。

そのほか私服として夏・冬・合の背広をあつらえたが、その分は洋服店へのツケとなって残った。

それでも、スマートを自他ともに許す海軍士官の門出にふさわしく、金に糸目をつけず注文した。

こうした海軍の風潮は、海軍が当初範とした英海軍から受け継がれたものである。かつて英海軍の士官は貴族かそれに準じた階層出身者で、下士官兵と比べると教育および処遇上に格段の差異があった。

日本海軍も、海軍兵学校や海軍機関学校、海軍経理学校などの幹部養成学校への入学者は、中流以上の家庭出身者が多かった、という。英海軍流の制度がそのまま日本海軍に踏襲された結果、士官と下士官兵との間には厳然とした差異が設けられた。いわば身分によるエリート意識を、軍隊という組織の中で有効に活用した。例えば、前記服装から乗り物、宿泊まで、士官用と下士官兵用とは明確に区別指定されていた。

陸軍は社会的身分の如何にかかわらず、陸軍幼年学校、陸軍士官学校出身者ともに〈星ひとつ〉の階級制度によって統率した。

同じ国の軍隊でありながら、双方の制度上の差異から生じるこうした特色が、海軍の〈スマート〉、陸軍の〈野暮〉という表現を生むことになったのであろう。

四月一五日、友永は谷中清水町の下宿で、海軍造船中尉の通常礼装に袖を通した。鏡の中の自分の晴れ姿はなんとも気恥しい。それでも着用にまちがえのないよう幾度も説明書で確認した。そして、タクシーをひろい、霞が関の海軍省に向かった。

タクシーの運転手は、覇気みなぎる友永を新米中尉と見破ったらしい。バックミラーで、ちらちらと友永を観察しながら言った。

「お客さん、肩章が付いていないようですが――」

友永は一瞬、しまったと冷汗がにじんできた。だが、よくよく考えてみると通常礼装には確か肩章は付いてなかった、と思い直した。

「いや、いいんだ、これで」

## ＊註

**＊海軍士官の構成**（巻末名簿も参照）　日本海軍士官は、戦闘要員を主体とする士官グループと、それをサポートする技術科士官グループに大別される。兵科士官は海軍兵学校、海軍機関学校（いずれも義務教育修了者）で三年間（時代で変化）教育を受け、練習艦隊の訓練後正式な兵科士官となる。その後各種術科学校（砲術、水雷、通信、航海、潜水、飛行）で特性に応じた教育を受ける。

技術科士官は、造船科（主として造船）、造機科（主として艦船の機関）、造兵科（主として兵器）、水路科（主として水路・測量）の四科の士官を総括していう。大学令による大学（主として東京帝国大学）の工学部、理学部在学中の学生から試験で採用、〈海軍学生〉または〈海軍委託学生〉として毎月一定の手当を支給。卒業と同時に造船中尉、造兵中尉等に任官。一九四二（昭和一七）年一一月、前述四科は技術科に一本化、官職名は海軍技術中尉に。

そのほかのサポート集団は、経理、衣糧支給を担当する主計科、医療部門を担当する軍医科、歯科医科、司法を担当する法務科がある。海軍経理学校出身者以外は大学、高専など専門教育を受けた者を採用後、所定機関で幹部教育を実施。

兵科士官のみ将校と称し、その他の科に属する士官は、将校相当官とし指揮権（軍令承行権）はなく、昇進も中将どまり。

友永は剣帯（剣を釣るベルト）の菊の紋章入り金具をもう一度掌で確認しながら答えた。

友永はその一件を船越卓に打ちあけ、大笑いになった。

任官式がすむと、全員皇居で記帳をした。その足で横須賀鎮守府司令長官管轄下の海軍砲術学校に入校した。ここは海軍兵科士官、准士官、下士官兵に砲術の専門教育を行うほか、特殊講習員、海軍予備学生、生徒に一般軍事教育を行う。

友永ら海軍委託学生出身者は、中尉に任官したといっても、軍人としての基礎訓練は何も受けていない。同じ中尉でも、海軍兵学校、海軍機関学校などで軍人として鍛えられてきた〈正統派〉とは異なる。

そのために、ここで三か月半、兵学、礼式など海軍士官として「堅実な軍人精神と、厳粛な軍紀の涵養を身につけ、精熟した技能と強健な体力」を養うのである。

友永のクラスは、友永、遠山、船越ら造船出身者とともに、東大から造機二名、造兵三名の合計八名、そのほか各大学医学部から軍医官として任官した者など、約二〇名で構成されていた。

当時同校には高等科学生として、高松宮宣仁親王が在籍していた。

指導教官は、のちにニューギニアで戦死し、海軍中将に二階級特進した安田義達少佐らであった。

指導教官の中には、帝大出の奴らは屁理屈ばかりこねるだらしのない人間、との先入観を持つ者もいた。

彼ら海軍委託学生は、大砲、機関砲、三八銃、拳銃など砲術全般の学科を同校で学ぶほか、魚雷・

機雷などを学ぶ海軍水雷学校、発信・受信など通信術を学ぶ海軍通信学校、それに海軍航空隊にも配属され、短期間に膨大な知識を吸収せねばならなかった。

同時に実戦訓練で海軍精神も叩きこまれた。例えば、航空隊では、操縦こそやらされないものの、訓練用飛行艇に搭乗、敵味方に分かれ空中戦を体験した。

風防ガラスもない飛行艇内で、ベルトひとつで体を固定する。銃座の場所に写真銃というものが据えつけてある。この写真銃の照準に敵機が入った時に引金を引くと、カメラのシャッターがおり、敵機を捕らえたことがフィルムに残る。

しかし、はじめて空中を飛びながら、思うように作動しない写真銃を操作し、敵機をキャッチするには、相応の運動能力、反射神経が必要となる。当初は、あわてて引金を引き、フィルムには空しか写ってないこともあった。

だが、彼らの呑みこみは早かった。学ぶ時は真剣に取り組み、指導教官の期待以上の成果をあげた。それ以外の時間には青年らしい茶目っ気を発揮し、笑いが絶えなかった。〈正統派〉組とは一味違った海軍士官グループだった。

ある日、山本英輔海軍大将が検閲使として来校した。山本は、背は低いが恰腹のよい体躯を反り気味にし、生徒の列の間を巡視した。汐焼けし、いかにも〈艦隊派〉の海の勇者を生徒に印象づけた。

似たような体躯の友永は、おなかをつき出し、前開きに手を振り、得意になってそれを真似、喝采を浴びた。

## ■政治には冷静、造船一筋

海軍砲術学校入校間もない一九三二（昭和七）年五月一五日、五・一五事件が発生した。日曜の夕刻で、友永らはラジオと号外でそれを知った。

犬養毅が首相官邸で射殺され、牧野伸顕内大臣は難を逃れた。変電所、警視庁、政友会本部などに手榴弾が投げられたが、被害は大きくならずにすんだ。

海軍士官古賀清志、中村義雄らが、右翼橘孝三郎や陸軍士官候補生ら三〇余名に呼びかけて決行したものだった。

これに先立つ一九三〇（昭和五）年一一月、ロンドン海軍軍縮条約に反発する海軍の一部が右翼と結びつき、浜口雄幸首相狙撃事件を起こした。翌一九三一（昭和六）年三月には、陸軍急進派将校による三月事件、同年一〇月には、橋本欣五郎陸軍中佐を中心にした軍部クーデター計画も発覚。五・一五事件はその一連で、一九三六（昭和一一）年の二・二六事件まで続く。

〈海軍には海という大自然を相手に冒険を好むロマンチストが多い。外国を識り、己を照らすチャンスもある。陸軍のように、人間臭の漂う政治に興味を抱き、そこに足を踏み入れる者は少ない〉とよく言われてきた。しかし、海軍という組織で見た場合、その中核に在った人々が政治とは無縁でなかったことは、前述の五・一五事件でも明らかである。

ロンドン軍縮条約推進の〈条約派〉と、それに反対する〈艦隊派〉の海軍内部での争いは、政友会の倒閣運動にも利用される結果となっている。その後〈条約派〉が海軍の中核から一掃されるが、両派の争いは太平洋戦争終結まで尾を引く。

しかし、同じ海軍でも造船官の世界は別であった。というのも、海軍の〈正統派〉は兵学校出身者（一九四二＝昭和一七年、機関学校出身者も兵学校出身者と同等になった）であり、海軍将校として指揮権を与えられているが、それ以外の帝大系出身の造機科、造兵科、造船科、水路科の各技術科士官は、主計科、軍医科、歯科医科、法務科各士官とともに、海軍将校相当ではあっても指揮権は与えられていないからだ（〈軍令承行令〉に拠る）。彼らは海軍という組織の中で、自分の専門分野でのみ昇進することができる存在なのである。

戦後、かつての造船官たちが多くの回想録や記録を公にしているが、政治がらみの記述はほとんど見当らない。困難な状況下で、ひたすら与えられた使命にのみ命を燃やしている。彼らにとっては、そのすがすがしさこそが、海軍技術科士官としての誇りに感じられた。

船越卓の記憶によると、友永も政治や思想問題、事件について、意見を述べたり、悲憤慷慨することはなかったという。友永の弟和夫は、「生前兄から『お国のために』とか『一身を捧げて』などといった愛国的なことばを聞いたことはなかった」と述べている。

友永は、造船官としての本分を尽くすことに徹した。軍人というより、根っからの技術者であった。

三月《みつき》半の砲術学校生活はあっという間だった。友永らは、海軍兵学校出身者のように卒業成績順位（ハンモック・ナンバー）が一生ついて回る心配もなく、学生気分のまま和気あいあいのうちに基礎訓練を終了した。

友永たちは指導教官を招き、芸者を挙げて卒業の祝宴を張った。

「君たちをあずかって、帝大出を見直した」

教官も楽し気に杯を重ねたという。

## ■呉工廠で多忙な実習士官

同年八月、友永は遠山、船越と共に呉海軍工廠*（左註参照）造船部に、実習士官として配属された。呉市は北部を海抜四～五〇〇メートルの揚山、江ノ藤山などにさえぎられている。風が吹き抜ける道がないためか、すさまじい暑さだった。丘と海との間のわずかな平地に、びっちりドックや関連工場が連なる。街は海軍一色であった。

前年の一九三一（昭和六）年九月、柳条湖の満鉄路線爆破事件を発端にはじまった満洲事変で、関東軍は満洲を掌握した。そして年が明けて三月一日、日本の傀儡、満洲国が誕生した。日本は北方の拠点満洲強化を国策とし、軍事、工業、農業とあらゆる分野に進出した。その輸送のため、艦船の需要は増加、造船部は多忙であった。

平時ならば、実習士官の勤務は比較的のんびりしていたが、人手不足の折から、次々に任務を与えられた。

「それが妙にうれしくもあったのです」と遠山。

艤装工場では、友永ら三人に各々一隻ずつ二等巡洋艦が割り当てられた。

艤装とは、完成した船体に、航海に必要な機械・設備など一切の装備を整え、就航させるまでの工事をさす。建築でいえば内装工事といえよう。

艦内の改造も艤装の仕事のひとつである。すべての装備機器が日進月歩の時代であるから、新機器を装備するにも必然的に艦内の改造が必要となる。

例えば、基準排水量三〇〇〇トンという軍縮規定限度内の艦に最新式のエンジンを取り付けてパワーアップする。防御鋼板を厚くし、主砲の位置を変えることで、威力を高める。望遠鏡のレンズや無線機の性能を向上させる――。

このように、軍艦の〈内容〉で勝負し、米英日における軍縮規定五・五・三の劣勢をカバーする時代だった。

友永の担当は、二等巡洋艦『阿武隈』の改造だった。水上偵察機を搭載するため、カタパルト（射出機）とデリック（俯仰起重機）を装備する工事であった。

註

＊　**海軍工廠**　艦船、兵器、機関の製造・修理・艤装・実験などを所管。工廠長（中将または少将）は鎮守府司令長官（大将または中将）に属す。

主要工廠は、横須賀鎮守府管内（横須賀海軍工廠）、呉鎮守府管内（呉海軍工廠、広海軍工廠）、舞鶴鎮守府管内（舞鶴海軍工廠）、佐世保鎮守府管内（佐世保海軍工廠）。

友永は改造設計図を片手に、作業の工程をチェックして回った。

赤茶けた鉄板や鋼材が散乱している艦内や甲板には、溶接のガスバーナーのホースが縦横に走り、とぐろを巻いている。ガスバーナーの青白い火花と音が方々ではじけ散る。

汗と油にまみれた工員や水兵たちが、ねじり鉢巻で働いている。その間を巡り、時には彼らに教えを乞い、意見を聞き、細部まで自分の目で確認する。

新米造船官としては、改造を重ねながら新生する艦を手がける過程が重要な研究である。腕は確実に磨かれた。その蓄積が新造艦設計に生かされ、やがて〈来る日〉の備えとなった。

〈海軍休日〉といわれているこの軍縮期が、逆に危機感を強め、海軍首脳部は少ない予算の中で叡知をしぼった。

友永はその風潮の中で育った。

友永の後輩で、友永を兄とも師とも慕い、友永の後継者と目された緒明亮乍・元海軍技術少佐は、実習士官時代の役割を〈仮締めボルト〉と同じであると述懐している。

船体を組み立てる時、鋲孔《びょうこう》をあけた鉄板を重ね、仮締めボルトを締めて、あらかじめ鉄板の位置をきめる。これは鋼板と鋼板の肌付きをよくし、鋲を打ちやすくするための作業で、鋲を打ち進めば仮締ボルトは取りはずしてしまう。この作業は知識や経験がなくとも、人並以上の体力と気力があればこなせた。

こうした大学出たての技術中尉や大尉は、〈仮締ボルト〉同様、工廠の現場で酷使に耐える。やがて船渠《せんきょ》（ドック）工場主任、設計部員と昇格し、才能と運に恵まれれば、艦政本部の基本計画部員として、画期的な計画主務者となる。こうなると、〈仮締ボルト〉も金メッキの〈竣工記念ボルト〉になったようなもので、造艦史上に不滅の名をとどめる——。

このように、緒明は造船官の道のりを〈仮締ボルト〉にたとえている。

友永は、奇しくも緒明の記した通り、〈仮締ボルト〉から〈竣工記念ボルト〉への道を一〇年で昇りつめることになる。

## ■上官宅でブリッジと家庭を学ぶ

この間、楽しい体験もあった。特務艦『間宮』の艤装、改装である。『間宮』は艦船に食糧を供給する特殊任務を帯びた艦である。この時は艦にアイスクリーム、ようかん、ラムネなどの製造機を据えつけた。原料を積み、艦内で製造するのである。夜店のように並ぶこれら製造機から、アイスクリームやラムネが次々に出てくるのを見るのははじめてで、みんな興味深々であった。『間宮』では、かつては生きた牛を固縛して載せ、途中で解体処理して食用にしたようで、その固縛装置を撤去する作業もあった。現代とは異なり、艦の冷蔵設備には限界があり、こうした食品加工工場的な役割の艦が必要だった。

徹夜作業のない日はブリッジというトランプゲームを楽しんだ。ブリッジは海軍軍人のたしなみのひとつでもあった。

当時の造船部長桑原重治海軍造船大佐は、家庭に部下たちを招き、ブリッジに興じながら各人の性格や才能を把握し、適材適所に配する達人であった。その間に、造船官として、海軍軍人として、人間としての生き方をさりげなく語ることも忘れなかった。

どんなにゲームが白熱しても、午前二時になると座を解いた。友永らは丘の上から満天の星を仰ぎ、それを撒き散らしたような呉港の夜景を眺めながら帰った。

それでも翌朝七時には、前夜の疲れを見せることなく、全員ピンとして出勤した。

海軍の中でも数少ない造船官たちは、家族ぐるみのつきあいを常とした。実習士官たちは桑原大佐宅のほか、畑敏男造船少佐、西島亮二（同）、小堀龍造（同）、大薗大輔（同）など多くの先輩の家庭に招かれ、家族的なムードの中で連帯感を深めていった。

独身の実習士官たちにとって各先輩の家庭を垣間見ることは、自分の未来の家庭を築く上でもよき指標となった。

当時の呉鎮守府司令長官山梨勝之進大将は、前記ロンドン海軍軍縮条約調印に活躍した海軍省次官で、テニスの愛好家だった。そのお相手は友永ら実習士官三名の役目だった。三人は入船山水交社コートで、緊張で固くなりながら白球を追い、汗と冷汗を流した。

そんなある日、民間定期船『紫明丸』に、試射した魚雷が命中するという事件が発生した。呉の近くの大入《だいにゅう》魚雷発射場から試射された一本の魚雷が、停泊中の定期船の横腹を貫通し、機関室に居た機関長が即死した。船は沈没したが、乗客が降りたあとであったのが不幸中の幸いであった。

原因は魚雷調整のミスで、訓練中に時折発生する事故であった。時には魚雷が浜辺にかけ上り、大さわぎになることもあった。当時はやむを得ない事故として片づけられていた。

実習士官たちは、事故に遭った『紫明丸』の救難に当り、潮の干満を利用して引き揚げる作業を、山口宗夫造船少佐の指揮下で学んだ。

## ■艦隊巡航を終え、造船官に

翌一九三三（昭和八）年三月一日、友永らは連合艦隊司令部付となった。

それまでの長髪をプッツリと切り、坊主刈りになった。いよいよ航海に出る準備である。友永はなんだか少年の日に戻ったようで、幾度も自分の頭をなで回してはみんなに笑われた。

折から、連合艦隊は鹿児島県の志布志に在泊していた。友永、遠山、船越ら三人は同地に向かい、友永は第二艦隊へ、遠山と船越は第一艦隊に配属され、三か月間の前期艦隊巡航に出発した。

前期は日本列島を巡りながら、第一、第二艦隊が各々敵、味方に分かれて演習する。

後期三か月は第一、第二艦隊の配属を交替し、台湾島、澎湖《ホウコ》（台湾島西部）島、パラオ諸島など、南方への遠洋巡航をする。

友永は、第二艦隊『摩耶』、第七駆逐隊『潮』、第八潜水隊『伊158』、第一航空戦隊『加賀』、第一艦隊『金剛』に配乗し、あらゆる種類の軍艦を体験した。

八月には連合艦隊大演習があった。実戦さながらの激しさで定評があり、艦も将兵も限界ぎりぎりまで猛訓練を重ね、テストをする。速度、方向転換、大砲、水雷（魚雷・機雷）発射、潜水艦の場合は急速潜航の敏速度などを競うため、一瞬の操作ミスが大事故につながる場合もある。

友永も、実戦の緊迫感を、造船家の眼で体験、観察した。

特に、潜水艦『伊158』で南方まで航行した体験は貴重で、それがのちの彼の研究に大いに資することになる。

一〇月に、艦隊訓練のすべてを終えて帰港すると、友永と遠山は再び呉鎮守府に正式な造船官として着任、呉海軍工廠船殻《せんこく》工場に配属となった。

呉市一帯は穏やかな瀬戸内海に面している。四国と江田島、倉橋島にガードされた、天然の立地条件のよさから、造船事業に適していた。

一八八九（明治二二）年、呉鎮守府が開庁し、同時に造船部と兵器部が発足、のちに東洋一といわれる大工廠の基礎ができた。

潜水艦建造の中心となったのがこの呉海軍工廠であった。一九〇九（明治四二）年、イギリスの改良C型三隻の建造を皮切りに、太平洋戦争中の画期的水中高速潜水艦『伊201』や、超大型特殊潜水艦『伊400』まで、主要な潜水艦はここから誕生した。試運転や訓練に適した地理的条件と潜水学校の設置がそれに拍車をかけた。

友永がやがて潜水艦設計のオーソリティになっていくのは、スタートが呉工廠に配属されたことも一因であろう。

友永は、主任森川信雄造船大佐のもと、ここでも遠山と机を並べることになった。

友永は小堀龍造造船少佐のアシスタントとなり、戦艦『扶桑』の改装工事を担当した。工事は仕上げに入っていた。

『扶桑』は一九三〇（昭和五）年進水後、軍縮下で幾度か近代化大改装を重ねた、戦艦六隻中の第一艦である。今回の改装では、バルジの設置、後檣《ほばしら》の拡張、下部建造物の改良、一二・七センチ高角砲の高所への移動、などが行われた。

友永が一年前、卒業設計ですでに試みた、あのバルジを実際に『扶桑』に取り付ける作業に加わったのである。

友永は続いて戦艦『伊勢』の改装を担当し、最も多忙な中尉時代の一年が暮れた。

この年の一月、ドイツではヒットラーが右派連立内閣を組織して首相に就き、一一月にはナチス一党独裁体制を確立した。

同三月、日本は国際連盟を脱退した。満洲事変後、日本の満洲への権益拡大に、列国の不信はつのった。リットン調査団報告に基づく同連盟委員会の提案は、日本の方針とは相容れず、日本は同連盟から脱退、孤立化への道を歩むことになる。

## ■『最上』進水式、栄光の旗振り役

翌一九三四（昭和九）年三月一四日は、友永にとって忘れがたい日となった。呉海軍工廠で建造中の二等巡洋艦（後に一等に）『最上』の進水式が行われた。軍縮期間中であり、新艦の進水は少なかったため、町を挙げての待望と興奮の中で挙行されるはずであった。

ところがその直前に、造船界を揺るがす大事故、水雷艇『友鶴』の転覆が発生、お祭りムードはふっ飛んでしまった。

それでも進水式は予定通り挙行されることになった。その進水式台での旗振り役に、友永と遠山が選ばれた。

式台最上段には天皇陛下名代海軍大将伏見宮博恭王、続いて大角岑生海軍大臣代理、呉鎮守府司令長官中村良三中将ほか造船現場の最高クラスの人々が居並ぶ。

当時はまだ招待客が許され、一般の人々も観覧席を埋めていた。

友永と遠山は、金モールもきらびやかな礼装に身を固め、進水する艦の左舷と右舷側に、各々青旗と赤旗を持って並んだ。進水主任の笛の合図で形式的に旗を振るのだが、礼装という着馴れない装いに長剣を着用している。しかも陛下名代以下そうそうたる人々の注視の的になっている。

ものに動じない友永も体が硬着していた。

しかし、造船官としてこの日の栄誉は彼らの青春を彩った。

ちなみに、この赤旗中尉、青旗中尉は、婿探しの標的であり、年頃の女性にとっては、まばゆいばかりの存在だった、という。

### ■造船官の自戒〈友鶴事件〉

ところでこの『最上』進水の二日前、一九三四（昭和九）年三月一二日午前四時一二分、五島列島沖で夜間訓練中の水雷艇『友鶴』が高波を受けて転覆した。一三名が救出されたが、海軍大尉岩瀬奥市艇長ほか九八名が殉職した。

〈友鶴事件〉として後世まで造船界の自戒となった事故である。

当日午前一時、第二一水雷艇の旗艦、二等巡洋艦『龍田』を中心に、水雷艇『千鳥』『真鶴』『友鶴』は夜間訓練のため寺島水道（呼子ノ瀬戸）を通過、五島列島南方沖に向かった。風雨模様ではあったが、『龍田』を敵艦に見たてての深夜襲撃訓練にはむしろ適した気象状況だった。

午前三時二五分、風速二〇メートル、波高四メートルと、暴風雨の気配が濃くなった。戦隊司令官は訓練中止、佐世保への帰投を命令した。

旗艦『龍田』を先頭に、『千鳥』『真鶴』『友鶴』が一列縦隊となり、北東の佐世保に向かった。

南南東からの強風にあおられ、波のうねりは四メートルを越えはじめた。その高波が本土、五島列島、平戸島にぶち当って逆戻りしようとする。そこへ南東からはさらに強い風と波が襲う。瞬間、船乗りが最も怖れる三角波が発生した。

高波を正面から乗り切ることは可能だが、細長い水雷艇に横から高波が襲うと、艇体は大きく傾き、転覆の危険がある。

午前三時五八分『友鶴』は四〇度近く急激に傾いた。三角波に巻きこまれたのか、高波に襲われたのか——。瞬間、無線機が通信兵とともに投げ出され、機能を停止した。『友鶴』はマスト上の発光信号で旗艦（艦隊の司令長官ないし司令官が搭乗）との連絡をはかったが、間もなく船体とも波間に没した。

それに気づいた旗艦と僚艦が反転し、『友鶴』がいたあたりを探照灯で探した。荒れ狂う黒い波が浮かび上るのみで『友鶴』は発見できなかった。

夜明けを待って、海と空から捜索した結果、午後一時前後、転覆したままの『友鶴』を発見した。風速一一メートル、船底には生存者が居ることがハンマーの応答で確認された。だが、転覆した艇体を元に戻せば救出できるものでもない。

翌一三日午前七時すぎ、細心の注意を払って、転覆したままの『友鶴』を佐世保港に曳航した。困難な救出作業の結果一三名が生存、艇長岩瀬奥市大尉は転覆時に艇橋から海に投げ出され、以下九八名の殉職者は艇内での窒息死と判明した。

遭難から救出までの緊迫した状況は、新聞の号外とラジオによって逐一報道された。国民は一喜一憂した。


『友鶴』はそれより約半月前の二月二四日、舞鶴工作部（当時の名称）で竣工した。軍縮条約制限外の基準排水量五二七トンで、これに兵装し、駆逐艦の替わりにする予定だった。

本来水雷艇は、魚雷攻撃用の小艇である。それに軍令部側からは一二・七センチ砲三門、五三センチ発射管四門を装備、速力三〇ノットを要求された。

これを受けたのが艦政本部基本計画主任藤本喜久雄造船少将であった。藤本は、平賀譲とは正反対の性格で、可能な限り軍令部の要求を容れる設計を心がけた。

海軍省では、不譲と言われるほど安全規準外の兵器搭載を拒否する平賀を、艦政本部基本計画主任からはずした。そして藤本に替えたのも、藤本の摩擦なく仕事を進める姿勢を買ったから、といわれている。

『友鶴』と同型の第一艇『千鳥』の試運転では、重装備の結果、予想通り重心が高く、復原力が不足していた。危険である。しかし、艤装もすみ、今さら全体の見直しをすることは許されない。そこで、艇の舷側にバルジを付けて重心をさげ、完成に漕ぎつけた。

続いて同型の『真鶴』『友鶴』が造られた。そして深夜の襲撃訓練となった。同型の三隻が、同じ状況下で航行中に『友鶴』だけが転覆したのは、二つの原因が考えられた。

第一は、『友鶴』の燃料と水の搭載量が、ほかの二艇より少なかったことである。つまり、艇底に積まれる燃料と水の重量が他艇と同じであれば、重心はさがるはずであった。

第二は竣工二日後に舞鶴を出航、佐世保に来て一二日目である。訓練が充分でなかった。荒天夜間という悪条件下でも、操艦に熟達していれば、転覆は防げたかもしれない、ともいわれた。

関係者はもちろん、国民注視のうちに査問委員会が編成され、調査が進められた。そして、『友鶴』の復原力の不足が結論づけられた。

では責任は設計者か。それとも過大な兵装を要求した軍令部か。委員会では激しい応酬が続いた。古波蔵保好はその著『航跡』（毎日新聞社刊）に、査問委員会での息づまる男たちの攻防を活写している。

査問委員になった福田烈造船中佐は、「責任は造船官にある。軍令部の要求を造船官はそのまま引き受けてはならない」と造船官の主体性を強調した。

福田中佐にとって藤本少将は大先輩でもあり、福田の〈船殼電気溶接〉をバックアップしてくれた恩人でもある。その藤本少将の責任を追及する役柄を担った福田中佐は、泣いて馬謖《ばしょく》を斬らねばならなかった。そうしてまでも造船官の立場を守り抜かねば、再び同じ大事故が発生する危険性があった。

藤本少将は「謹慎一五日」の行政処分を受け、同年一二月待命。その後予備役となり、翌年一月病により急逝、悲運の人となった。

藤本少将は身をもって強気一方の軍令部側に反省をうながし、造船官の防波堤となったともいえる。

造船官の立場のむつかしさを象徴するような〈友鶴事件〉に、友永は身が引きしまる思いがした。その後友永も、幾度か藤本少将と同じ苦汁を味わう日がくる。

## ■『最上』は安全か、鋲工法から溶接へ

ところで友永、遠山が晴れの進水の旗を振った『最上』の設計者は、『友鶴』と同じ藤本少将であった。『最上』はロンドン軍縮条約の制限に準じて、一見すると一五センチ砲装備の二等巡洋艦ではあるが、時に応じて〈一等巡洋艦〉に改装できるような手が打ってあった。

もうひとつ重要なことは、『最上』は海軍初の全溶接艦として、賛否両論の中で誕生した注目の艦でもあった。

それまで船殻《せんこく》(二四六頁参照)は鋲工法で、鋼板の端と端を重ねあわせて鋲を打ち、船殻を形造っていく。艦全体になると重ねあわせる部分の鋼板枚数がふえ、それだけ重量も増す。軍縮で排水量の制限を受けているのだから、少しでも重量をへらす必要がある。電気溶接が可能になれば、鋼板は重

ねずにつきあわせるだけですむ。重量も費用も軽減される。

しかし、電気溶接によって生じる鋼板のひずみに問題があった。強大な水圧に耐える船殻であるには、わずかなひずみも許されない。その防止策を樹てながら造船界は〈鋲〉から〈溶接〉の時代へ移りつつあった。

藤本少将は機雷敷設艦『八重山』の電気溶接の成功をもとに『最上』の全電気溶接に踏みきった。その『最上』進水の前々日、『友鶴』の転覆遭難事故が発生したのである。『最上』ははたして安全か、との思いと、責任の重大さに、造船官藤本少将は居たたまれぬものがあったと察せられる。

それからの一年間、各海軍工廠、艦艇建造の民間造船所はきびしい規準を設け、復原性能の再テストと改造に忙殺された。設計中の艦艇はもちろん、藤本少将が計画主任着任後に建造、設計されたものは、全部チェックの対象となった。『最上』を第一に、潜水母艦*（左註参照）『大鯨』、航空母艦（空母）『龍驤《りゅうじょう》』『蒼龍』から中・小補助艦艇に至るまで、重心査定テストをし、復原性能改善工事がはじまった。これだけ多くの軍艦が使いものにならないとなれば、国防上重大な支障がある。海軍としては総力を挙げて体制の建て直しにかかった。

註

＊ **潜水母艦**　潜水艦に武器、燃料、清水《せいすい》、食糧などを適時補給し、艦内に乗組員の休養等の設備を有する軍艦。通常潜水艦隊の司令部が置かれ、艦名は『大鯨』『長鯨』など末尾に「鯨」をつける。潜水母艦から航空母艦への艦種変更もあった。

この時期、友永、遠山コンビが手がけたテストは、新造直後の駆逐艦『子ノ日』『初春』であった。遠山の手記によると、連日徹夜の作業が続いた、とある。

連帯感の強い造船官たちは、〈友鶴事件〉を造船官全体の受難として受けとめ、その汚名挽回に一丸となった。

# 第六章　潜水艦一筋・結婚



## ■佐世保時代、潜水艦に的

友永英夫は航空母艦（空母）『蒼竜』起工準備中の一九三四（昭和九）年一〇月、転勤命令を受けた。次の任地は佐世保だった。

佐世保は呉ほどの工業規模はなく、落ち着いた軍港の風情があった。九十九島をはるかにのぞむ佐世保湾の小波は、秋の陽光に金箔を撒いたように輝いていた。

友永は以後約五年間、佐世保海軍工廠勤務となった。

翌年一一月、造船大尉に昇進、さらに一年後の一二月、同工廠造船部部員になった。

その間に日本はワシントン海軍軍縮条約、ロンドン海軍軍縮条約を脱退、ひそかに軍備強化の体制に入っていた。

友永の人生にとって、佐世保時代には二つの大きな節目ができた。

ひとつは、造船官として潜水艦設計に方向を定めたこと。

もうひとつは、菊屋正子と結婚、長女洋子を授かり、夫となり、父となったこと。

当時の日本海軍は、大艦巨砲主義による艦隊決戦を目標としていた。幅をきかせているのは戦艦、巡洋艦である。設計するにも、あたりを威圧する堂々たる大型艦は腕の振い甲斐があった。

しかし友永は、補助艦艇であり消耗艦である潜水艦を選んだ。

「潜水艦というものは造船家の眼で見ると、大変に興味のあるものだ」と堀元美はその著『潜水艦——その回顧と展望』（出版協同社刊）で述べている。

堀は友永より三期後輩で、戦時中あらゆる艦種を担当した。敗戦時は海軍技術中佐、戦後も造船技術者として活躍した。

友永も堀と同じような眼で、未知への可能性を多分に秘めた潜水艦に魅了されていたのではあるまいか。潜水艦設計に一度足をふみ入れると、一生そこから抜けられなくなる、という。

海軍兵学校卒業者は、成績のよい者から大型艦に乗り組む。第一志望を潜水艦にする者はごく稀だという。潜水艦長の格は、大型艦の砲術長や航海長らと同列である。それでいて生命の危険は最も高い。艦内の生活環境は劣悪である。息づまるような狭い空間で、ひたすら忍耐と克己に明け暮れながら戦闘に挑む。

「私など、二日と潜水艦ではつとまらなかったでしょう」と、友永の親友で水上艦の造船官だった船越卓（当時造船大尉）は語ったが、『呂62』艦長や潜水学校教官もつとめた筑土龍男・元海軍少佐（二四一頁写真参照）は、「『物乞いを三日やったらやめられない』って言いますが、潜水艦乗りも三日やったらやめられないんですよ」と豪快に笑う。

だが、その心境に到達するまでには、禅僧のようなきびしい自己鍛練を経ねばなるまい。

## ■大事故〈第四艦隊事件〉発生

友永が佐世保に赴任して間もなく、同工廠で一等潜水艦『伊170』（基準排水量一四〇〇トン）が完成した。

友永は〈友鶴事件〉（二〇〇頁参照）の苦い教訓を無にしないよう、復原性の総点検と改造に明け暮れていた。それがほぼ終わり、新造艦に手をつけようとした矢先の一九三五（昭和一〇）年九月二六日から二七日にかけてのことだった。

〈友鶴事件〉をはるかに上回る大事故〈第四艦隊事件〉が発生した。

岩手県三陸沖で大演習に出動中の連合艦隊第四艦隊、特型駆逐艦『初雪』『夕霧』（基準排水量各一七〇〇トン）二隻が、大暴風雨に遭い、ともに艦首部分がすっぽり切断され、乗組員ともども波に呑まれてしまったのである。同型の『叢雲《むらくも》』にも舷側に鋼板の危険度を示すシワが発生していた。

そのほか、一等駆逐艦四隻は恐怖の三角波をもろにかぶり、全艦橋が押しつぶされてしまった。そのうちの一隻『睦月』の航海長は艦橋の下で即死した。

空母『龍驤《りゅうじょう》』の艦橋、同じく空母『鳳翔』の前部甲板が大破、巡洋艦『最上』『妙高』、潜水母艦

『大鯨』も破損した。

総勢五四名が殉職した。

海軍では、軍縮下での軍艦の劣勢を、連合艦隊の猛訓練でカバーしようとしていた。それは〈月月火水木金金〉と歌われた。

この日の訓練もその一環だった。訓練開始前日の九月二五日、台風が発生していた。当時、日本近海の気象情況は通報されたが、南方洋上の情報は航行中の船舶からとどくものだけであった。その日、サイパン東北洋上に発生した変転する台風があった。風速五〇メートル、中心示度九五七ミリバール（ヘクトパスカル）、中心から二七〇キロ以内は大暴風雨。

連合艦隊は、赤軍と青軍に分かれ、三陸沖で両艦隊対抗演習を計画していた。

赤軍部隊が米海軍、青軍部隊が日本海軍の想定。赤軍部隊は北海道、函館に集結して九月二五日早朝出航。青軍部隊は青森県大湊に集結、ここから津軽海峡を経て、三陸沖に向かった。

台風の被害を受けたのは赤軍部隊だった。赤軍は臨時編成の第四艦隊で、旗艦は一等巡洋艦『足柄』。巡洋艦、空母艦隊を中心に、左右に駆逐艦隊、潜水艦隊と隊列を組み、南下していた。

旗艦『足柄』内では、気象情況の悪化に、演習中止の進言もあったが、結果的に退けられた。復原性も充分な改修艦ばかりである。その性能を確認するためにも、これくらいの台風なら却って好条件とするムードがあった。

だが、台風の猛威はすさまじかった。その真っ只中に第四艦隊は突入していったのである。

台風の大きさは『友鶴』の場合の二倍以上、常識をはるかに越える超大型であった。戦闘に挑む軍艦は、砲弾ならぬ自然の嵐で、艦体を両断される結果となった。『友鶴』の教訓が生かされ、幸い転覆事故は一件もなかったが、船殻、構造物の強度不足が大事故につながったことは明白だった。

海軍省は、〈第四艦隊事件〉の真相をひたかくした。国内的には〈友鶴事件〉に続く海軍および軍艦への不信を高める。国外には日本軍艦の強度を知らせることになり、軍事機密にふれる。

ちなみに、前記古波蔵保好著『航跡』には、遭難した『夕霧』と『初雪』のその後が、要約次のように記されている。

怒濤によって両断された『夕霧』の艦首部分は、両断直後乗組員ともども波に呑まれて消えた。『初雪』の艦首は波浪に運ばれて発見が遅れた。生存者の可能性はなく、曳航もままならなかった。艦首には重要な暗号書などの機密書類が残されていた。そのまま漂流させるわけにはいかなかった。波間を漂う『初雪』の艦首に向かって砲声が轟いた。乗組員ともども、『初雪』の艦首はあっという間に爆破され、永久に海底に葬られた。

当時の日本海軍には〈昭和一一年危機〉説というものがあった。

ワシントン軍縮条約、ロンドン軍縮条約によってワクをはめられて建造された主力艦、空母、補助艦艇が、一九三五～六（昭和一〇～一一）年頃には耐用年限を越え、性能が低下する。その時期が両条約の有効期限と合致し、日本は延長か破棄かと迫られる。国際的には、満洲建国のために国際連盟を脱退し、日本は孤立化している。この時期に万一国際紛争が起こったなら、日本海軍は攻撃、守備力ともに欧米列強国とくらべ格段に劣ることが明らかである、と危惧されていた。

その矢先の事故連発に、海軍首脳部は青くなった。〈友鶴・第四艦隊両事件〉で現れた軍艦の構造上の欠陥不備を、一年間でより強靫に完備させることに全力を傾注した。

## ■船体の強度不足は造船官の黒星

友永は、事件の詳細を知り得る限り集めた。

船体の強度不足による遭難は、造船官の黒星である。自然の脅威がいかに人知を越えたものであるかを、友永も肝に銘じた。

この年（一九三五＝昭和一〇年）の現役造船士官の数は、全国でわずか八一名。この少人数で、全海軍将兵一万名の冷たい注視を浴びながら、友永たちはその名誉回復に死にもの狂いで働いた。

一方、両断された特型駆逐艦の強度弱体は、事故発生より以前に、牧野茂海軍造船少佐によって艦政本部に報告されていたこともものちに判明した。

「大演習を目前に、指摘された同型艦のすべてを再点検することは不可能」、と判断した艦政本部は、その報告を握りつぶした。軍令部に実情を明かしたところで、大演習の延期を承諾するはずもない。それどころか艦政本部の怠慢を追及されよう。

こうして大事故が発生したのである。

造船側と用兵側の相互不信、力関係は依然として横たわっていた。今日、時折発生する企業や官庁の事実隠匿事件と同じ構図である。

しかし、「これら軍艦の欠陥がこの時期に連続発生したのは不幸中の幸であった」とする説もある。もしこれが、太平洋戦争勃発後であったならば、日本海軍はどうなっていたであろうか、と。

日本海軍は太平洋戦争の間、激戦中でも、復原力、強度不足による艦艇事故は発生しなかった、という。造船官たちの努力の証左といえよう。

## ■『伊55』遭難救助に奔走

〈第四艦隊事件〉から半年後の一九三六（昭和一一）年四月一六日、友永は海軍省から一週間、上海出張を命じられている。任務内容も交通手段も不明である。国内には二・二六事件の余燼がくすぶり、中国では日本企業の進出に北京の学生を中心に抗日救国、国共内戦中止を叫ぶ運動が全国に広がっている時期だった。

出張から帰国後の七月二、三日、佐世保鎮守府に、潜水艦『伊55』（のちの『伊155』）、『伊53』（のちの『伊153』）、特務艦『間宮』遭難の急報が入った。

救難指揮官飯河畠《アキラ》造船中佐の配下に入った友永は、遭難現場に急行した。折からの台風に、三艦は長崎県寺島水道付近で投錨、避難していた。しかし最大風速三六メートルの暴風雨に翻弄されて走錨、座礁した。

『伊55』の損傷は激しく、艦底から漏れた燃料が、次第に黒い帯状になってのび、延々と尾を曳きは

座礁した『伊55』。艦底から漏れた燃料が艦の周囲に大きく広がっている。写真提供：潮書房。

じめた。それも狂ったような白い波頭に四散した。

友永ら救助隊員は、満潮を利用し、曳船で艦を岩から引きおろす作業にかかった。『伊53』と『間宮』はうまく離礁できたが、『伊55』は一七度傾斜したまま岩礁に艦底がくいこみ、難作業になった。

岩から離すには艦自体を軽くする必要がある。まず、艦内の移動可能な重量物を陸揚げした。さらに艦上の構造物も取りはずした。その上で、艦底の障害となる岩を発破で砕いた。艦を損傷せず、岩だけに発破をかける至難の技だった。緊張につぐ緊張だった。

友永ら救難隊員は、岩礁の上にテントを張り、その中で寝泊りしながら作業を続けた。

嵐が去ったあとも、波のうねりは大きく、

日中は灼熱地獄。満潮時はぬれねずみのようになって働いた作業員の肌も衣服も、白く汐をふいた。目は充血し、肌には水胞ができた。それでも深夜になると、外海の温度はさがり、肌寒くなった。

潜水艦の甲板は狭い。その上一七度傾斜しているため、足もとは不安定で危険も多い。波は容赦なく襲ってくる。後年、飯河中佐は、「指揮を執る私の立場を察した友永大尉が、実にこまかい心遣いをしてくれて、どれだけ助けられたことか」と語っている。

『伊55』は一〇日後にようやく離礁し、潜水艦救助艦『朝日』に曳航されて呉に入港、ひとまず難作業は終わった。

## ■友永を訪ねた正子と母キヨ

佐世保湾に注ぐ佐世保川は、平瀬橋から二〇〇メートル上で二股に分かれる。その支流の川岸に〈丸一旅館〉という、名のある宿があった。

遭難現場での作業が続く一九三六（昭和一一）年七月二六日、台風の去った佐世保を猛暑が襲った。

打水のされた丸一旅館の門を、上品な母娘がくぐった。

宿帳には〈菊屋キヨ、正子。現住所山口県萩市呉服町一〉と記してあった。

番頭はふたりを丁寧に部屋に案内した。

キヨはひと息入れるとハンドバッグを引き寄せ、手帳を見ながら電話をかけた。正子は母の手許を見ながら、息をつめた。母の口調に、相手が不在であることが読めた。

「友永さん急に軍務でお出かけになられたらしいわ」

「遠方へ」

「お帰りはわからないらしいの」

正子の表情から、張りつめていたものが、すっと抜け落ちた。


あれは、春日神社で友永と会釈を交わした、ひと月後、一九三五（昭和一〇）年九月のことだった。友永から、出張の帰りに萩に立ち寄るので、正子と再会したいとの申し出があった。

菊屋家では、友永の身許調べを依頼してあった。正子も慎重だった。調べを参考にし、再会をきめようと思っていた。

ところが、伝言の行き違いから友永はすでに萩に到着しているという。正子はそれでも日延べを願った。仲人のとりなしで、結局正子は両親と共に越ケ浜の料亭〈楽天池〉で友永と再会することになった。

友永は、すすめられるままに、床の間を背に座った。特に気取ることも、堅くなることもなかったが、正座はくずさなかった。

やがて膳が運ばれてきた。大きな生け簀から料理されたばかりの海の幸が卓を飾った。

友永は、小ぎれいに盛られた刺身のひときれに醤油をつけ、口に運びながらついと左手を添えた。純白の制服にしみをつけない心配りだった。

正子には、なに気ない友永のその仕草が、なぜか印象に残った。

正子は両親も同席しており、気持にゆとりができた。正子がドイツという国に興味を持っていることに話が及んだ。

するど友永の目が輝き、体を乗り出した。

「私もドイツが好きです。海軍委託学生になったのも、いずれドイツ留学が叶えられると知ったからです。ドイツに行くために潜水艦の研究をしようと思っています」と言った。

友永と正子の共通項が発見できたあとは、話ははずんだ。

正子の気持は、やわらかくふくらみはじめた。そして身許調べに問題がなければよいが、と願うようになった。

## ■結婚に反対の母芳枝、待つ友永

しかし、大きな障害が生じた。

実は再会の日、友永は母芳枝を伴って萩に来ていたのだった。それとは知らない正子は、あくまで仲人に日延べを願った。

遠路息子のためにと出向いた芳枝は、相手の女性がその日の出逢いを断わったと知るや、顔色を変えた。

正子との再会で心はずませ、長兄重夫の妻の生家、吉井家に立ち寄った友永は、そこで待ちかまえていた母芳枝から、「そんな女性を嫁にするなど、とんでもないこと」と、きびしく反対された。

一本気な芳枝にとって、屈辱この上ない正子の仕打ちと映じたのであろう。

かといって、友永はこのまま正子をあきらめるにはしのびなかった。

一方、正子は、自分がそのいきさつを知らなかったとはいえ、芳枝と友永にたいへんな誤解を与えたことに驚き、心を痛めた。

非礼を詫びる手紙を友永に宛てた。友永は事情がわかり、却って自分と正子との距離が縮まったように感じた。

友永から正子への手紙には、「時間をかけて母芳枝の怒りを解いていく。どうかそれまで待ってほしい。今、母を抜きにして結婚したとしても、将来幸せとは限らない気がする」と真情が吐露してあった。

ふたりの間に手紙が行き交った。

友永の手紙は、美辞麗句を連ねたり、文学的表現を弄したものはなかった。常に自分の気持と事実を卒直に、簡潔に綴ってあった。

正子はその都度誠実に応じ、自分の考えを身辺のできごとに織りこんで書き送った。

## ■友永への思慕つのる正子

その頃、正子の気持は定まっていた。友永が自分の将来を託すに、最もふさわしい人である、と。思うままに出逢うこともできず、友永の母の怒りが、はたしていつ解けるともわからない。ふたつの大きな障害のため、ふたりの愛は逆に燃えさかった。

ことの成りゆきを見守っていた正子の母キヨは、正子のためにも、そして友永のためにも、この愛が結ばれることを願った。そして、ますます多忙になる友永のために、ふたりの出逢いの場を工夫した。

その頃正子は、父孫輔と共に宝生流の謡を本格的に続け、東京の家元まで稽古に通っていた。姉喜美子が東京の医師加来道隆に嫁いでいたので、気軽に上京できた。キヨは、友永の東京出張にあわせて正子を同じ列車で上京させた。友永が呉に出張の時は、下関でふたりは出逢った。ときには約束した列車をまちがえ、お互いに車中を何度も探し回り、相手の身を案じ、不安に駆られたこともあった。

そんなふたりを見守っていたキヨは、友永の気持をもう一度確かめた上で、具体的にどう話を進めるかの相談をしようと、正子を伴って佐世保を訪れたのだった。

キヨの電話に、佐世保海軍工廠では、友永の出先にキヨたちの来訪を必ず伝える、と約束してくれた。

実はその頃、友永は、『伊55』『伊53』『間宮』の事故処理作業に奔走していた。友永は正子からの手紙で、この日の来訪を心待ちしていた。その直前の緊急事態だった。

## ■正子との出逢いを命じた飯河中佐の温情

救難隊のテントには、毎日、佐世保海軍工廠から定期の連絡便が通った。食糧や生活物資、それに連絡書類などがとどけられた。その中に友永宛に来客からの電話伝言があった。キヨがかけた電話である。友永にとっては、飛んで行きたい心境だったに違いない。しかし救難処理という大任を負っている。友永はそれを握りつぶす以外なかった。

飯河畠中佐はその事情をほかの者から耳にした。

「友永君、とにかく次の便で一度佐世保に戻り、会ってきなさい。先方は事情がわからないんだから」

「ありがとうございます。任務を終えてからにいたします」

「今日、明日の作業の状況は、君が半日や一日不在にしても問題はない。心配せず行ってきなさい」

「はい。でも大丈夫であります」

「そんなこと言って、縁というものはちょっとしたことでだめになることも多い。君の一生の問題ではないか。帰りたまえ」

「でも――」

「友永君、命令だ。次の便で帰りたまえ」

飯河は、頑として現場を離れようとしない友永を、やっと追い返した。

ところが友永は佐世保への連絡便で一旦戻ったものの、次の便でまた現場に復帰した。

飯河は、友永の責任感の強さは常に感じていた。だが、このために万一縁が解かれることでもあればと、心にかかったらしい。その後友永が正子と結ばれた時、飯河はことのほか喜んだという。

### ■萩の風土で育った正子

菊屋正子は、一九一五（大正四）年、菊屋孫輔、キヨの二女として生まれた。

菊屋家は一六〇四（慶長九）年、先祖が毛利輝元に従って山口から萩に移り、城下町造りに尽力した。以後代々大年寄格に任じられ、毛利藩の御用達をつとめてきた。江戸将軍家からの使者が下ってくると本陣となる、三〇〇余年の由緒ある御用屋敷であった。

現在同家は、全国でも最古の町屋として、国の重要文化財の指定を受け、萩の観光名所のひとつとなっている。

正子はその屋敷でひとりの姉と四人の弟、三人の妹とともに育った。

萩は幕末から維新にかけて多くの偉人を輩出した。城下町としての誇りが人々の教養を高め、独特の価値観、美意識を育んできた。

正子の生家。現在、萩・重要文化財菊屋家住宅。
出典：同家保存会絵はがきより。

正子はその風土の中で、名門菊屋家の娘として注目を浴びながら成長した。同家では男女の別なく子どもたちには東京で高等教育を受けさせた。正子は、山口県立萩高等女学校を卒業後は東京女子医学専門学校に進み、医者になりたいと両親に希望を述べた。進歩的な両親ではあったが、女性が職業に就くための進学は許さなかった。理系を好む正子の選択も認められず、両親の意向に添い実践女子専門学校家政科を卒業した。

正子の女学校時代の友人厚東晴子や、隣人久保田緑はその頃の正子のことを次のように語った。

「正子さんは天から二物も三物も与えられた方でした。いつも白い衿元が美しく、背筋をぴんと伸ばし、凛としておられました。けじめのきちんとしたお家で、多くの使用人がいても、子どものためなどには決して使われません。例えば、学校の雛祭りの時、由緒ある菊屋家のお雛さまを拝借することができましたが、お母さまが、手はずは生徒たちでするように、と申されました」

正子への縁談は次々に持ちこまれた。正子は裕福な家庭の子息、文系の男性、鈍感なタイプを対象からはずしたため、これはと思われる男性との出逢いがなかった。

そんなある日、正子は恩師から友永英夫を紹介されたのだった。

## ■母を説得し、正子と挙式

息子英夫や周囲からの説得で、やがて母芳枝の心もほぐれてきた。

一九三七（昭和一二）年三月七日、英夫の両親の住む名古屋市での挙式がきまった。

その日、萩の菊屋家では古式に則って正子を送り出した。普段は閉じられたままの冠木門が開かれ、大式台が設えられた。家族や親類縁者、それに菊屋家の慶事を祝う町の人々が菊屋小路を埋めた。

正子は大式台から、見送る家族に別れを告げ、耐えきれずに、目頭を押さえた。

それは正子の弟、秀祐がはじめて見た姉の一面だった。秀祐は、何ごとにもきびしい姉正子が苦手だった。食事の礼儀作法など、母より正子の方がやかましかった。そんな正子が結婚を承諾した相手とはどんな男性であろうか、と思いをめぐらせながら、姉の晴れ姿に見とれていた。

名古屋市〈徳川園〉での披露宴は、両家の縁者だけのごく内輪におさめた。

友永は海軍大尉の正装。豪華な振袖姿の正子が並ぶと、招かれた人々からは思わず感嘆の吐息が洩れた、という。

正子にとってただひとつの気がかりは、その日から姑となった芳枝の表情に、正子へのわだかまりが残っていることだった。

正子は、やがてお互いに理解しあえると信じていた。正子には、八人の子どもたちをこれだけ立派に育てあげた芳枝への敬意があった。それに、出会いが重なるごとに、正子は芳枝の飾り気のない率直さが好ましかった。芳枝も、正子の生真面目な慎重さを誤解していたことに気づいた。そして正子の万事に行きとどいた心遣いを喜ぶようになった。

友永英夫・正子の結婚写真。昭和12年３月７日名古屋。英夫29歳、正子21歳。写真提供：友永家。

正子と芳枝のわだかまりは、自然に氷解した。

新婚旅行は、奈良から大阪をめぐり、瀬戸内海を船旅で楽しんで別府へ。別府からは太宰府、武雄温泉を経て佐世保の新居に入った。

新居では和服でくつろぐ友永。写真提供：友永家。

## ■「世界一の男性だった」と正子

ふたりの新婚生活は、それがわずか七年間で終わるのを予感したかのような、睦みあいの日々だった。

正子は毎朝、洗面台に立つ友永に、磨き粉をつけて歯ブラシを手渡すことからはじまり、夫の痒いところまで先に察して手を差しのべた。そうせずにはいられないほど夫を熱愛した。

ふたりが挙式してからちょうど四か月後の七月七日、北京郊外で日中陸軍が衝突、日中戦争が勃発した。さらに一か月後の八月九日、上海で大山勇夫海軍中尉と水兵が中国保安隊に射殺された。これに端を発した第二次上海事変がその四日後の一三日にはじまった。陸軍に対抗するかのように海軍も中国での戦いに呼応、日本の強引な満洲国建国以来高まった中国の激しい抗日運動が、中国北部から南部にもひろがった。

日中戦争は連鎖的に拡大を続け、日本国内は戦時体制となった。出征兵士が次々に戦場に送られた。家族は〈軍国の妻〉〈軍国の母〉の美名のもとに涙と本心を押しかくし、夫の、息子の無事を祈る生活が、以後日本敗戦まで続くことになる。

この時代の若い夫婦には常にこうした別離の不安がつきまとう。それが逆に夫婦の結びつきをより濃いものにしていたともいえよう。

正子は、そんな日々の中で、尊敬できる男性と出会わなければ決して結婚しない、と自らに言いきかせ、それを貫いてよかった、としみじみ思うのだった。

「あれだけの男性は、世界中探してもいないでしょう」

米寿を過ぎた時の正子が、きっぱり言い切った。すべてに控えめな正子も、こと夫、友永英夫に関しては率直に、素直に語る。

新婚当時の友永の書斎。写真提供：友永家。

## ■女性にもてた友永

友永には、当時の男性にありがちな女性蔑視はなかった。相手の身分に関係なく対等の立場で、臆することなく接した。

「友永は学生時代から女性にもてました。というのも、彼はどんな女性とも気軽に、スマートに話しができるのです。私も一度でいいから、彼のように女性と話してみたいと、羨ましく思ったものです」と語ったのは親友船越卓である。

任官してからの逸話も多い。

潜水艦の修理が完成すると、一晩泊りで試運転に出る。水上艦のように、別府や徳山などのはなやかな一流地ではない。長浜や安下庄《あげのしょう》、三机《みつくえ》など伊予灘周辺の漁村である。その日は長浜泊だった。友永は同僚の有馬正雄造船大尉、後輩の緒明亮乍造船中尉らと一杯飲みに出かけた。どこもうす汚いカフェばかり。仕方なくその一軒に入ると、店構えにふさわしい女給たちが群れていた。友永は、顔いっぱいに吹き出ものができた女給にも「お嬢さん」と呼びかけた。そんな扱いを受けたことのない中年の〈姫君〉たちはすっかり感激し、しなだれかかってサービスするのには一同閉口した、と緒明は綴っている。

「有能で心やさしく男前、それに海軍士官であれば、女性の方が放ってはおかないでしょう」と船越が言うように、宴席での人気はナンバー1、のちのドイツでも、異国の女性たちから唯ひとり彼だけが一目も二目も置かれる存在だった、という。

友永の新居は佐世保市八幡町にあった。八幡神社のある高台で、細い坂道を登りつめたところだった。のちに正子の妊娠で、坂道を案じた友永は、園田町に借家を見つけてきた。

呉や佐世保には、転勤してくる海軍士官家族のために、手ごろな借家が多かった。

友永は、造船官の習わし通り、新居に次々に客を伴った。自分の幸せをみんなに分かちたかった。

友永の結婚をことのほか喜んだ飯河皛造船中佐は、設計主任の西村彌平造船中佐と友永の新居を訪れた。西村中佐の謡曲は海軍一、次が飯河中佐といわれていた。

飯河中佐は、正子が謡曲をたしなんで久しいと知り、ぜひ一曲をと所望した。辞退しきれなくなった正子は、太鼓の皮を張り、西村中佐と飯河中佐の囃方をつとめた。

西村中佐も飯河中佐も、久方ぶりによき囃方を得、熱のこもった〈羽衣〉が朗々と演じられた。

「いいものですなあ——」

謡曲に趣味のなかった友永が、思わずそう言いながら聞きほれた。

## ■潜水艦設計要員に昇進

やがて友永は、佐世保海軍工廠造船部潜水艦設計主務部員として、『伊174』（基準排水量一八一〇トン・海大Ⅵ型）を手がけることになった。船殻担当が親友有馬正雄大尉、そこへ任官赴任してきたのが、後輩の寺田明造船中尉だった。

船台上に『伊174』があり、まだ外殻板（船体の外側をおおう鋼板）が取り付けてなかったので内部が見渡せた。艦の重心点をさげるため、常備燃料タンクが、メインタンクの下部に設けてあった。

これは新しい構造で、〈友鶴事件〉の教訓を生かし、復原性能を高めるために友永が手直ししたものであろうと、寺田中尉は興味深く観察した、という。

また、『伊174』は当初全溶接工法の予定であったが、〈第四艦隊事件〉の影響で、一部鋲工法に戻すことになった。

『伊174』は一九三八（昭和一三）年八月に完成した。取り扱いの容易さと、急速潜航が格段に速くなったのが特色だった。

これを手はじめに、友永は一九三七（昭和一二）年八月二五日に『伊18』（基準排水量二一八四トン・丙型）、翌年一二月五日、同型の『伊24』を起工した。

こうして友永が潜水艦一筋に進みはじめた時期は、日本がワシントン海軍軍縮条約を破棄、第二次ロンドン海軍軍縮会議も脱退、日本海軍が仮想敵国を米国とし、帝国国防方針を改定した時期と重なる。日本海軍の基本方針は、東洋にある敵（米）艦隊の撃破と、東洋方面の制圧、と決定した。「決戦前に敵の主力艦を落伍させ、日本艦隊に有利な状況をつくる」作戦の重要任務を負わされたのが潜水艦であった。

友永はその潜水艦設計の要員と目され、次々と重責を与えられていくことになる。

## ■夫は『伊18』を進水、妻は洋子を進水

一九三八（昭和一三）年一一月一二日は、友永が手がけた『伊18』の進水式の当日であった。前夜は、友永の一高、東京帝大時代、弓道部で共に過ごした友人三嶋忠雄が、級友佐々木良成と友永家を訪れた。川崎造船所勤務の佐々木が出張してきたので、三嶋と三人で大いに飲み、旧交をあたためた。折から正子は臨月の躯で、肩で息をしながらも、数々の肴を用意した。三嶋と佐々木はすでに子持ちで、友永夫婦に初産の心得などを得々と説き、杯を重ねた。

翌朝友永は、進水式の準備に暗いうちに出勤した。船台の『伊18』は満潮の午前一一時四五分、無事進水した。

関係者一同、工廠から水交社に向かい、祝宴が催された。進水式は、手ぬかりのないよう万事確認しておいても、思わぬ事故が発生することがある。それを無事に終え、緊張が解けた友永は祝い酒に陶然としていた。

すると給仕が友永の耳許で何か囁いた。友永の相好がくずれた。友永は立ち上ると、「今朝、私の

家でも無事進水いたしました」と報告口調で告げた。会場からは、歓声とともに一斉に拍手が沸き起こった。

友永の手による潜水艦の初の進水式、それにぴったりあわせた正子の初産は、なにか因縁めく。潜水艦に一身を捧げた友永、それを蔭で支える正子の呼吸が、こんな形で現れたのかもしれない。

正子は、前夜来客の接待などで急に産気づいた。友永を送り出すとすぐ車を呼び、ひとりで海軍病院に入院した。そして女児を授った。長女洋子の誕生だった。

「主人は『伊18』を記念して一八子と名づけようと申しました。そや子と読ませると語呂が悪く、結局洋子といたしました。主人はきっと男の子を望んでいたと思います。その後第二子展子《のぶ》も女の子、主人に申し訳ないような、自分自身に対しても腹立たしいような気分になり、涙がこぼれたものです」と、正子は当時を想い出す。

日中の戦いが進むにつれ、日本国中に男子尊重の風潮が強まっていた。

## ■三役に就いた呉時代

一九四〇（昭和一五）年五月、呉市の入船山や丘の上は、枝ぶりも雄々しい黒松の間に、椿やさつきがほころび、彩りのある季節を迎えた。

その頃、呉海軍工廠潜水艦部部室に、友永英夫造船大尉の姿があった。

同部部員根木雄一郎造船少佐が前年二月、ドイツに派遣された。友永はその後任として、一九三九（昭和一四）年三月一日着任した。呉海軍工廠潜水艦部部員兼造船部員、海軍潜水学校教官という三役を担うことになった。

友永が着任直前の二月二日未明、豊後水道で潜水艦の重大事故が発生した。見張りの誤認で、演習待機中の『伊63』が、配備点に急行中の『伊60』に真横から激突された。『伊63』は一瞬の間に艦尾から逆さに海底につきささり、艦橋にいた数名を除き、全員殉職した。呉海軍工廠から救難隊が派遣され、一年がかりの引き揚げ大作業がはじまった。友永は着任後、まずこの大作業にかかわった。

呉海軍工廠は潜水艦部が独立しており、潜水艦のメッカであった。友永は実習士官時代以来、三度目の勤務となった。

海軍は第三次補充計画を進めていた。潜水艦*（左註参照）の建造と乗組員の養成を急ぎ、一九三七（昭和一二）年から六か年間に、「旗艦施設と偵察機一機が搭載される甲型二隻、偵察機一機搭載の乙型六隻、雷装（註・魚雷装備）を強化した丙型五隻が目標」と決定した。つづく一九三九（昭和一四）年の六か年計画では、さらに甲型一隻、乙型一四隻、海大型一〇隻が加わった。

日中戦争は戦域が拡大、石油を求めての日本の南方進出に、米英の不安が高まった。米英は経済封鎖などの手段で日本を牽制した。海軍にとっての仮想敵国であった米国は、仮想ではなく、現実のものとなりつつあった。

■潜水艦部員のストレス過重

潜水艦部は、工廠内で潜水艦の建造、修理、性能実験研究のほか、工作物・機器・重要書類の整備保管、雇員・職工の給与・教育まで扱った。戦時になると兵器、人事、糧食も所轄となった。造船官にとってこの部署は最も気の重い、なるべく避けたい任務であった。

潜水艦という艦の特性から、乗組員は一度潜水艦に配属されると、一生〈潜水艦屋〉になる。乗組員らは軍人であると同時に技術者でもある。しかも、自分の専門担当部署だけではなく、潜水艦のあらゆる構造、操作に精通するよう訓練される。

死と紙一重で行動する潜水艦乗組員は、当然ながら造船現場に、完璧な技術と安全の保障を求める。もちろん現場は、それに応じなければならないが、両者の意見の喰い違いは常時発生する。老練な職

---

＊註
日本海軍潜水艦船型別呼称

一等潜水艦（基準排水量一〇〇〇トン以上）　艦名を「伊号第〇潜水艦」と命名。
二等潜水艦（基準排水量一〇〇〇トン未満）　艦名を「呂号第〇潜水艦」「波号第〇潜水艦」と区別して命名。右の基準排水量によって区分した艦を、さらに用途によって次のように分類した。
甲型　旗艦（艦隊の司令長官ないし司令官が乗っている）としての施設が装備され、偵察機一機も搭載。
乙型　偵察機一機を搭載。
丙型　魚雷装備（雷装）を強化した艦。
丁型　一九四四（昭和一九）年後半から使用された輸送用艦。
海大型　艦隊随伴用としての機能を装備した艦。

工の中には、テコでも応じようとしない者もいる。両者共に頑強に主張をゆずらない。

特にこの時期、人手不足はきびしかった。軍縮時代に控えていた造船関係技術者養成が、ここにきて一挙に二倍三倍の需要となった。潜水艦を手がける高度な技術者は数少なく、過重労働で休日などまるでなかった。いきおい気が立ってくる。

そこへ猛訓練で破損した修理艦が入ってくる。新造艦の期限も迫っている。艦政本部から出されている技術開発研究も進めなければ遅れをとる。

潜水艦部員は、こうした乗組員と造船現場工員との間に立つ調整役であった。

水上艦を担当していた船越卓は、「潜水艦部は大変だと聞いていました。そのストレスは過重だったと想像できます。われわれ水上艦の造船官は、その点別格扱いをされていましたから、潜水艦のように、精神的にわずらわされることがありませんでした」と証言する。

根木造船少佐も自分の渡独送別会の席で、「潜水艦部部員は、造船部の方々の援助がなければつとまりません。どうか後任者を、私同様によろしくご援護願います」と頭をさげたという。

その頃、呉工廠では戦艦『大和』を建造中で、主力はそちらにあった。造船部、艤装部の主要な部屋は『大和』に占められ、防諜上、金網で仕切られていた。

潜水艦部は二階の一隅に押しやられていた。潜水艦部は「山椒は小粒でも……」と黙々と任務を果たしていたが、それが日本海軍潜水艦の置かれた地位と運命を象徴していた。

ちなみに超大型戦艦『大和』は一九三七（昭和一二）年一一月四日、呉海軍工廠で極秘裡に起工された。続いて翌年三月二九日、民間の三菱長崎造船所で、同じく超大型戦艦『武蔵』の建造がはじまった。

両巨艦の建造は、造船界の常識をはるかに越えた。工場も設備もそれにあわせて大型化するという大変革となった。

そして、今でも語り草になっているのが、網と棕櫚縄の高騰である。

全長二六三メートル、最大幅三八・九メートル、基準排水量六万二〇〇〇トンの巨艦『大和』と、これに匹敵する『武蔵』を極秘裡に建造するには、これらの船体を覆いかくす必要がある。船台を囲んだガントリークレーンから、網と棕櫚縄を二重にたらし、視界をさえぎったという。これだけの巨艦を包みこむ網と棕櫚縄は、全国から買い占められた。漁業関係者はその理由がわからず、右往左往したという。

一方、目かくしされた中で、ビルのようなものが次第に巨大化していくのを、呉や長崎市民たちは好奇の目で見守り、噂の種となったという。

池田清著『海軍と日本』（中央公論社刊）には、太平洋戦争開戦当時の連合艦隊司令長官山本五十六海軍大将が、将来の軍備として航空第一を主張、航空本部長在任中には『大和』の基本設計者、福田啓二造船大佐に「そんな船を設計していると、まもなく失業するよ」と皮肉った挿話が記されている。

さらに同著には、井上成美海軍中将が太平洋戦争開戦前期の一九四一（昭和一六）年一月に、日米戦争は艦隊決戦ではなく、航空基地争奪の攻防戦になり、最も危惧されるのが米潜水艦による日本の補給経路遮断、と正確に予想していたことも記されている。

## ■戦術眼のある友永への信頼

友永は、狭い潜水艦部の一隅で悠然と机に向かっていた。左の中指と人差指の間にたばこをはさみ、ゆっくり口許に持っていきながら、右手でしきりに数式を樹てていた。その右人差し指が反り返るほど強く鉛筆を握るのが友永の癖だった。たばこがいつの間にか灰になっている。また一本火をつけた。視線は数字の列の上から動かない。

部下が、定例連絡会議の時間を告げると、友永は吾に返った。書類を抱えると、会議場に出向いた。その日も乗組員側から種々の改善要求が工廠側に出された。工廠側は設計、資材、人員の面から各担当部に質し、検討がはじまった。両者の一致点は少なく、紛糾しはじめた。

それまで黙って両者の言い分を聞いていた友永は、にこやかに口火を切った。そして問題をひとつずつ双方に確認しながら、双方の主張を巧みに織りこみ、調停に持っていった。

その理論的な進め方、全体を把握した上での公正な処置、そしてなによりも内容に精通している自信、仕事に賭ける情熱が、誰をも納得させた。不満がくすぶらないよう、根回しもしてあった。

当時同工廠の艤装部員であった緒明亮乍は、「今まではこの種の会議に出席するのが億劫でしたが、友永大尉が着任されてからは問題も少なく、とても気が楽になりました。友永大尉が出張などで会議欠席と知ると、とたんに心が鉛のように重くなり、昼食もろくろく喉を通らなくなったものです」と述べている。

各部連絡会議も友永の力で次第に刺々しさが消え、和気あいあいとなってきた。

乗組員側も、友永の発言に耳を傾け、それを受け容れるようになった。そのうちのひとりがこう言った。

「あいつは戦術眼を備えているからな」と。

それは乗組員が造船官に贈る最高の讃辞であった。深海で幾度も死の渕をのぞいてきた彼らには、「造船官に何がわかるか」という思いがある。その彼らが、友永はただ者ではない、と畏敬していたことがこのひと言から察せられる。

一九二三（大正一二）年東京帝大工学部船舶工学科卒の友永の先輩造船官加藤恭亮・元海軍技術大佐は、『造船官の記録』（今日の話題社刊）の中で、要約次のように述べている。

造船官は大家さん、産婆さんのようなものでまとめ役。猛反撃に屈せず、懐柔策にも惑わされず、全体を把握し軽重の度を誤らぬ公平な判断力がいる。それには正確な数字的根拠を基礎に論議しなければならない。諄々と説得し、時には断乎として峻拒し、時には適度に妥協するなど、虚々実々、臨機応変の対策が必要である。会議の空気を好転させ、当初期待していた線で妥結させる効果的なポイントは、造船官の説明が科学的、理論的、合理的であることと、その人格が誠実で、その言が信頼性に富むものであると一同から認められることである。結局は「技術」と「人柄」への信頼を得るにふさわしいものとなることである。

友永の造船官としての精進は、この加藤の述べた理想像に近づきつつあった。

## ■潜水艦脱出装置に初挑戦

だが、友永がここまでたどり着くには、それなりのかくされた努力があった。

潜水艦部に与えられた課題に、救難装置の改良があった。潜水艦が水中で遭難、浮上不可能となった時、救命具を着け、ダイベースロックという脱出区画を経て浮上する。

水圧は、深度一メートルで一平方センチあたり一〇〇グラムかかる。成人の体表面積は約一・五平方メートルであるから、深度一メートルなら一・五トンもの水圧となる。人間の肺は急激な水圧の変化には耐えられない。水圧に躯を馴らしながら脱出する区画がダイベースロックである。

まず、脱出する者が脱出区画に入り、扉を閉じる。その室の中に海水を注水、満水にする。これで室内と水圧が同じになる。今度は上部にあるハッチ（出口）を開き、海中に出る。そしてハッチを閉じてから浮上する。

次の脱出者は、脱出区画内にたまった水を艦内に流し出す。その上で第一脱出者と同じ動作をくり返して浮上する。第三脱出者がそれに続く。その都度艦内には脱出区画の水がたまり、重量が増す。

だが、海の勇者でもこのダイベースロック訓練は恐怖だった。もちろん事前に肺や心臓機能など、それに耐え得るかどうかチェックを受ける。しかし息をつめ、脱出区画内で滝に打たれるような強い水圧に耐え、満水を確認して上部ハッチをあける。それを完全に閉じるまでの手順を冷静にこなした上で浮上するには、体力と同時に強い精神力がいる。

なかにはハッチを閉じるまで耐えられず、そのまま浮上する者もいる。すると脱出区画の脱水ができず、あとの者は脱出不能となる。

友永は、脱出区画改良研究のため、造船官ではじめてこのテストに挑戦した。友永と共に、友永の後輩、寺田明造船中尉、緒明亮乍造船中尉も参加申し込みをしたが、予備テストに合格したのは年長の友永だけであった。

その日、友永は普段と変わらぬ表情で潜水艦に乗りこんだ。深度は、上甲板がかくれる程度まで潜航した。

みんな固唾をのんで見守っていた。友永は手順通りに脱出区画に入り、浮上に成功した。

友永はすでに三一歳。妻も子もある造船官として、危険度の高いこのテストに参加する義務はない。しかし、乗組員が命を賭けて脱出する装置の設計者として、友永も彼らと同じように命を賭けてテストにのぞんだのである。その友永の心意気が、乗組員との壁をつきくずしたのであろう。

ちなみに、この脱出区画は、自艦からの脱出を不名誉とする海軍精神のため、戦時中はほとんど使用されなかった。かわってその中には長期作戦行動に備え、食糧がびっしり積みこまれることが多かった。現在海上自衛隊では、改良された脱出装置が潜水艦に装備され、江田島にある潜水艦教育訓練隊では、この訓練を重要視しているという。

## ■親友・兄と会い、和む

しかし、すべてがスムーズにいったわけではない。

友永の持論は、潜水艦の飛躍的進歩には艤装の簡素化が第一、次に、潜水艦の真価を発揮するには潜水艦総数をもっとふやすべき、という二点だった。

友永はその持論をもとに、水中高速小型潜水艦『71』を設計した。だが、用兵側からは不評で、不採用になった。

この頃、友永は三井・玉造船所（岡山県）に出張した折、大学の同期生渡辺新輔を訪問している。

「技術面での新しい着想や発見は、さほどむつかしいことではない。問題は、その試みや発見を実現させるまでに必要な対外的な努力と忍耐だ。周囲を説得するって本当にむつかしいなあ」

友永はしみじみ渡辺に訴えた、という。

そこへ、渡辺の息子が現れ、友永に挨拶をした。

「この子を将来潜水艦乗りにするつもりだ」と渡辺は言った。

「僕だったら技術屋にするな」

友永は言下にきっぱり答えた。

渡辺は、友永が技術屋としての「人間的な悩み」を持ちながらも、技術に対しては強い信念を抱いているのを痛感した、と述べている。

そして、子どもの家庭教育のことなどに話が及んだ。

「子どもには愛を教えることが一番」と言う渡辺に、友永は疑問をはさんだ。

「女の子にはそれでよいかもしれないが、男の子にはそれだけでは困る。世の中のために、ということを教えなければだめだと思うよ」と。

同じ頃、友永は東京出張の折に、逗子に住む次兄信夫宅を訪れている。

信夫は弟英夫がひどく憔悴しているのに驚いた。弟の仕事が忙しいのだろうと察した。信夫は碁盤を運び出した。ふたりには少年の頃のなつかしい記憶が甦った。それだけでふたりの心はなごんだ。

信夫は一石打ちながら、自分の抱えている仕事や、処世上の人間関係について、ポツリ、ポツリと語り出した。英夫の石を置く手がとまった。長いまつげの奥の、すっかり落ちくぼんだ瞳が、信夫を真正面から見つめた。英夫は、抽象的ではあったが、自分も技術行政上の問題で孤立し、同じように苦しんでいることを打ちあけた。英夫は親兄弟に一度も仕事の具体的な内容について語っていない。軍機にかかわるため、いつも話は抽象論だったが、信夫に察しはついた。

英夫は潜水艦の技術改革について、真剣に取り組んでいたのだ。

信夫は、「英夫は、あまり行政上の問題などに首をつっこまん方がいい」と言った。

英夫は、きっと座り直し、両こぶしを膝の上に置いた。

「今はそんなにぐずぐずしておられる時期ではないのです」

「いや、ごめん、ごめん、英夫の技術的な才能を惜しむ余り、両刀を使うなと言いたかったのだ。悪く思わんでくれ」

信夫は弟の思わぬ気迫に圧倒された。信夫にとって英夫は、いつまでもあのいがぐり頭の、がまん強い弟だった。それがいつの間にか海軍を担うひとりの人材に成長していた。それを今の今まで迂闊にも意識していなかった。昔は弟の反撃を殴りつけて押さえた信夫も、弟に心服した。

時代の荒波にさらされて生きるふたりの男は、お互いにその苦渋が理解しあえる年齢になっていた。

「お世話になりました。信夫兄さんも元気で……」

翌朝、友永はいつものにこやかな表情で挨拶した。そして将校マントを翻して肩にかけ、白い手袋をはめると、挙手をした。少年の頃のあの八重歯がのぞいていた。弟へのいとおしさがつき上げてくる信夫だった。

## ■情熱を傾けた後輩の指導

呉時代友永が最も情熱を傾けたのは、海軍潜水学校*（左註参照）の教官職だった。潜水艦部部員の激務を縫って教えに通ったが、潜水学校勤務の日は妻正子にもわかった。深夜まで講義の準備をしても、晴れやかな顔をして出かけるのである。

当時、潜水艦部勤務が敬遠されるのと同様に、潜水学校教官も皆に望まれる職務ではなかったという。

ところが、友永にとっては、またとないチャンスだった。

「理想的な潜水艦を設計し、それを実戦で生かすには、まず乗組員から教育しなくてはだめだ。人を教育するのは、楽しくやりがいのあるものです」

友永は後輩の寺田明造船中尉にそう語った。寺田造船中尉は、人の嫌う職務を三つとも引き受け、それを喜んでこなす友永を尊敬した。そして、友永がこれほど潜水艦乗りの教育に熱意を注ぐのも、今乗組員たちに潜水艦に対する意識改革をしておかねば近代科学技術戦には勝ち残れない、という信念のほとばしりと感じた。

友永の時代感覚は鋭く、確かだった。

潜水学校には甲種と乙種の学生がいる。乙種学生は、水雷学校（魚雷、機雷などの知識と技能を学ぶ）高等科修了者か、これに準ずる兵科尉官（大尉・中尉・少尉）で、乗組兵科士官として必要な事項を四か月間修得する。

また甲種学生は、乙種教程を終えた者か、これに準ずる経歴を持つ少佐、大尉で、艦長クラスに必要な学術技能を六か月間修得する（のちに修得期間は短縮された）。潜水艦乗組員として実績を積んできた艦長やベテラン乗組員たちに、さらに高度な教育を行うのがその目的である。

筑土龍男・元海軍少佐（昭和44年撮影）。写真提供：夫人・筑土明子。

教える側にも、それなりの高い見識と緊張が要求された。教官職が敬遠された理由はここにあったのだろう。

太平洋戦争中、艦長として活躍した人々の中には、教官友永の教えを受けた人も多い。前記『呂62』艦長で、のちに潜水学校教官をつとめた筑土龍男・元海軍少佐も、そのひとりである。

註

＊ **海軍潜水学校**　海軍兵科士官、特務士官、准士官、下士官などに対して潜水艦に関する実務と学術的な教育を施した学校。一九二〇（大正九）年設置。校長（中将または少将か大佐）は呉鎮守府司令長官（大将または中将）に属す。呉に所在。

「友永さんの講義は迫力がありました。少しこごみ加減に胸の前で掌を組み、よく通る声で、巻舌口調で話されました。内容は、潜水艦を作る側から、使う側への一般的な心得のようなものでした。教官より生徒の方が、年齢的に上の場合もあり、階級もほぼ同じくらいです。お互いに教官、生徒というより同僚意識で、それは活発に議論したものです。それだけに教官にとっても勉強になったでしょう」

「でも友永教官の板書の字は、お世辞にもうまいとは言えませんでした」と後輩の緒明亮乍。

友永は自分が得心のいくまで相手に問いかける。それをかつて師・徳川武定にたしなめれた（一八〇頁参照）。海軍では、「どうしたらよいでしょうか」と聞くのは恥辱だ、と教えられた。「こうする心づもりです。よろしいでしょうか」と持っていく。「技は盗め」の不文律もあり、自分で探究するのを旨とした。

友永にとってこの職人気質的な発想は体質にあわなかった。もっと合理的に不明は質し、それに即答すれば時間のロスはなくなる。その分、次の段階に進むことができる。

伝統芸術と異なり、科学技術は盗むほど時間をかけていられない時代にきている。友永はこの信念を貫いた。疑問点は現場に行き、担当者から徹底的に解答を得た。相手が職工であろうと下士官であろうと、恥じることなく尋ね、師とした。そして、最後に必ず、ありがとうございました、とていねいに頭をさげた。

友永は教官となって、技を盗ませるより教え、教え方にも工夫を凝らした。

「友永さんには、造船担当のみではなく、造機や水雷、電気その他の担当部員たちも、兄のごとく慕い寄り、助言を求め、指導を仰ぎました。質問をすると答弁は常に懇切をきわめ、後進を指導せんとする気魄が、言動にあふれていたものです」

緒明・元技術少佐は回想している。

## ■二大発明で最高賞〈海軍技術有功章〉

一九四〇（昭和一五）年一一月一五日、友永は海軍造船少佐に昇進した。それと前後して、友永はその名を世界の潜水艦史上に残す二つの発明を完成させた。〈自動懸吊装置〉と〈重油漏洩防止装置〉である（一一頁左註参照）。

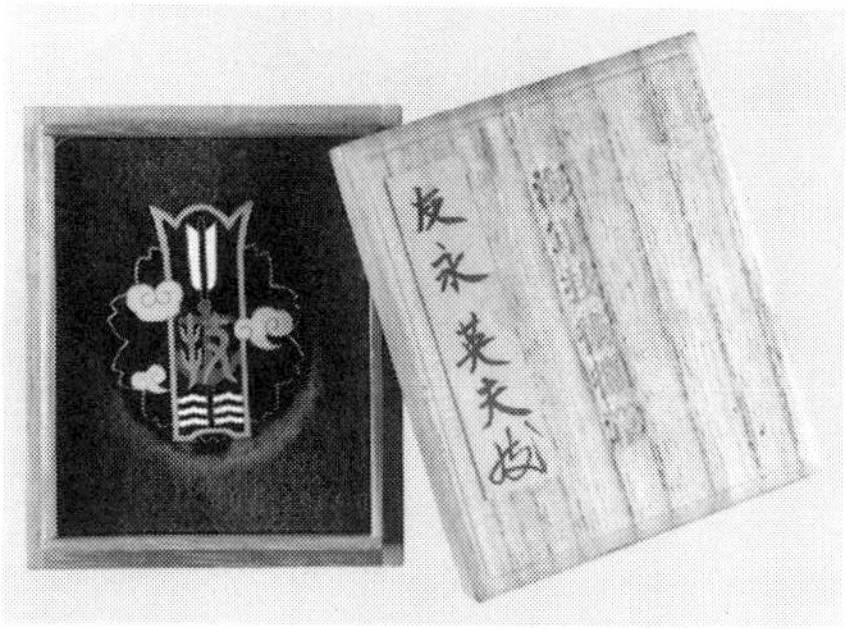

〈自動懸吊装置〉発明により授与された〈海軍技術有功章〉。友永家所蔵。

〈自動懸吊装置〉とは、敵の水中聴音機から逃れるため、潜水艦内の発生音を極力消し、安全深度内に、平衡を保ったまま静止する装置である。敵の探索から逃れるだけではなく、動力が節約でき、その間乗組員に休養を与える利点が加わった。

この研究は重要軍事機密のため、極秘裡に行われた。友永は微細な部分まで設計図を描き、発注先の日立製作所にたびたび足を運んだ。

幾度も失敗をくり返したが、めげずにテストを続けた。着想に自信があった。例えば、当初は深度五〇メートルの使用予定が、敵の爆雷が増大し、深度一〇〇メートルを想定せねばならなくなった。受圧盤装置の感度の限界が八〇メートルだった。しかし実験をくり返し、遂に完成させた。

## ■難解な説明文の改革

もうひとつ、この研究で友永は大改革をした。それは〈自動懸吊装置〉に添えられた使用説明書である。

従来の説明書は、「(イ)ナル把手ヲ回転セバ螺輪ハ螺ニヨリ回転セラレ螺輪軸ニ螺釘ヲ以テ固着セラレタル……」というように、辞書を引いても意味不明なほど難解であった。

友永は以前から、もっと説明を簡潔、明瞭にできないものかと考えていた。それを自分の発明した装置に、勇気をもって実行したのである。

例えばハンドル操作を指示する銘板に、矢印をつけ「次第ニ深クナル」「懸吊状態良好トナルニ従イ矢印ノ方向ニ廻セ」と、誰にでもわかりやすいことばで記した。

これは画期的なことだった、と緒明・元技術少佐はいう。

ちなみに、船越卓造船大尉は、横須賀工廠造船部時代に公文書をすべて左横書きに改めた方がよいと提案した。部長の池田耐一造船少将はこの案を退けた。次に、船渠を延長拡大する計画に、船越は将来を考え、戦艦二隻を同時平行入渠できる幅にしてはどうかと提案した。この二つの提案で「船越は過激だ」と同部長から忠告を受けた、という。

伝統を重んじるあまり、こうした改善案を受け容れにくい体質が海軍にはあった。

〈自動懸吊装置〉には、海軍技術関係のノーベル賞ともいうべき最高の賞、〈海軍技術有功章〉が中請された。

それが受理され、記章と金七〇〇円が授与されたのは、それより二年半後の一九四三（昭和一八）年四月二六日。友永は念願のドイツ派遣の途上にあった。

## ■ヒント提供者に礼状

夏。夕凪になると、工場の多い呉海軍工廠一帯は、熱気が立ち昇り、渦を巻いて地上にとどまる。〈自動懸吊装置〉の発明を終えた友永は、机の上にノートをひろげ、熱心に何か描いていた。画家のデッサンのように、設計のアイデアをデッサンし、その上を幾度もなぞっているうちに着想がかたまってくる。

ノートにはパイプラインの系図が描かれていた。

「うん、よし。緒明君、これをどう思う」

「――」

「うん、これでよい、できた!!」

友永は緒明の答えも待たず大声で叫んだ。

それが友永の二大発明のもうひとつ、〈重油漏洩防止装置〉完成の瞬間であった。友永の額、首筋には汗が流れていた。

潜水艦の船殻《せんこく》は、内殻（耐圧船殻）と外殻（非耐圧船殻）との二重の殻でできている。二重の殻の間にできている空間はいくつかに仕切られ、海水タンクや燃料タンクになっている（内殻は完全な水密構造で、高水圧を防ぎ、乗組員はこの中で活動する）。

燃料タンクの外殻からの漏れは防ぎようがなく、修理整備の泣きどころであった。この漏油は水面に油の帯を曳く。潜航していても、敵機には潜水艦の存在を誇示するようなものである。これでは隠密行動が唯一の武器となる潜水艦の意味がない。

なんとか漏油を防ぐ方法はないものか、との課題を友永はあるヒントから解きはじめた。そして難なく解決したのである。

友永の理論は、重油タンクの底部に、若干の海水をためておき、小型ポンプで絶えず吸いこみをかけておく。タンク内のどの部分も外海より若干低圧に保っておけば、重油は漏れない、というものである。

原理は簡単であるが、実際問題としてはいくつかの難点もあった。

友永はこれらの問題を解決しながら装置を完成した。それを潜水艦に装備、テスト航海に出た。すると、寸分の狂いもなく、予想通りにぴったり作動、適合したのである。同乗した緒明・元技術少佐は、「真に胸のすくような鮮やかな手際でした」と驚嘆している。

この開発研究は軍事機密に指定されていなかったため、工廠内各部の応援が得られた。例えば、重要な油と海水の混合・分離研究には、造船実験部の吉田俊夫造船大尉らが協力した。

〈重油漏洩防止装置〉は正式に兵器に採用された。そして太平洋戦争開戦直後、日本海軍潜水艦に一斉に装備された。それによって多くの潜水艦がその恩恵に浴した。

友永には〈自動懸吊装置〉に続き、二つ目の〈海軍技術有功章〉の授与が決定した。

その日の午後のことであった。友永は一通の手紙をしたためていた。

「この装置は、決して私の着想ではありません。数か月前、貴下が、貴下の艦の漏油防止法を種々研究されたことをお話し下さった。そして、潜航中外海に通じるパイプを、思いきって閉じてみてはどうであろうか、と私に相談をもちかけられました。それは危険なことだからと私はおとめしました。しかし、私にはそのことが、今回の発明のヒントになったのです。あなたから授けられた貴重なヒントに対し、心から感謝します」

宛名は某艦の機関長、と緒明・元技術少佐は記している。残念ながらその氏名は不明である。

かつて学生時代、友永は教官徳川武定から、「何事をなし遂げても、自分ひとりの力ではない、それで得意になるな」と直言された（一八〇頁参照）。

友永は、その教えを忘れなかった。

〈海軍技術有功章〉を続けて二度授かった者は、友永しかいない。

友永は、東京帝国大学卒業の時に受けた〈造船協会名誉金牌〉（一七九頁参照）を加えると、三つの最高賞を得たことになる。

「友さんは黙ってニコニコしながら、次々にアッというような発明をした。そんなにうまくはいかないと反対し、それを証明しようとした人もあった。だが君は強引に信念を通した。結論は事実が示した」

山口宗夫・元技術中佐の追悼記である。

第二回の受章は第一回の半年後、一九四三（昭和一八）年一二月八日。友永はベルリンに在った。「記章並びに六百円授與」と記されている。

## ■米技術者、二大発明を神技と称賛

一九四五（昭和二〇）年一一月、敗戦直後の呉海軍工廠造船部を、戦勝国米海軍技術調査団が視察した時のことである。

団員のひとりに、米国潜水艦技術の権威であるモルガン海軍大佐がいた。彼は友永の発明した二つの装置にまず目をとめた。綿密に説明を受けた彼は驚嘆した。そして言った。

「世界の潜水艦技術者がこの二つの装置開発に躍気になったが、遂に誰も完成できなかったものです。こんなむつかしいことを解決できる人は神さまです」と。事実その頃、友永はすでに『U234』内で自決、大西洋の深海で〈神さま〉になっていたのだが……。

## ■厠《かわや》の改良を喜んだ乗組員

「友永さんの発明で、私どもがとても助かったものがもうひとつあります。トイレです。あの苦痛から解放された時は、みんなどれほど喜んだことか。毎日のことですからね」と前記筑土龍男・元少佐は語る。

同じく潜水学校時代に友永の教えを受けた坂本金美・元海軍少佐も、大尉時代ハワイ作戦に先任将校として参加した体験から、教官の友永にまず要望したのが厠《かわや》の改善だった、と語った。

潜水艦では、トイレのことを厠と称する。潜水艦の厠は、艦種によっても異なるが、標準的には艦内に二か所、甲板上に一か所ある。艦内には下士官用、士官用があるが、どちらを使ってもよいことになっている。便器は伝染病の感染を考慮して和式とし、爆雷の激震に絶えるため、亜鉛メッキの鋼板製である。問題は排水であった。二重の弁を開き、まず海水を注水し、それを手動ポンプで排水するのだが、水圧が強く、男の力でも押し戻される。体さえ自由に動かせない狭い厠の中で、毎日汗を流して汚物と格闘しなければならない。扉の外では順番を待つ者が大声で怒鳴る。気があせる。深度三〇メートルを越えると排水は不可能になる。

がまんをするか、耐えられない者は空缶にためる以外にない。激しい爆雷攻撃を受けた場合などそれらが倒れて艦内に流れ出す。戦闘状態で長時間の潜航になると、その臭気はすさまじい。

戦時でなければ、浮上すると甲板上の厠で用が足せる。行列ができると、持ち場を長時間離れられないため、使用順の氏名が黒板に示されることもある。しかし、扉はあっても周囲はすき間だらけ。荒天の時は海水がふりかかり、ずぶ濡れになる。

一九三八（昭和一三）年頃から、排水の手動が電動ポンプになった艦もあったが、ポンプの出口の戻り止めの弁に汚物がからみ、使用不能になるケースがふえた。

友永はこうした乗組員の苦労話を聞くたびに、その改良を考えた。そして、メインタンク内に耐圧の汚水タンクを設けた。ここに厠から一度排出し、満タンにして高圧空気で排水するシステムにした。これを『伊168』に設置して成功、乗組員は厠の重圧から逃れることができた。

それにしても、どのタイプの潜水艦も乗組員の数に対して厠の数は極端に少く、人間より武器の装備に重点が置かれているのに同情する。

厠の改良には、大薗政幸造船大尉も取り組んでいる。便たまりタンクを製作するため、成人男子ひとりが一日に排泄する量を調べることからはじめた、とその苦心談をのちに綴っている。

前記坂本金美は、「現在列車に使用している厠は、この潜水艦方式を採用しているものと思われる。かつて噴霧状にして排出していた列車の厠の不衛生さを、現行方式に改良したのであろう」と述べている。

## ■太平洋戦争勃発、特殊潜航艇装置開発

一九四一（昭和一六）年一二月八日。

日本海軍はハワイ真珠湾攻撃で太平洋戦争の幕を切った。

「とうとうはじまってしまった。日本は石油がないからねえ」

友永が正子に言ったのは、ただそれだけだった。

開戦はひと月前の一一月五日、御前会議で決定しており、大本営は同日、山本五十六連合艦隊司令長官に、一二月上旬開戦をメドに作戦準備を命じた。

その作戦指令で、はじめて潜水艦だけを主力とした第六艦隊が、先遣部隊としてすでに一一月一一

日から順次隠密裡に指定された海域に出陣していた。

政府は日米交渉の最後の望みを来栖三郎前駐独大使に賭け、野村吉三郎駐米大使と共に、コーデル・ハル国務長官を通して打開の道を探らせた。

近年、「開戦の要因は、日本海軍の一方的なハワイ攻撃にある」という説のほか、「米大統領ルーズベルトは、日本政府の暗号を解読して、すでにそれを予知していた」という説も出ている。

さて、ハワイ海戦の戦果は新聞全面を飾り、国民の戦意を昂揚させた。記事には、戦死した特殊潜航艇乗組員九人の氏名と写真が〈軍神〉として掲載されていた。

特殊潜航艇（特潜）とは、『甲標的』と称する電池航走の二人乗り小艇で、その後ディーゼルエンジンによる三人乗り乙型、丙型、五人乗り丁型（別名『蛟竜』）なども開発された。当初は、優勢な米艦隊を撃破するため、岸本鹿子治海軍大佐が洋上艦隊決戦用に考案したものである。

搭乗員の訓練に当ったのは、特潜の母艦『千代田』艦長原田覚海軍大佐であった。愛媛県三机湾で性能テストと猛訓練がくり返された。開戦四か月前には、艇長一四名の訓練も整った。

一〇月四日、原田大佐は『陸奥』の艦上で、山本五十六連合艦隊司令長官に『甲標的』の港湾襲撃実現可能と士気旺盛を報告。さらに後日、原田大佐は岩佐直治海軍大尉を伴って再び山本長官に会い、『甲標的』の侵入、襲撃、脱出、収容についての具体案を説明した。

「侵入後、脱出、母艦への帰還は可能か」と山本長官。

「充分あります」との岩佐大尉の答えに、この案の実施計画が急速に進められることになった。

まず『甲標的』を湾内潜入攻撃用に改良すること、次にこれを搭載できるよう潜水艦を改造すること、の二点が指示された。

『甲標的』の所管は水雷部、それを搭載する母艦は潜水艦部が担当した。

この『甲標的』を潜水艦に搭載する装置の開発を命じられたのが友永である。

呉港の東岸倉橋島の中ほどに大浦崎がある。ここに『甲標的』の専門工場が建設された。開戦約一年前のことである。

それに隣接して搭乗員の訓練基地があった。

明けて一九四一（昭和一六）年一〇月。開戦前に出撃予定の五隻の『甲標的』を、新造した巡洋潜水艦丙型の五隻（『伊16』『伊18』『伊20』『伊22』『伊24』）に搭載できるよう改造・装備するには、わずか一か月しか余裕がなかった。

つまり、潜水艦の一二月八日ハワイ到着から逆算すると、一一月一一日には出発しなければならない。発注を受けたのは一〇月一〇日前後である。友永は呉の工廠と倉橋島とを往復しながら、不眠不休で当った。

特潜『甲標的』は全長二三・九メートル、内殻直径一・八五メートル、基準排水量四三・七五トン、六〇〇馬力電動機一基、発射管四五センチ二基、搭乗員二名。電池だけで航行するため、潜航持続時間は全速力一九ノットでわずか五〇分しかない。

改造には、潜航持続時間を一六時間に延ばすため、操舵空気用気蓄器八本を搭載し、その重量分の電池をとりはずした。真珠湾口には潜水艦潜入を防ぐ網が張られているため、艇首には網切器と保護索を備えた。このため最高速力も一四ノットに低下した。

当初、母艦となる潜水艦には、後甲板に長大な架台を設けた。これに『甲標的』を後ろ向きに搭載し、『甲標的』を固縛バンドで母艦に固定した（バンドの本数は不明）。母艦はこれを搭載したまま潜航して目的地まで運び、浮上後固縛バンドをはずし、搭乗員は母艦上甲板から『甲標的』のハッチに入った。しかし、離脱装置の構造が複雑で、整備員がその訓練を受ける時間もなく、荒天域での作業は困難をきわめた。『伊20』では三名の整備員が甲板から転落、一名が行方不明になった。その後それを教訓に友永は潜航のまま母艦のハッチから『甲標的』下部ハッチに搭乗できる交通筒を開発設置した。搭乗員が移乗し、艇内電話で発進を告げると、母艦から固縛バンド、交通筒、電話線を離脱する。友永は離脱装置の性能向上に腐心した。

この装置は、後の人間魚雷『回天』にも、そのまま応用された。

## ■〈鉄の棺〉造りの矛盾

装置の設計に当り、友永は岩佐直治大尉ら特潜搭乗員たちと親交を深め、彼らのアドバイスのもとに研究を進めた。

岩佐大尉は『甲標的』艇長を志願し、その戦法を編み出した人物である。危険度が高い上、非常に操縦がむつかしい。訓練でさえ常に死と隣合っている。

はたして友永は、技術的に見て『甲標的』の性能が、危険と引き替えに得る戦果として著しいものになると確信できていたであろうか。岩佐大尉は、母艦への帰還の可能性は充分、と山本司令長官に報告しているが、客観的に見てその可能性は低い。おそらく友永は、それとわかりながらその発進装置を考案しなければならなかった。

造船官として、こんなつらい仕事はない。

岩佐大尉の誠実真摯な人柄と、純粋無垢な忠誠心は、友永の心を打つ。彼ら特潜搭乗員はわが身の〈鉄の棺〉となるこの兵器について、驚くほどの熱意と研究心を注ぐ。それに応える装置を考案しながら、この人たちを死なせたくない、と切実に思う友永の心は、複雑だったに違いない。

特潜建造にかかわった加藤恭亮・元技術大佐、堀元美・元技術中佐らも、後年、「優れた、愛すべき青年を死地に就かしめるための艦に関与するとは、なんたる運命のめぐりあわせであろうかと、沈思黙考、深い感慨にふけったこと幾度であったろうか」と述べている。

また、特潜の搭乗員を戦域まで運ぶ母艦の乗組員たちも、彼らへの接し方に神経を使った。

あまりにも淡々と〈死〉を迎える彼らの崇高な姿に、母艦の乗組員の方が緊張した。一緒の部屋にいると息苦しくなった。出撃する搭乗員が母艦の梯子《ラッタル》を昇り、ハッチを開いて交通筒から『甲標的』に消えるのは、まるで天国への階段を昇る姿を見るようで、若い整備員たちの中には泣きくずれる者もいたという。

## ■正子と洋子に永訣した岩佐大尉

短い秋の陽が沈みかけた日曜日だった。

呉市の西の丘、北迫にある友永家の門をひとりの海軍士官がくぐった。友永はその頃、日曜も休日もなく出勤していた。

洋子の相手をしていた正子は、そのうちに友永も帰宅するからと、客を座敷に通した。

士官は岩佐直治大尉だった。友永はなかなか戻ってこなかった。岩佐大尉は、無心に遊ぶ洋子の姿を、長い間じっと見守っていた。そして、「どうか友永少佐がお戻りになりましたら、くれぐれもよろしくとお伝え下さい」と言い、暗い坂を下っていった。

一二月八日の真珠湾攻撃が紙面を飾った日、〈散華した九軍神〉のひとりに岩佐の名と写真があった。

正子はその写真に目を凝らした。あの日の岩佐大尉は、友永にひそやかに永訣を告げに訪れたのである。正子はしめつけられるような数日を過ごした。

特潜『甲標的』は、第三潜水隊の五隻の潜水艦に各々一隻搭載され、開戦前夜真珠湾口に到着した。

五隻の『甲標的』は、現地時間午前一時から三〇分おきに、各々湾内に向かって発進した。

「本艦に乗艦してから約一か月、呉出港以来三週間、御一同様の熱誠な協力と絶大な努力とによりまして、唯今真珠湾外二〇浬《カイリ》（註・一カイリ＝一八五二メートル）の地点に達することが出来ました。この上は天佑を確信し、神助によりまして目的の貫徹を期し、私の最後の任務達成に向かって出発いたします。終に臨み、伊号第二二艇の武運長久を祈ります。　サヨウナラ」

岩佐大尉の搭載母艦『伊22』全員に宛てた遺書である。士官室には〈誠〉の一字を書き遺していた。『甲標的』への指令は、「真珠湾内に沈座して待機し、第一次空襲後攻撃に転ずる。艇長の判断により、攻撃は日没後でもよい。攻撃終了後は、フォード島を左に見て湾内を一巡して脱出、ライナ島西七浬、同一〇浬で母艦に収容——」とあった。

だが、『甲標的』は全艇生還できなかった。戦果としても、『甲標的』が主な攻撃目標とした米太平洋艦隊主力空母『エンタープライズ』『レキシントン』『サラトガ』は湾内に発見できなかった。のちの〈神風特攻隊〉同様、日本軍の特攻精神の脅威を、世界に与えた効果のみであった。

## ■二女展子誕生、幸せな家庭生活

開戦からひと月後の一九四二（昭和一七）年一月七日、友永家には二女展子《のぶ》が誕生した。命名には、未来へ展び、ひろがるようにとの両親の思いがこめられた。

真珠湾攻撃後、勢いに乗った日本軍は南方の資源確保に乗り出した。マレー沖海戦では英東洋艦隊に打撃を与えた。タイと軍事同盟を結び、香港、マニラを占領、ビルマ（現ミャンマー）に進撃するなど、破竹の勢いが五月七日のコレヒドール島（マニラ湾口の小島）占領まで続いた。

友永の住いからは呉の街が見渡せた。

呉の朝は早い。午前六時、海軍工廠の汽笛が全市にこだまし、一日がはじまる。

工廠の門に向かって人の波が延々と続く。工員たちは午前七時までに入門しなければならない。広い廠内を、自分の所属部門まで一キロ以上歩く者もいる。近くの町村や島からの通勤者は、大小の曳船や渡し船で工廠の波止場に着く。

友永ら高等官待遇者は冬は午前九時、そのほかは午前八時出勤だったが、戦時中は工員よりも早く仕事にかかっていた。

高等官の通勤用に朝夕定期バスが市内各地を循環していた。判任官、技師、工員と身分によって乗り物が区別されていた。

友永は軍服で、書類の入った大きなカバンをさげ、颯爽と出勤した。正子は展子を抱き、洋子の手を引いて必ず夫を見送りに出た。この友永家の朝の日課は近所の人々には家族の理想図と映じた、という。

当時は車の通行が少なく、海沿いの道を走るバスを丘の上から眺めることができた。

正子は、夕方友永の帰る時刻になると、洋子に言った。

「さあ、お父さまがお帰りになるバスが来ますよ」

三人は坂下のバス停で友永を迎えるのが常だった。

父の姿を見出すと、洋子は黙って父に身を寄せていった。

茜色に染まった空に、寺の境内の黒松がくっきり影絵のように浮かび上っていた。

洋子は父の大きな掌に、やわらかなぷっくりした掌を重ね、父を見上げながら、にっと笑った。

「洋子はいい子ですねェ」

友永はよくそう言った。

洋子は女の子にしては口が重かった。じっと見つめたり、考えたりし、子どもらしく活発に走り回ったり、大声で叫んだりすることがなかった。

はじめての子だけに、様子がわからず正子は気がかりだった。

友永は言った。

「心配することはありません。僕も幼い頃は洋子のようでしたから。そのうちに活発になってきますよ」

内気な洋子の心情を友永は自分の幼い頃と重ねた。そんな洋子がたまらなくいじらしかった。友永は、それでいいんだよ、との意味をこめ、「洋子はいい子ですねェ」と励ました。

たまの休日には、展子を抱きながら、できる限り洋子の相手になった。

庭にブランコも作った。友永と正子が客になり、洋子を車掌にしてバスごっこをすると、洋子は喜んだ。

時には洋子を抱いてブランコに揺られながら、友永は、「家の娘は南洋じゃ美人――」と、当時の流行歌を気持よさそうに歌っていた。

戦況が進み、友永は陽のあるうちに帰宅することが少なくなった。母娘はバス停で待ちぼうけをくり返した。

そんなある夕、洋子は正子を相手に電話ごっこをしていた。糸電話に口を当てた洋子が、「お父さま、早く帰ってきて下さい」と言った。

「ハイ、ハイ、大急ぎで帰りますょ」

友永の大きな声が突然玄関から聞こえた。びっくりした洋子が走り出ると、そこにニコニコ笑った父の顔があった。

「正子のアンポンタン、洋子のアンポンタン」

友永はわざと座敷に逃げた。そして、追ってくる洋子を襖《ふすま》の陰から飛び出して抱きしめた。

幼い洋子が、母親と自分の帰りを待ちわびている様子を、偶然玄関で聞いてしまった友永の胸は、ふつふつと温かく満たされていくのだった。

友永は家庭では和服でつくろいだ（二二四頁写真参照）。酷暑の時期になると、上半身裸のままで、こくこくと喉を鳴らしながらいちご色の氷水を飲み、フッと息をついた。洋子はそんな父の姿を回り灯籠の絵のように、ぼんやり記憶に残している。

一九四二（昭和一七）年四月一八日、米機動部隊の陸上攻撃機一六機が、東京、名古屋、神戸などを初空襲した。幸い、名古屋に住む友永の両親も、東京に住む正子の姉加来喜美子夫婦にも被害はなく、友永も正子もホッとした。しかし、敵が本土を襲ってくるという予期しないできごとに、軍港の町、呉は緊張した。

■栄転、軍装でおむつを替える

うだるような暑さの呉駅から東京行上り急行が発車した。その頃は呉線回りの列車があった。

あわただしいプラットホームから、海軍士官たちの「万歳」の声が上った。

人気者友永英夫造船少佐を見送るにふさわしい、賑やかな門出だった。

一九四二（昭和一七）年八月一五日、友永は海軍艦政本部本部第四部員兼海軍技術研究所部員（左註参照）に任命された。造船官としての出世コースである。呉海軍工廠での二大発明が友永の名声をひろげた。友永への期待はさらに高まった。

二等車の車内は満席だった。不要不急の旅行はできなくなっていたが、軍関係者はすべてに優先した。

正子は一歳に満たない展子を抱き、ホッと額の汗を拭った。友永は洋子を座席に座らせると、手ぎわよく荷物を整理した。暑さで展子がぐずり出した。

「おむつが濡れてるのかもしれないな」

友永はスーツケースからおむつを出し、正子から展子を抱きとると、あやしながら座席に寝かせ、器用な手つきでおむつを替えはじめた。

あわてて立ち上る正子を制し、友永は汚れたおむつをくるくると巻きとり、ゴム引きの袋にしまった。泣きやんだ展子に頬ずりすると、正子の腕に渡した。

乗り物に弱い上、引越しの準備に連日追われた正子への、友永のいたわりだった。

海軍少佐の軍服を着た男性が赤子のおむつを替える姿など、当時の人々は見たこともなかったに違いない。乗客はあっ気にとられていた、という。

友永にすれば、ごく自然に父親のつとめを果たしたにすぎなかった。人目など全く気にしていなかった。

「隣の車両にはお手伝いの女性も乗っておりましたのに、呼びもしないで自分で――」と正子は追想する。

友永一家は東京市小石川区賀籠町一〇二番地（現・東京都文京区本駒込六丁目）に住い、友永はここから市電で、霞が関の海軍艦政本部に通った。

友永は、策四部第五班部員と同時に、配下の海軍技術研究所部員も兼務した。第四部は造船関係であり、第五班は潜水艦、潜水母艦を専門とした。当時艦政本部には、まだ潜水艦部が設置されていなかった。

友永は同年一二月一五日には、さらに海軍技術会議議員にも任じられた。同会議は将官会議、軍法会議と同列の、技術部門の最高会議であり、造船官としては栄誉ある職務であった。

註

＊　**海軍艦政本部**　一九〇〇（明治三三）年設置。海軍省の外局で艦船や兵器（航空兵器を除く）の計画・審査、技術科士官の教育などを所管。一九一五（大正四）年海軍艦政部、翌一六（大正五）年海軍省艦政局と組織変更したが、一九二〇（大正九）年再び海軍艦政本部となった。本部長（中将または少将）は海軍大臣（大将または中将）に属す。東京に所在。一九二七（昭和二）年同本部から海軍航空本部が分離独立。

＊＊　**海軍技術研究所**　一九二三（大正一二）年設置。艦船、機関、兵器に関する研究・調査・試験などを所管。所長（技術中将または技術少将）は海軍艦政本部長（航空兵器に関しては海軍航空本部長）に属す。東京に所在。

## ■潜水艦の戦果挙がらぬ原因

開戦から一年間、日本陸海軍の戦域は拡大し、潜水艦基地もペナン、クエジェリン、ラバウル、スラバヤ、トラックなど南方各地に設置された。

だが、それに伴うほど潜水艦による顕著な戦果は挙げられず、航空機の活躍が目立った。当時第六艦隊参謀だった鳥巣建之助・元海軍中佐は要約次のように述べている。

まず緒戦の真珠湾攻撃では戦果はなく、当方の大型潜水艦一隻と特潜五隻を失った。その失敗を、帰還した司令官や艦長らは、大本営や連合艦隊司令部に次のように報告した。

「敵の防備が完全で、厳重に警戒されている真珠湾などに、潜水艦による封鎖作戦は不可能である。敵の対潜防御艦艇や哨戒機に制圧され通しで、目標を発見しても攻撃のチャンスがない。潜水艦は商船攻撃兵器で、交通破壊に主用すべきである」と。

衝撃を受けた大本営海軍作戦部では、期待していた潜水艦戦の根本的見直しを考えた。しかし潜水艦使用の決定権を持つ連合艦隊司令部ではそれを無視した。司令長官、参謀長以下潜水艦主務参謀さえ潜水艦の門外漢だったため、提言の重要性を認識できなかった。

開戦から一年間の潜水艦の主な戦歴を見てみよう。

ハワイ海戦（一九四一＝昭和一六年一二月）、マレー沖海戦（同上）、南方諸島攻略作戦（一九四二

＝昭和一七年二月）、コロンボ沖海戦（同四月）。続いて珊瑚海海戦（同五月）、ミッドウェー海戦（同六月）、アリューシャン作戦（同）、南太平洋海戦＝ソロモン海戦（同一〇月）。その他、太平洋、インド洋全海域の偵察、要地への砲撃、特潜によるシドニー、ディエゴスアレス（マダガスカル北部）への奇襲。これらの作戦には、日本海軍潜水艦延べ一四〇隻が参加。敵船一一隻を撃沈するも、損失はそれを上回る一三隻。

一方、インド洋、北米西岸、オーストラリア東岸での交通破壊作戦には、延べ四〇隻が参加。八八隻もの敵船を撃沈し、損失はわずか二隻だった。

この実戦経過が、大本営海軍作戦部に潜水艦戦の根本的見直しを促した。以後、潜水艦は交通破壊に使用すべきとの機運が高まり、潜水艦主務参謀には潜水艦経験者も積極的に起用されることになった。しかし戦況はすでに、ミッドウェー海戦を転機に米英軍の反撃が激化。ガダルカナル島をめぐる攻防は、南太平洋海戦＝ソロモン海戦として戦史に残る死闘を招いた。

この年（一九四二＝昭和一七年）の一二月三一日、大本営は日本陸海軍による総力戦の舞台、ガダルカナル島からの撤退を決定した。その数か月前より、同島近海の制空権は完全に敵方に握られ、海上も敵方哨戒艦艇によって厳戒体制が敷かれていた。同島守備に残る陸軍将兵二万五〇〇〇への弾薬・糧食補給はきわめて困難となっていた。

この状況下で潜水艦に課された任務が、同島に残された将兵らの撤退輸送である。陸軍からの強い要請で翌年二月一日より開始された。

ニューギニア戦域も敵方の制圧下に入り、日本陸海軍は潜水艦による決死覚悟の補給作戦しか手立てがなくなっていた。

　一方、孤立化したアリューシャン列島のキスカ島、アッツ島への潜水艦による補給作戦は、気象、海流、地形の難所で、敵の反撃も激化し、アッツ島撤収を開始したものの正面からの敵の猛攻に潜水艦三隻をふくむアッツ島玉砕（一九四三＝昭和一八年五月）の悲劇となった。このためキスカ島撤収が決定。その第一陣として潜水艦による撤収作戦が開始されたが、敵の警戒厳重で被害続出。その間傷病兵をふくむ八七二名を救出後、水上艦艇による一斉撤退に命令が変更され、濃霧を待って七月二九日、五二〇〇名全員を無事救出した。


　このように、潜水艦本来の交通破壊作戦が大本営から許可されていたにもかかわらず、その任務は輸送を中心に行われていたのが現実であった。

　潜水艦は〈水中トラック〉か！　連合艦隊司令部の方針に潜水艦艦長たちは猛反発した。

「困難な任務を嫌うのでも、命を惜しむのでもない。この重大な時期に潜水艦には、もっと戦果の挙がる任務がある。連合艦隊司令部に直接かけあう」と、憤然とする艦長もいたという。

　当時軍令部部員で潜水艦作戦担当の井浦祥二郎・元大佐は、その著『潜水艦隊』（朝日ソノラマ刊）で、自分は〈運送屋の番頭〉、艦政本部の片山（有樹）造船大佐は〈荷造り主任〉と揶揄し、その輸送作戦を指導した当時を回想している。

　それによると、潜水艦での輸送開始当時は、潜水艦内に糧食を搭載し、夜間陸岸に接近、陸上から受けとりにきた大発動艇（上陸作戦用の陸軍の艇で、人員七〇名、車両一台搭載可能）に積み替えていた。しかし敵の警戒が厳重になると、短時間で積み替えねばならず、ドラム缶やゴム袋に米や糧食を詰め、これを潜水艦の上甲板に積んで浮上、即積み替えたり、艦内からの操作で荷を水上に浮かせ、これを陸上部隊が敵の目をかすめて拾い揚げたりした。

重兵器の輸送には〈運砲筒〉が考案された。魚雷の動力を利用し、〈運砲筒〉の中に約二〇トンの重兵器を搭載、それを潜水艦に固縛して上陸地点に向かう。そこで浮上し、決死覚悟の搭乗員一名が〈運砲筒〉に移乗して操縦、目的地に到着するというものだった。

その後、糧食輸送用には、動力も推進器もない潜水艦のような形をした円筒型の〈運貨筒〉が考案された。これを潜水艦が曳航する。潜水艦が静止すれば〈運貨筒〉が浮上し、これを陸地から引き揚げるのだが、実用には至らなかった。

こうした前時代的な、命賭けの潜水艦輸送に頼っていたのである。

## ■陸軍、海軍に極秘で潜水艦を設計

陸海軍共同の撤退作戦は、両軍の間に不信感を深めた。陸軍側は、「もっと海軍側が協力すれば損失を免れた」と非難した。海軍側は、「陸軍のためにこれほどの犠牲を払って輸送に協力を続ければ、今後の潜水艦作戦に重大な支障が出る」と声を荒げた。

前記井浦著『潜水艦隊』には、陸軍が輸送用の潜水艦を作り、乗組員養成に乗り出した秘話が述べられている。

ガダルカナル撤退後のことだった。陸軍省の係官が海軍軍令部を訪れ、「東條英機首相兼陸軍大臣から『海軍に極秘で輸送用潜水艦を大至急建造せよ』と命じられて設計してみたが、うまくいかぬので相談に乗ってほしい」と切り出した。

潜水艦造船官ら専門家が設計図を点検し、「これでは実際の役に立たない。海軍で設計し直し、陸軍の資材で建造すれば」と助言したところ、資材はこの設計図通りに、すでに裁断ずみだという。

それでは、できる限り海軍から技術援助をし、なんとか完成させようということになり、海軍上層部の裁可を得た。造船官が助言し、潜望鏡など不足資材は海軍が提供した。こうして排水量三〇〇《(ママ)》トン級の陸軍潜水艦若干隻が建造された。

乗組員の教育は海軍潜水学校で引き受け、陸軍潜水艦中尉、同伍長という兵種が誕生した。しかし、設計、建造、教育ともに最も高度な技能が要求される潜水艦のすべてを、短期間に修得させることなど所詮不可能な相談だった。

完成した陸軍潜水艦はフィリピン方面に出動したが、急造、にわか仕立ての乗組員では成果は期待できなかった。貴重な資材と人手の無駄遣いで終わった、という。

このような陸海軍の対立は、作戦上ではなんとか解決できた。しかし軍備面になると、予算がからみ、政治的に解決できるリーダーが不在だった。そのために生じた人的、物的資源の損失は深刻で、大きな反省材料となった。

そこで海軍では戦況に対応した輸送専用潜水艦二〇〇隻余りの建造を計画し、一部はのちの南鳥島、ウェーク島、トラック島への輸送に活用した。しかし一九四五（昭和二〇）年になると戦況はさらに悪化、これら輸送用を今度は戦闘用に改良、転用しなければならない事態になったのである。

## ■造船現場の苦闘

ところで、友永が着任した当時の艦政本部は、ミッドウェー海戦に敗北、米軍がガダルカナル島に上陸、戦況が劣勢に転じた頃で、重苦しい雰囲気だった。

損傷艦の復旧、新造艦の早急な完成、戦訓対策と問題は山積していた。それにもかかわらず戦況の変化のたびに建艦計画が朝令暮改となった。

ある日、軍令部から再度の計画変更が命じられた。温厚な潜水艦班長中村小四郎造船大佐の顔色が変わった。中村大佐はいきなりこぶしを振り上げて製図盤を叩き割り、肩をふるわせながら憤怒を鎮めていた、とのちに緒明・元少佐は述べている。

会議、研究会も談笑を交えることなどなくなり、常に激しい応酬となった。

造船現場の過重労働を、緒明・元少佐の手記から引用する。

「食糧、衛生事情は悪化、視力が衰え、眼がただれ、歯がゆるんできた。毎日何十回となく上り下りする艦の梯子に手をつき、肩で呼吸をしながら、やっと上った。手が足りない。工員を集めても食事がなくて残業させられない。ポケットマネーで水交社から飯を買ってきて配る。被爆艦の整備は突発的に入るので、新造艦から手を割く。そのため新造艦の完成は遅れて、艦隊乗員と喧嘩ばかり。後を継ぐものを育てても、みな戦地へ召集されてしまう――」

こうした現場の状況を知りながらも、艦政本部では、統帥部からの命令は命令として厳守させねばならなかった。

ちなみに、戦況が悪化の一途をたどる一九四五（昭和二〇）年当時の現場で寺田明技術少佐（「造船」の職掌呼称が「造機」「造兵」と統合、一九四二（昭和一七）年一一月より「技術」に変更、一八七頁左註参照）が遭遇したエピソードは次のようなものである。

寺田少佐設計の潜水艦『波201』建造現場、海軍佐世保工廠でのことだった。独海軍からの情報提供で装備したシュノーケル装置（六六頁参照）に欠陥があり、艦政本部から担当の技師が佐世保に出張してきた。本家の独海軍でもシュノーケルの故障はあとを絶たないほど多かったのだから、設計図だけで日本国産を急造すれば、当然故障が発生することは想定される。シュノーケルという画期的な〈救世主〉を頼りに出撃する潜水艦乗組員にとって、〈救世主〉が〈悪魔〉に変身することは命にかかわる。

殺気立っていた乗組員のひとりが技師につめ寄った。

「これがうまくいかねば、貴様の腹にこの短刀を刺すぞ――」

実は、当時このシュノーケルに関する情報と細かな指示をベルリンの日本海軍事務所から発していたのが、その二年前に渡独していた友永である。暗号、無電、電話を介して、精密な構造のシュノーケルの製造・設置を指示するのは、指示する側も受ける側も隔靴掻痒だったに相異ない。

# 第七章　遣独の旅

## ■夢実る、海軍は〈英〉から〈独〉へ

「潜水艦を研究し、いつの日かドイツに行くのが夢です」

友永は、はじめて正子と会話をした席で告げた。

確信にあふれていた。

あの日から七年余、その夢が実現する日がきた。

一九四三（昭和一八）年三月一日、友永英夫海軍技術少佐は、〈三国條約ニ基ク混合委員会委員〉の日本側委員として、ドイツへ出張を命じられた。

彼の発明である前記〈自動懸吊装置〉と〈重油漏洩防止装置〉をドイツに伝達すること、Uボートの調査研究のためで、滞独四年になる根木雄一郎技術中佐との交替だった。

友永と共に派遣されることになったのが江見哲四郎海軍中佐（二八六頁写真参照）だった。江見中佐は潜水艦戦術のベテラン、戦果が挙っているUボート戦術の研究が目的だった。

すでにふれたように、日本海軍は明治期の創設以来、日英同盟（一九〇二＝明治三五年）のもと、英海軍の全面的援助によって成長してきた。

艦船の購入、技術導入、諸制度、組織を英海軍から学んだ。造船官のトップクラスは世界的な名門校、英グリニッチ海軍大学校へ、三年に一名の留学が許された。

そうした海軍内で、ふたりの実力者が独海軍留学組となった。ひとりは明治後期〈薩の海軍〉界に君臨し、大正期には二度内閣を組織した海軍大将山本権兵衛で、初級士官教育を独軍艦内で体験した。

もうひとりが、明治天皇の信任が厚く、昭和天皇にも発言できる立場にあった元帥海軍大将伏見宮博恭王だった。伏見宮は一八八九（明治二二）年、海兵からドイツのキール海軍兵学校に入り、海軍大学までの教育を受けた。彼はその体験から海軍内の親独派で、軍令部総長時代には海軍内部から日独協調に積極的に動いた。

## ■日独軍事交流の発端

第一次大戦が終結した一九一八（大正七）年以後、日本海軍の目はドイツに向けられるようになった。日英同盟により第一次大戦に参戦した日本は、ドイツと戦った勝利品に『U125』（基準排水量一四五〇トン）以下七隻のドイツUボートを獲得した。Uボートの優秀性を認めた日本海軍は、ドイツの著名な潜水艦設計者テッヘルを招き、ディーゼルエンジン、電動機、バッテリー、潜望鏡などの新技術を習得した。

敗北したドイツは、当時ヴェルサイユ条約（一九二〇年）によって、潜水艦や軍用航空機の製造、使用は一切禁止されていた。日本がドイツの技術者たちを招く条件が整っていた。ドイツも英米との今後の関係を視野に入れると、極東の日本でドイツの技術が温存できることは望ましいと判断した。

一方、日本海軍にとっては、ワシントン会議での日英同盟の破棄（一九二一＝大正一〇年）、続いてワシントン軍縮条約の調印（一九二二＝大正一一年）で、もはや頼みの綱はドイツとなり、ドイツとの技術提携によって海軍の劣勢をカバーせねばならなくなった。

訪独によって独海軍の技術力を目のあたりにした加藤寛治、野村直邦、小島秀雄ら各海軍士官が、潜水艦、航空機を中心に導入を推進した。

民間の川崎造船所でも、Uボート研究のためにドイツのクルップ社ゲルマニア造船所、ウェザー造船所から専門家を招いた。

日本の潜水艦はこれを機に国産化が始まり、軍縮制限外の大型潜水艦の建造に着手した。

一九三三（昭和八）年一月、ドイツの政権を握ったヒットラーは、当初の対外政策では日本より中国を重視していた。独軍は掃共作戦を指導するため中国国民党軍に軍事顧問団を派遣していた。中国での利権をめぐっては日本と対立することもあった。

しかし、一九二〇年代に礎かれた独海軍から日本海軍への技術協力関係は、一九三〇年代半ばからは日本海軍から独海軍への技術供与も加わって発展していった。

■三国同盟と軍事交流の実態

一九三五（昭和一〇）年三月、ヴェルサイユ条約の軍備制限条項を破棄したドイツは、空母の建造を企案し、日本海軍に協力を依頼してきた。満洲事変への国際的非難から国際連盟を脱退（一九三三＝昭和八年）していた日本にとって、ドイツとの協調は必要だった。これに応じた日本海軍は空母『赤城』の全貌を明かし、独海軍に技術供与を約束した。

その結果、独海軍は空母第一艦『グラーフ・ツェッペリン』の建造に着手した。

翌一九三六（昭和一一）年、コミンテルン、ソ連共産党勢力の拡大を怖れたヒットラーは、日本と防共協定を結び、さらに翌年イタリアもそれに加えた。

一九三九（昭和一四）年八月、ドイツは同盟国日本に通告なく、独ソ不可侵条約を結んだ。

当時日本軍（関東軍）はノモンハン国境紛争でソ連軍と交戦、大敗を喫していた。ソ連軍勢力が満蒙国境に在るのを好機と、ヒットラーはポーランドに侵攻した。第二次世界大戦がはじまった。

北欧諸国についで、一九四〇（昭和一五）年六月にはフランスまで降《くだ》した独軍の優勢は、日本国内の親独ムードを一段と盛り上げた。それは政治、軍事面だけでなく、科学技術、医薬、哲学、文学、芸術面にも及んだ。

ヒットラーは、その勢いに乗じ、独ソ不可侵条約締結で不要となった日独伊防共協定を一九四〇（昭和一五）年九月、日独伊三国同盟に移行、翌年一月にはこれを日独伊軍事協定とすることに成功した。「三国同盟は日本と英米の関係を損ねる」と猛反対した米内光政海軍大臣、山本五十六、井上成美両海軍大将ら〈海軍トリオ〉は中枢からはずされた。

日中戦争の泥沼化、米国からの日米通商航海条約廃棄通告（一九三九＝昭和一四年八月）と孤立化が進む日本は、三国軍事同盟を受け容れやすい情勢にあった。

ヒットラーの信任厚い陸軍少将大島浩駐独武官（のちに駐独大使）や松岡洋右外相らの主導で、日本政府も親独体制を採り、国民もそれに従っていった。

一九四一（昭和一六）年二月、日本陸海軍視察団四〇余名がドイツを訪問した。太平洋戦争勃発一〇か月前である。陸軍は山下奉文中将、海軍はUボート導入の推進役であった野村直邦中将が各々団長だった。

最大の目的は独立空軍制を敷くドイツの現状を視察し、日本軍の参考にするためであった。そのほか、海軍は技術行政、航空、艦艇の三分野に分かれて視察し、一行は武器と技術交流の必要性を痛感させられ帰国した。

このように一九二〇年代にはじまったドイツ主導の対日技術移転は、同三〇年代以降には日本がそれを熱望する立場になっていた。

一方、第二次大戦を勝ち進む独軍にとって深刻な問題は、兵器に必要な生ゴムが不足してきたことである。一九四一（昭和一六）年一月、ドイツはフランスから買い付けたインドネシア産生ゴムの輸送を日本に依頼してきた。日本はインドネシアから、当時は日本統治下の大連港に船載、大連から満鉄、シベリア鉄道経由でドイツまで陸送し、ドイツの要望に応えた。

しかし同年六月には独軍は腹案通り、独ソ不可侵条約を破棄してソ連と交戦、以後日独間の陸路輸送は不可能となった。

同年一二月八日、日本は米英と対決、太平洋戦争に突入した。同じ頃独軍はモスクワ大攻勢に失敗、これを機に独軍は負け戦に向かう。


皮肉なことに、ここにきて日独は、軍事経済交流の必要がより切実になってきたのである。

ドイツの要求物資は生ゴム、錫、タングステン、キニーネなど。日本はドイツに軍需機器とその製造権、例えば高速複動ディーゼルエンジン、クルップ社の製鋼技術、潜望鏡、レーダー装置などを求めた。

これらの物資は商船を武装した独巡洋艦が〈柳輸送〉の名目でドイツを出発、大西洋からインド洋を経て、日本本土や日本南方占領地に向かって任務を果たした。

日本からドイツへは、日本船籍の貨物船が〈逆柳輸送〉として同コースをたどりドイツに赴いた。

しかし、連合軍が優勢に転じた一九四二（昭和一七）年には、同輸送に当ったドイツ船籍一三隻のうち五隻が失われ、日本船籍は一三隻のうち、なんと九隻を失った。この莫大な損失のため海上輸送も中止となった。

同時に空路輸送も検討されたが、給油と戦況不安のため実現しなかった。

## ■〈深海の使者〉の誕生

もはや日独間は、潜水艦輸送しかなくなったのである。

独海軍には大型潜水艦がないため、日本海軍がその任に当ることになり、ここに〈深海の使者〉が誕生した。

しかし、大型とはいえ、潜水艦で地球を半周して輸送するという計画自体にむりがあった。しかもその海域のほとんどが敵の制圧下にある。この遣独の任を負った五隻の日本潜水艦のうち、二隻は現地到着前に沈没、ほかの二隻は当時日本軍基地であったシンガポールまで帰投したものの、日本本土に向かう途中で沈没、任務を全うできたのはわずか一隻のみであった（各艦の任務状況は三七八～九頁参照）。

これだけの犠牲にもかかわらず、日独双方とも軍事交流の効果は少なく、常に不満がくすぶっていた。ドイツ側では、日本からの原材料の供給が少なく、ドイツ側の技術援助の方が多すぎる、と抗議し、日本側では、多大な危険を冒して行っても、日本が最も望む機器類やその設計図の提供を断わられる、と苦言を呈している。

だが、友永が遣独の任務を受けた一九四三（昭和一八）年三月頃からは、双方の歩み寄りがはじまった。日本からは生ゴムなどの原材料のほか、酸素魚雷や友永発明の前記二大発明〈自動懸吊装置〉〈重油漏洩防止装置〉など軍事機密に属する機器を提供、ドイツからは艦船の砲塔安全装置、製鋼技術およびその溶接法などが提供された。ドイツはその代価に金塊を要求した。

翌一九四四（昭和一九）年三月になると、なぜか独政府は、「日本の要望するすべての独軍需機器を提供し、その対価は独政府が各製造会社に支払い、両国勝利後に、日本は独政府に支払う」という破格の譲歩をしてきた。その理由は不明である。

ドイツの敗退を前に、独政府としては今のうちに同盟国日本へ技術移譲し、日本に再生産を促し戦況打開の道を探っていたのかもしれない。第一次大戦後に成された独海軍技術の日本移入と同じ構図である。

しかし、それを日本へ移送する日本潜水艦の数は激減し、航路も敵の制圧下にあり、時すでに遅すぎた。ベルリンの日本海軍事務所では、独海軍から譲渡された貴重な技術資料を日本への便に載せるまで厳重に保管する必要があった。空襲にさらされる危険なベルリンを避け、南独のアウグスブルク郊外に家を借り、厳重に保管した。東京からの問い合わせには、ベルリンから約五〇〇キロ離れた同地まで出向いて調べ、暗号電報で答えるなどの配慮をしていた。

日本海軍が独海軍に技術提供して進められていた空母『グラーフ・ツェッペリン』の建造は、その後独海軍首脳部のUボート建造優先方針のため、完成を目前に中止となった。

同艦は放置されたまま、ドイツ敗北直前に自沈させられた。日独軍事交流の実体を象徴するような同艦の運命だった。

## ■「心中か？」上京の両親早とちり

友永正子は、一九四三（昭和一八）年二月に夫英夫から訪独がきまったことを知らされた。平時ならば共に行くことができたかもしれないのに、と残念であったが、夫の願望が叶えられたことを素直に喜んだ。

「秋には帰国できる。冬物は持っていかなくていいから、夏物だけ用意しておくように。その間、あなた方は萩の菊屋家に帰っていなさい。僕からご両親にお願いの手紙を書きます。東京はこれから空襲がふえるだろう。子どもたちを抱えて万一のことがあるといけないから、東京を離れた方がいい」

友永はしぶる正子を説得した。ひとつでも気がかりなことをはぶいておきたかった。

その頃ドイツ各地も連合軍の空襲にさらされるようになっていた。

前年秋、訪独第一艦『伊30』が任務完了間近、シンガポール沖で触雷、沈没した（三四三頁参照）。友永は訪独をただ喜んでばかりいられない状況にあることは感じていた。だからといって悲愴になるような性格ではない。ただ、訪独の手段が潜水艦であることは正子には伏せておいた。

二月末、東京が雪景色に包まれた朝だった。

友永染蔵・芳枝夫婦は、息子英夫から訪独の内示を受けたことを知らされた。英夫が名古屋まで別れを告げにくる余裕はないと察した染蔵と芳枝は、夜行列車で早朝東京駅に到着した。一目会っておきたかった。

雪道を小石川区駕籠町の友永の住いまでたどりついたが、門扉が閉っている。叩いたが反応はない。家もしんと静まり返っている。

芳枝は急に不安に駆られた。

「まさか、と思うけれど……。正子さん、英夫との長い別れを悲しんで……」

「そんなばかな……」

芳枝はもう一度激しく門扉を叩いた。やはり応答はない。こんな雪の日に一家で朝から出かけるはずはない。芳枝夫婦は電話を探し、もしやと正子の姉の嫁ぎ先、加来家に問い合わせた。

加来家からの電話に起こされた正子は、事情を告げられてあわてた。前夜遅くまで来客があり、休日をよいことに一家でゆっくり眠っていたのだった。

芳枝が一瞬「心中か――」と早とちりしたことは笑い話となったが、芳枝がそう感じるほど、友永と正子は琴瑟相和《きんしつあいわ》した夫婦だった。

両親が、まばゆいばかりの息子友永英夫に接したのもこの日が最後となった。

## ■父の背から離れなかった洋子

友永の出発が三月一三日、羽田からときまった。

ある夜、一歳を過ぎたばかりの展子が、友永の帰宅を這いながら出迎えた。女の子らしく切り揃えたおかっぱ頭で見上げる展子に、友永は「おおノン子、お顔がカッパに似てる。おもしろい子じゃ、なかなかいいぞ」と言って、展子の頭をなでながら、抱き上げた。

そこへ、近くに住む正子の妹鎌田定子から、風呂に入りにくるよう連絡が入った。

燃料不足と、それまでいた友永家の使用人が嫁にいったこともあり、正子の手を少しでも助けようという定子の心遣いだった。

風呂ですっかり温まった友永は、背をかがめ、「洋子、お父さまがおんぶして帰りましょう」と言った。展子が母に抱かれているのを見た洋子は、うれしそうに父の肩に腕を回した。大きく広く、やわらかな父の背だった。母の背とも、蒲団とも異なる、ふしぎな感触だった。洋子はその父の背にぴったり片頬をあずけた。

夜風に春の香りがした。おぼろ月がかかり、戦いのさなかを忘れるような静けさだった。父の背から洋子の耳に、父母の語らいが、子守唄のように心地よくひびいてきた。洋子はいつの間にか眠っていた。

「さあ、洋子、おうちに着きましたよ」

おろそうとする友永に、洋子は腕を父の首にきつくからめ、おりようとしなかった。

「どうしたの、もうおうちですよ」

洋子はかぶりを振った。じっといつまでも父のあたたかく広い背に、そのまま体をあずけていたかった。

「私に残されている、たったひとつの鮮明な父との記憶です。今でも、あの父の背の心地よさは覚えております。なぜかあの時は、父から離れたくなかったのです」

半世紀以上前のその夜のことを、洋子は淡々と語った。

人間に予知能力があるとするなら、四歳の洋子は、この時父とのふれあいがわずかしかないことを感知していたのかもしれない。

## ■最後の団欒

友永が出発を控えた最後の休日だった。

友永は正子に、洋子を上野の動物園に連れていこうと言った。風邪ぎみの展子は正子の姉加来喜美子にあずけることにした。

友永は軍装をやめ、グレーの杉綾の背広にソフト帽をかぶり、ステッキを携えた。

正子は好みの古代紫の着物を選んだ。正倉院御物からとった花うさぎの地紋が、光線の加減で品よく浮き上った。金茶色の袋帯に、有田焼の龍の帯どめをあしらった。

「その着物、あなたによく似合ってる。さっき、電車の中でも、ご婦人方があなたをじっと見てたよ」

電車から降りると、友永は正子にうれしそうにそう囁いた。

洋子には、正子手作りのワンピースを着せた。うす茶色のチェック柄で、お揃いの帽子も拵えておいた。〈お出かけ〉の洋服として洋子のお気に入りだった。

洋子は父母の間に入り、手をつなぎあった。洋子にとって、これが三人で手をつなぐ最後となった。

上野広小路の交叉点を渡ったところで、初老の街頭写真屋が駆け寄ってきた。写真屋にとって、絵になる幸せな親子の姿だったのであろう。そして彼にも、この三人のスナップ写真（写真左参照）が、この家族にとっての貴重な想い出となるであろうことを予知できていたのかもしれない。

あまり感情を表にしない洋子が、この日は喜びを体中に感じているのが友永にはわかった。同じ思いの正子は洋子の頭越しに夫と見交わし、うなずきあった。

動物園では、友永の弟和夫親子と一緒になった。

洋子は白熊に興味を示した。のんびりと行ったり来たりしながら、ときどき前足を挙げて愛嬌をふりまく白熊を、いつまでも見入っていた。

友永は洋子を目端にとらえながら、正子と留守中のことなどをあれこれと話しあった。

友永は、軍事機密にかかわること以外は普段から何でも正子に話した。ときには正子に相談した。正子の判断は友永を納得させた。この時代の夫婦にしては、日々豊富な会話があった。それがお互いに楽しく刺激的で、ふたりは時を忘れて語りあうことがしばしばだった。

正子は、わずかの時間も惜しい出発前の夫が、こうして家族との時間を作ってくれたことで、夫の心のうちをのぞいた気がした。

渡独前の最後の休日。妻正子、長女洋子を連れて上野動物園へ。写真提供：友永家。

小料理屋で夕食をとっている時だった。外食は不自由になり、並ぶ品数も少なくなっていた。

「さあ、いただきましょう。今日は僕がサービスするから、お姐さんお櫃《ひつ》はこちらに下さい」

友永は店の女性から櫃を受けとると、正子と洋子の茶碗に御飯をよそった。外米が多くぽろぽろと米粒がこぼれた。

正子は夫の掌からその茶碗を受けとったとたん、涙があふれた。

半年もすれば夫は戻ってくる、とわかっていても、その別れが急に耐えられなくなった。とめどない悲しみが襲ってきた。泣き伏してしまいそうな自分をこらえたが、涙はとまらなかった。

「どうしたの。心配しないで、召上がれ」

友永は、白いレースのハンカチーフで顔をおおい、嗚咽にふるえる妻のうなじをじっと見つめていた。

正子はこの時代の女性にしては意志を持った聡明な女性である。自分の情の深さも、それに流されないよう踏みとどまる自制心もある。その正子の、自分でも気づかなかった夫への愛惜のほとばしりであった。

洋子は突然泣き出した母を、首をかしげ不安そうにのぞきこんだ。

正子は食事に手をつけることなく店を出た。

友永は正子の腕からショールを取り、そっと正子の肩に回した。

桜の蕾がほんのわずかふくらんでいた。

## ■親友遠山に強制された遺書

今まで忙しさなど気にならない友永であったが、さすがに三月一三日の出発前日は疲れた。留守中の職場に手ぬかりがないよう、連絡事項を伝達しながら、挨拶回りをすませた。

「おい、遺書は書いておいたか」

「そんなもん、書いてはおらん」

「書いておけよ。その方が安心だから。俺があずかっておく。俺も都合三度遺書を書いたが、書き終えると、気分がさっぱりするんだよ」

「面倒だなあ、そんなもの……」

「いいから、書いておけ」

遠山光一技術少佐が、珍しくしつこく友永に迫った。

友永は、文章を書くのが億劫なたちであったが、遠山のいつにない態度に気圧され、デスクに向かった。

〈海軍〉の罫紙と封筒を取り出した友永は、まず正子宛に四枚の遺書をしたためた（一五七～六〇頁参照）。

それを封筒に入れた。

〈友永正子殿　萬一の場合にのみ開封の事／昭和十八年三月十二日　友永英夫〉と書き終えた。

「遠山、じゃあ、これ、頼む」

「書いたか、よし、安心して行ってこい」

ふたりは握りあった掌の上にもう一方の掌を重ね、しばし見つめあった。

友永が帰宅すると、玄関口には多くの履物が並んでいた。正子の縁者たちが友永を待ち受けていた。

友永は疲れも見せず、明るい笑顔で次から次へと豊富な話題で座を沸かせた。気がつくとすでに深夜一二時を回っていた。

正子は、夫と向かいあえば切なくなるひとときを、却ってみんなで賑やかに過ごせたことを喜んだ。

「女や子どもは玄関で見送ってほしい。潜水艦の出航は派手にやるものではないからね」

夫からそう言われていた正子は、日比谷の大日本航空事務所からバスで羽田空港に向かう友永を、駕籠町の電車の停留所で見送ることにした。

明け方からきびしい冷えこみだった。白い霜柱がさくさくと鳴った。早朝の街はまだ寝静まっていた。

正子は子どもたちを連れ、第一種軍装に将校用マントを羽織り、左手に軍刀、右手にトランクを持った夫と並んで歩いた。無言だった。

巣鴨を起点に走る市電のレールが、このあたりまで一直線に走り、それが真っ白に凍てつき、はるかかなたまで続いている。やがて薄もやの中から市電が近づいてきた。

正子は、万感の思いがつき上げてきた。

「ご無事でお帰りをお待ち申し上げております」と、頭をさげた。

五、六人の乗客は早朝乗りこんできた軍装の友永をハッとした表情で見守った。

洋子と展子は通勤の父を見送るように無邪気に手を振った。

友永は窓から手を差し出してそれに応えた。その白い手袋が次第に遠のき、消え去った。

それが夫と妻の、父と子の永別だった。

## ■羽田空港を飛び立つ

半円型に張り出した羽田飛行場の待合室に、人影はまばらだった。大きな芭蕉の鉢植に、春陽がふり注いでいた。

当時の民間航空は大日本航空株式会社が運営しており、東京、大阪、福岡、台北、上海、南京、京城、大連の各都市を結んでいた。

旅客機は一九四一（昭和一六）年、米ダグラス社と中島飛行機との間にライセンス生産契約が成立し、国産ダグラスＤＣ３が〈松〉や〈金星〉の名称で生産されていた。定員二一名、乗員四名、最大時速三四一キロ、東京・福岡間が約三時間だった。中国航路の機体には迷彩が施してあった。

紺の制服のエアガールは、当時でも難関を突破した美しいエリート女性で、人気の的であった。彼女たちは一九四三（昭和一八）年まで急行便のみ機上勤務していた。


友永は同行する江見哲四郎海軍中佐とロビーでコーヒーを飲んでいた。

空港では、搭乗する飛行機ＤＣ３が、エンジンのテストを開始していた。

係員が友永らに、旅券の呈示を求めにきた。友永は、たばこの火を消しポケットを探したが、旅券がない。トランクをあけた。一番上に南方に到着したらすぐ着替えられるよう、白麻の第二種軍装が入れてある。手回り品やドイツ語の本が整然と詰められている。几帳面な正子らしい心遣いだった。

だが、どういうわけか旅券が見当らない。

親戚を代表して見送りにきていた鎌田正隆は、心配の余り義姉正子に電話を入れた。

驚いた正子は、すぐ探して返事をすると言った。

江見哲四郎海軍中佐（当時）。写真提供：長女・広瀬和恵。

「夫が大切なものをなくしたり、忘れたりしたことは、今まで一度もなかったのに、あの時は本当に心配しました」と正子。

間もなく旅券は書類の間から出てきた。

江見中佐は、友永の膝の上のドイツ語会話集を見やった。

「それ、君に頼むよ。俺は君のあとについていくからのう」

「向こうに着くまで少しでもやっておかんと……」

友永は旅券騒ぎなど全く気にする風もなく、相変わらず悠然とたばこに火をつけた。

〈Deutsch〉とスタンプを押された荷物が、分遣隊員によって運ばれていった。

荷物の積みこみが終わった。

江見中佐は見送りの幸子夫人に別れを告げていた。鎌田はそれを眺めながら、義姉正子もくればよかったのに、と思った。

友永が、女こどもは玄関までの方がいい、と言ったのは、友永が正子の性格を知り尽くしているからだった。軍人の妻といっても、正子は艦隊勤務の軍人の妻ではない。夫との別れを幾度となく経験してきた妻たちには、それなりの覚悟ができている。だが、正子の感受性は、まだそれに耐えられない。誇り高き正子が、万一夫との別れでとり乱し、それを引きずって子どもを連れ、家に帰り着くまでの苦痛を察すると、玄関で別れた方が正子のため、と判断したからであった。

「ボツボツ行こうか」

江見中佐は無造作に待合室を出ていった。ターミナルから搭乗機に乗りこんだ江見中佐が、前翼の後部に着席するのが見えた。

友永は、鎌田正隆と握手をし、最後に機上の人となった。マントが春風にあおられ、大きく翻った。

羽田沖の汐風は、やっと生え揃った若草をなでるように吹き抜けていく。

そのたびに草の色が白っぽく変わり、磯の香りが漂ってくる。

エアガールが最後の荷物を運びこむと、重い扉が閉じられ、先発の輸送機が轟音を残して飛び立った。ドイツに贈られる友永の発明装置や資料、水中高速潜水艦などの設計図その他、機密書類に金塊などであった。

続いて旅客機のエンジンが始動した。

「後ろにさがって下さい」

見送りの人々を係員が大声で制した。

強風に砂塵が舞い、その中を旅客機は助走し、ふんわりと浮び上るように離陸した。

うっすらと霧がかった春の空に、にぶく光っていた銀翼がやがて小さく吸いこまれていった。

それを見送った江見夫人幸子が、静かに立ち去っていった。幸子にとっても、これが今生の別れとなった。


友永はここから飛行機を乗り継いで潜水艦基地ペナン（マレー半島西岸）まで向かったが、その間の当時の状況を、友永が正子に宛てた私信で綴ってみる。

第一信

正子どの

午後一時、東京より直線コースにて福岡に着きました。

出発に際しては、色々と御配慮を頂き有難う。又、航空証明を忘れたかと思い、大変心配をかけ失礼しました。（中略）

本日の旅行は絶好の飛行日和で、富士もよく見え、瀬戸内海が美しかった。名古屋の上空も飛んだ。エンジンの排気で暖房はきいているし、煙草も差支えないし、昼食のサンドウィッチとお菓子は、飛びきりおいしいし。

十二時四十分には雁ノ巣飛行場（註・福岡）へ着くといった塩梅《あんばい》。自動車で送られた所は清流荘ホテル。部屋はとてもよいし、日は当るし、清流に臨んで釣りでもやりたいような気持の所。

二十人乗りのダグラスは我々のための特便で、江見中佐とふたり。その他は荷物を人の座席いっぱいに入れて、重量の余裕に三人だけ他人を便乗させた、という形です。

何処へ行っても出発前から案ずるほどのことはないものだ。これから先も同じ調子でしょう。安心して帰りを待っていて下さい。

宿へ着いてから買物に出た。玉屋デパートで博多人形三ケ買ったところ、受け取る段になって驚いた。箱が大きくて大変な荷物。遠くへ行くといったので、特に入念に荷造りしてくれたのだが、余り大きいので、遂に心臓を発揮して、取りやめにしました。

替りに求めた物は、日本画の色紙五枚。おぼろ月夜に桜だとか雪景色だとか、日本画ならではの感じの出るものを求めました。

喜んで受け取ってくれるだろう。尚、昭和刀を一振り求め、合計二振になりました。

これで当てのある二人分が揃ったわけです。ひとりは、向うの設計主任に贈るが、あとのひとりは誰か。それは言われない（註・『U180』艦長に贈ったもの、三一九頁参照）。勿論女性ではないから安心して下さい。尚相手をよろこばせるために、一寸気の利いた刀袋も揃った。之は女の古帯のきれで作ったものだそうだ。之で土産物もすっかり揃いました。（中略）

明日は上海経由、台北に行き、同地で一泊します。飛行機には暖房があるし、これから先は不要に付き、外套を宿に頼んで送り返すことにした。受け取って下さい（肩章は外してあります）。あとに残った大人が、いろんな事を心配するのが一番よくない。旅行が斯くも素晴らしいことを知らないで！

洋子にだけは心配させないようにして下さい。回り近所の大人も、洋子の前では気を付けていただくように。

今朝程心配かけた事は重ねてお詫び申す。しかし、あんなことがあったからよかったかも知れない。筆不精の私が、早速此の手紙を書くなんて、そのせいかも知れませんよ。

今朝の赤飯、梅茶、するめ、皆様の見送り、正隆君の飛行場に於ける別れの姿、いずれもうれしい事でした。

くれぐれも宜しく言って下さい。

今、宿の女中が明朝早いので計算書を持ってきました。居心地がよいはずです。江見中佐と合室で、一人当二〇《(ママ)》円六銭だもの。税金のせいもあるが、女中の心付をいくら置こうか、内地とも当分おさらばだから、少し気張りましょう。

では又

三月十三日

福岡　清流荘にて

英夫

友永正子殿

遠山兄がそのうち訪ねて呉れるかも知れないが、其の節、僕宛電報の打方を尋ねて置きなさい。打つことはないと思うが、萬一の場合に必要が生ずるかもしれないから知らせておきます。

（註・現代仮名遣い、以下同）

友永の第一報は、空港でのパスポート騒ぎを人一倍心配した正子への詫び状をかね、旅行第一日の快適さを強調し、正子の不安をやわらげようとしているのがうかがえる。

特に、洋子への配慮に父親の気遣いがにじみ出ている。

## 第二信

本日、〇八〇〇（註・午前八時）福岡発、一一〇〇上海着。

一二・三〇上海発、一五・三〇台北に着きました。相変らず快適な旅行です。

早朝、宿で食事を採って飛行機に乗ったら、朝食用にお美味しいおすしが出ました。長い間ありつけなかった、まぐろのとろです。

上海で日航（註・大日本航空）の食堂で食事をすませて飛行機に乗ったら又昼弁当が出た。これもうまい。宿について五度目の食事をしたことになる。結構なことです。

流石に今日は眺めるものは海と雲ばかり。睡魔におそわれてたっぷり寝ることができました。支那《（ママ）》の上空を跳ぶ時には、水田が見渡す限りよく灌漑されて続いているのには驚きもし、うらやましくも思われました。

台北に来る途中、一寸不連続線があり、大分ゆれましたが、当方は元気なもの。そろそろ気持の悪くなる人でも出はしないかと、航空士が「吐きたい人は椅子の下に器物（アイスクリームを入れる紙の器の様なもの）があることを知らせに来た時は、丁度自分が四度めの食事を、やおらうまそうにはじめた時でした。

もって、揺れることに鈍感さがしれるでしょう。旅も快適の筈です。これから先もこの鈍感さは大いに幸いして呉れることでしょう。

台北の町は奇麗な町です。宿の昭南閣は二月十五日開店したばかりの新築で、桧のよい香がまだぷんぷんしています。気候は内地の初夏といったところ。つつじが満花を終ろうとする時です。

バナナが沢山食べられる。お菓子もかなりある。衣類は切符（註・配給券）不要です。物資が豊富なのでしょう。

七時に夕食をすませて買物に出たついでに、洋子と展子の靴を送っておきました。あまり物の良いものではないが、はかせてやって下さい。

明日は海南島に飛び、明後日昭南（註・シンガポール）に着く予定です。

この旅行では、日一日とぐんぐんと暑くなります。内地は次第によい気候になることでしょう。

では　又

三月十四日

台北　昭南閣にて

英夫

正子どの

第三信

正子どの

一昨十六日、一七〇〇無事ペナンに着きました。此處が飛行機に拠る最終寄地《ママ》です。途中全部予定通り。台北を出てから海南島の海口（註・海南島北岸）に一泊、翌十六日海口発、三亜（註・ベトナム南部フエ）、サイゴン経由、ペナンに来ました。

美しき南国。聞きしに勝るよい所です。原住民は完全に日本人を尊敬し、治安は完全といった塩梅です。宿舎は素晴らしい。日本人並に考えると、宮殿の様な處です。

元、錫会社の英国人社長の邸宅なりし由、家具調度、子供の玩具からボーイ、門番、コック、庭掃除夫までそのまま残っている。前の主人と同じ様に行き届いた世話をして呉れます。一切が快適です。

本日、飛行機で昭南へ一寸公用で行って来ます。四・五日で再度ペナンに帰る予定です。この飛行機は、軍用機です。素敵に速い。これが内地に帰る由につき、此の手紙を託送します。今、機上で書いています。萬年筆を取り出してゆるめたら、インキが飛び出した。気圧の関係でしょう。（中略）

機上で思うように書けません。これで失礼します。

三月十八日

ペナンより昭南への機上にて

英夫

正子殿

便箋には、五、六か所にインキが落ちた跡が大きく残っている。

第四信

正子どの

皆揃って元気にお暮しのことと思います。

既に萩の方にお移りの事でしょう。御両親様始め皆々様お達者ですか。還暦の御祝いは如何でしたか。さぞかしお賑やかに盛大なりし事と拝察申し上げます。（中略）

私十八日にペナン発、昭南へ行き、長官初め各方面の司令官、其の他に挨拶を交わし、且つ種々打合せやら準備をいたし、二十四日昭南発ペナンに帰省。昭南では各方面より誠に親切丁寧なる歓待を受け、非常に嬉しく思うと共に、任務の重大さをしみじみ感じた次第です。

マレー半島到るところ治安は非常によく、軍で使用している施設は敵性押収施設で、何れも内地のものと較べると、比較にならないほど立派で、誠に気持よく暮せます。暑さも内地で想像するほど暑くはなく、且、年中夏だから、家が完全に夏を目的に建築されています。此の点内地の家の様に冬も越さねばならぬ家で夏を越すのとは大ちがいです。

昭南で艦隊当局の御好意で、シャツやら靴下やら、煙草やら、ウ井スキーやら、その他の身の回りの品を多数整えました。敵産品も多数あり、格安の値段で整えることができました。ペナンもよい所です。（中略）

日中は暑いので夜の施設はよく完備している上、ペナンは日本軍人さんの威力の甚だ大きい所で、劇場、芝居、娯楽場、この様な種類の處は、フリーパスで、且丁寧に主人が上等の席に案内してくれる、誠に結構な所です。ダンスホールもあります。

公の招待は方々からあるし、困ったことです。（中略）

中村常雄氏（註・造船官）が工作部にいて、いろいろ御世話になっています。占領当時から進駐し、マレー語が得意になっており、全くこの地の主といった感じです。

昭南では玉崎さん（註・三〇一頁参照）が出張で会えなかった。（中略）
今日はこれにて失礼します。
近日中に〇〇します。それまでに今一度御手紙しましょう。それは少し御手もとへ行くのに時間がかかるかも知れません。

では　又

三月二十八日

英夫

正子殿

〇〇としてあるのは、出発と書くべきところを伏せている。

同じ日に、友永は正子の両親の菊屋孫輔・キヨ夫婦へも手紙をしたためている。孫輔の還暦を祝い、ペナンで多忙ながら快適な生活を過ごしている様子を知らせ、正子や子どもたちが長い間世話になることへの感謝を述べている。

この二通は南方からの帰国便で運ばれたらしく、「東京市麹町五　霞ヶ関海軍艦政本部気付」としてある。同本部から、四月五日の消印で正子の実家山口県萩市に回送されている。

■潜水艦基地ペナン

ペナン基地は、マレー半島西岸、マラッカ海峡に面している。クアラルンプールから北へ約四〇〇キロの地点にある。日本軍がマレー沖海戦に勝利（一九四一＝昭和一六年一二月）後、ここを潜水艦基地とした。

交通が便利であること、港湾が良好で、水質もよく、量も豊富、上下水道が完備し、衛生状態がよい。宿泊施設が完備しており、特にペナンヒルの高原宿舎は潜水艦乗組員の休養に最適、という好条件が備わっていた。難点は防諜上に問題があった。

独海軍がペナンにUボート基地を設営したのはその直後で、ペナンは日独交流の出入口となった。当初はここを基地に一〇隻のUボートがインド洋海域での交通破壊作戦を行った。

Uボートが作戦行動を終えて帰投する時は、撃沈した敵船の隻数分の旗を揚げ、乗員は意気揚々と上甲板に整列していた。上陸後は埠頭で、独海軍代表武官が本国からの指示に従い、撃沈数の旗の多い潜水艦長に論功行章をその場で授けた。栄誉の鉄十字章を艦長が受けることは、Uボート乗組員にとっても最大の喜びだった。

彼らを毎回出迎え、歓迎する日本海軍潜水艦乗組員たちは、いかなる激戦から帰還しようと、敵艦を挙げようと、勲章はおろか、感謝状さえ授けられない。勲章や感謝状がほしいのではない。潜水艦乗組員に対する海軍としての対応がこれでは士気にかかわる。それを痛感した井浦祥二郎海軍大佐の進言で、一九四四（昭和一九）年後半になって、やっと〈武勲徽章〉が制定された、という。

ペナン基地での日独潜水艦交流は、お互いに敬意を払い、園遊会などで同盟国としての親善を深めた。同時に研究会や情報交換、戦域の確認を綿密に行ったが、共同作戦を展開するには至らず、個別の行動に終始した。

## ■〈昭南〉に現れた友永に驚く福井大尉

三月二三日、福井静夫海軍技術大尉は昭南海軍総合庁舎三階の第一〇一海軍工作部造船課事務室で打ち合わせをしていた。

福井大尉が昭南に着任したのは、シンガポールが陥落（一九四二＝昭和一七年二月）、昭南と名を改め、全島に日章旗と軍艦旗が翻った日から半月後であった。

激戦を物語るかのように軍港の惨状はすさまじかった。水道も出ず、電気もつかず、日が暮れると、重油タンクの火焔が不気味に燃えさかっていた。

工作部員として派遣されてきた福井大尉たちは、馴れない気候と非衛生な環境下で、突貫の復旧作業にかかった。過労を気力で支えた一年間だった。それから半年、軍港は静かな落ち着いた街となった。

海軍総合庁舎は、軍港の丘の上にあった。

眼下にジョホール水道の停泊艦船や工場が見渡せた。

そこに純白の第二種軍装に略綬を付けた友永英夫技術少佐が入ってきた。福井大尉は突然の友永の来訪を非常に驚き、思わず駆け寄った。

昭南に造船官が視察に来る時には、内地出発の際、必ず無電で連絡があった。福井大尉らはセンバワン飛行場まで迎えに行き、宿舎を用意するのが常である。

なぜ連絡もなしに——、といぶかりながら福井大尉は、事務室の片隅の小さな卓子で友永と向かいあった。

昭南では、全員半袖半ズボンの灰色の防暑服で任務に就いていた。友永の第二種軍装の純白は久方ぶりで目にしみた。事務所で働いている一〇名ばかりの中国人やインド人の記録員たちも、珍しいのか一斉に視線を注いだ。

インド人の給仕の少年が捧げるようにして冷たい紅茶を持ってきた。

「ホウ、おいしい紅茶ですね。今回は急な用向きがあって昭南にまいりました。昭南市の水交社（註・グッドウッドパークホテル）に泊っております。江見中佐とご一緒です」

「南方占領地域のご視察か、インドのわが潜水艦の戦訓調査でいらっしゃいますか。ご滞在日数によって当地をご案内いたしますから」

「いや、ある任務を命じられ、急にやってきたのです。工作部をぜひ見ておきたくてうかがったのです。飛行機の都合では、明日出発となるでしょう」

「どちらへ」

「思いがけなく身に余る大任を命じられました。うまく果たせるかどうか案じていますが——」

「軍刀はお持ちにならずに?」

「荷物をできるだけへらしたかったので、短剣だけにしました」

友永は福井大尉の「どちらへ」との問いには答えなかったが、福井大尉にはピンとくるものがあった。

そこへ現場から山口梅太郎技手が戻ってきた。

「友永部員では――」

「オー、山口君、君はここへ来ていたのですか」

佐世保時代、友永は山口技手と共に潜水艦の艤装を担当していた。山口技手はその業績を知らない者はいない抜群の老練技手だった。

「山口君、本当にご苦労ですね。長い間働かれた上に、また第一線の仕事ですか。でも元気そうでなによりだ」

「山口技手は、実は出征中にご夫人を亡くされたのです」

「えっ……」

友永は絶句した。

後年、福井・元少佐は、友永が山口を慰める真情に、自分も山口と共に胸がつまった、と綴っている。

## ■前線工作部の緊迫と憤懣

福井大尉は友永と江見中佐を昼食に誘った。

食堂では工作部部員たちが席に着いていた。

福井大尉は、工作部長赤坂功海軍少将らに江見中佐、友永少佐をどう紹介したものかと迷ったが、「艦政本部から来られた方です」と簡単に紹介した。

「ちょうどいいところに来られた。一体艦政本部は現地の状況をどう考えているのか。全く認識が足りない。材料や機具の請求を幾度しても、いっこうに送ってこない。たまに送ってくれても役に立たないものや時期を逸したものが多い。出張してくる者にはよく状況を視察させ、納得して帰ってもらいたい。説明書類も託送するが、いつも鉄砲玉になってしまう。君たちが東京に帰ったら、よく中央にこちらの状況を説明してくれ。詳細はあとで福井君から話させるから」

工作部長赤坂功少将は、日頃の艦政本部への憤懣を、大声で友永らに訴えた。

総務課長大島良男海軍技術大佐も、同部長に相槌を打って言った。

「ご承知のようにこちらの修理材料はもうほとんどなく、現地入手も絶望です。ドック入り艦船はすでに一五〇隻を超えている。被雷艦船だけでも現在一〇隻もある。修理量では佐世保に劣らぬくらいです。部長の言われた通り、よく中央に話して下さい」

友永は箸を置いた。立ち上ると部長に敬礼をして言った。

「帰ったらよく伝えておきます」

江見も友永も訪独の任務を明かさなかった。そして、内地ばかりではなく、前線も逼迫してきているのを痛切に感じた。

宿舎に戻ると中国人の給仕が気をきかせ、冷たいみつ豆を作ってきた。

「うまいなあ」

友永と江見は素直に喜んだ。

「今夜は工作部で歓迎会を開きたいと思いますが、ご都合は」

「ありがとう。でも、まだ前途が長いから、ご馳走をいただきすぎて、万一のことがあるといけないし。失礼ですがお断わりして下さい」

「そうですか。それでは午後、市中の戦跡でも」

「折角ですが、明日の予定を考えると、午後には宿で静養したいので」

福井大尉のすすめを友永は辞退した。

当時、内地からの出張者には、ジョホールバルの〈新喜楽〉で会食し、昭南市の〈睦美〉で愉快に一夕を過ごすのが慣例であった。出張者たちもそれを楽しみにあてにしている風があった。福井大尉は、友永らが重大な任務のため、ひたすら慎重であるのに心を打たれた。

「お忙しいところを本当にありがとう。お体を大事にね」と友永。

福井大尉は工作部の正門で友永を見送った。

工作部に戻った福井大尉は、大島大佐に、友永から夕食も市内の案内も断わられたこと、重要な任務で長旅に出られ、東京にはいつ戻れるかわからないらしいこと、を報告した。

「実は僕もそうではないかと思っていたんだ。ご苦労さんだなあ。無事に着けばよいが……」

大島大佐のことばも、語尾はくぐもった。


ペナン飛行場に戻った友永は、そこで偶然玉崎坦海軍技術中佐と出会った。

玉崎技術中佐は、東京帝国大学工学部船舶工学科大正一四年卒の造船官で、友永の佐世保時代、艤装主任であった。型破りの造船官としてその豪傑ぶりは有名だった。彼は、酔って工員を殴った海軍機関大尉に腹を立て、艦の引渡日が迫っているのに全工員にストをさせて工員の立場を守ったり、病院船の艤装会議で、軍医や病院関係者が一等客室を占め、患者がその残りに回されるのに抗議したりと、その逸話にはこと欠かない。部下の信望は厚く、救難作業にかけては彼の右に出る者がなかった。危険をものともせず、常に陣頭指揮に当った。

友永もそんな玉崎中佐を尊敬しており、寸時の再会を喜びあった。

■『伊29』でペナン港出発

四月五日、『伊29』は遣独の任務を受け、ペナン出航が決定した。

それはかなり急な指示であったらしく、友永がその直前にしたためた正子への第五信の字は乱れている。

---

第五信

正子どの
元気に暮していることと思います。私も元気にやっています。
いよいよ日本の勢力範囲から外に出ます。言葉の思うにまかせぬのはどうも苦手だが、幸い持ち合わせた心臓は、だれもが推奨するところのものです。この際、これにものを言わせずんば、です。
尚、かつまだ勉強する暇がない訳ではない。

内地も春らしくなってきたことでしょう。洋子は元気ですか。展子の着物が次第にうすくなるので歩き出すことでしょう。

こちらで求めたボロトランクを一個送りかえします。どうせ出てくるものは洗濯物位が関の山かも知れないが、楽しみにしていて下さい。お手許にとどくのは七月過ぎになるでしょう。鍵をこの手紙に同封しておきます。お大事に

乍末筆　皆様に宜しく

英夫

四月五日

正子殿

---

日本潜水艦設計の雄・友永英夫技術少佐は、こうして四月五日『伊29』に搭乗、いよいよ〈深海の使者〉として訪独の途に就いた。

友永はこれまで妻への私信にも記しているように、何の不安も憂いもなく、訪独の命に応じていた。そして、ほとんどすべての人々が友永の明るい笑顔を印象深く記憶している。

だが、昭南で出航地ペナンに戻る友永を見送った福井技術大尉だけが、友永の笑顔の裏を垣間見ている。

「いつ頃お帰りになられますか」

「暮れには帰国できるかもしれません。しかし、もう君たちには会えないかも……」

思わず最後のことばを呑みこんだ友永に、福井大尉は冷水を浴びたようにすくんだ。

友永はいつものように落ち着いた態度ではあったが、福井大尉に一年前内地で、日本の潜水艦の未来を興奮気味に語った、あの友永の明るい覇気は消えていた。

「二度と還らぬ覚悟をした武人が、最期に会う戦友に、ついなつかしさから真情を洩らす――、そんな感じを受けたのです」

友永は秘していた自分の一面を福井大尉に読みとられていた。

そしてその予知通り、友永は、二度と日本の土を踏めないまま、深海で眠りに就くことになる。

## ■贈物を搭載、マダガスカル島海域へ

『伊29』の訪独コース（三七八～九頁参照）は、ペナンからインド洋を南下する。マダガスカル島南南東四〇〇浬《カイリ》の洋上で、ドイツ潜水艦『U180』と出会う。友永、江見はそれに乗り替えて、アフリカ大陸の南端喜望峰（ケープタウン南約五〇キロ）を回って南大西洋を北上する。北大西洋に入って、フランスのドイツ占領潜水艦基地に向かうが、上陸基地名はのちに伝達されることになっていた。『伊29』と『U180』の会合は、日本時間四月二六日、午前八時。

『伊29』での単独往復ではないことに、訳があった。

当時ドイツに、全インド独立運動の最高指導者チャンドラ・ボースがいた。彼は独軍統帥部の支持のもと、ドイツのラジオ放送や印刷物を介して、インド民衆の独立を呼びかけていた。

彼は、イギリスからの独立を、武力を使っても決行しようと大衆運動を展開したため、英当局から

逮捕された。仮釈放中を国外に脱出、ドイツに身を寄せていた。

ドイツは、ヨーロッパ在住のインド人や、英軍内のインド人将兵の切りくずしに、彼を利用した。それはわずかながら成果を収めていた。

折から日本軍はビルマを掌中にし、隣国のインドに独立をあおった。反英闘争を目指すインド国民軍も創設した。参謀本部は、その指導者としての任に、すでに日本に亡命中のビハリ・ボース（インド国民大東亜代表）と共に、かつてインド国民会議派議長もつとめ、インド独立の士として国民に信頼のあるチャンドラ・ボースを当らせることにした。なによりも当のチャンドラ・ボースが、日本軍との共同作戦を願った。ドイツの一部には、それに反対する動きもあったが、彼はヒットラーに直訴して、同意をとりつけた。

彼の日本への移送は、当初空路が計画にのぼったが、障害や危険も多く、結局潜水艦にきまった。それも、最も安全を期して、インド洋上での日独潜水艦の会合となった。

友永、江見の訪独は、この絶好のチャンスに便乗するため、急遽実現したのが真相だった。


大本営海軍部から、ドイツ派遣艦の選定を命じられた第六艦隊司令長官小松輝久海軍中将は、ペナン基地からインド洋上で作戦中の第八潜水戦隊第一四潜水隊司令潜水艦『伊29』を指定した。

同第一四潜水隊司令寺岡正雄海軍大佐は、第八潜水戦隊司令官石崎昇海軍少将からの指令で、その準備に当った。極秘任務のため、『伊29』艦長伊豆寿市海軍中佐にのみ任務を伝え、作業にかかった。

まず、ドイツに贈る友永が開発した〈自動懸吊装置〉および〈重油洩漏防止装置〉と、各設計図、無航跡酸素魚雷一本などの積荷。

酸素魚雷は、日本海軍が世界ではじめて開発した新型魚雷である。従来の空気魚雷は多くの気泡が生じるため、雷跡が歴然とする。敵艦はそれを察知し、即、舵を切れば危機を脱することができた。その欠陥をカバーしたのが酸素魚雷だった。

排出する炭酸ガスは海水で消え、雷跡はほとんど残らない。英海軍のものより、さらに優れていた。ただし、酸素を使用するため、操作ミスで自爆の危険性はあった。

独海軍では、この酸素魚雷を強く要求した。日本海軍は、それまで最高の機密兵器として、盟邦ドイツへも譲渡しなかったが、今回はそれに応じることにした。

続いて、欧州の日本大公使館用の金塊（ドイツ側の資料には二トンとある）などが積みこまれた。会合する『U180』乗組員のために、馬鈴薯とコーヒーも用意された。コーヒーはすでにドイツ本土での入手は困難で、大変な貴重品であった。

そのほか、移乗してくるチャンドラ・ボースらのための、インド料理の材料も積まれた、という。

『伊29』は、会合地点まで余裕をもって到着できるよう、四月五日ペナン基地を出航した。友永、江見は目立たない服装で乗りこんだ。かつてのような、士気を鼓舞する基地の見送りも、防諜上できない。

『伊29』は、マラッカ海峡からスンダ海峡を抜けた。ここは要注意の危険海域で緊張する。

『伊29』は基準排水量二一九八トン、全長一〇八・七〇メートル、幅九・三メートル、水上速力二三・六ノット、水中速力八ノット、安全深度一〇〇メートル、定員九四名。一九四二（昭和一七）年二月二七日、横須賀海軍工廠で完成した。

『伊29』はそれまで、南西方面のポートモレスビー（ニューギニア島南西にある港）での珊瑚海海戦に協力。ブリスベーン沖（オーストラリア東方）で交通破壊戦に従事後、インド・ベンガル湾の交通破壊戦を命じられていた。

今回もその一環の出撃と乗組員は信じていた。やがて士官たちから、『U180』との会合任務を知らされた。『伊29』は重要任務遂行のため、通常航路を避け、敵船舶への攻撃もせず、隠密行動をとった。

現在のようにコンピュータもなければ、高性能のジャイロコンパスもない。『伊29』は、定時に星や太陽の天測で航行位置を測定しながら、会合地点に航行を続けた。

友永にとっては久方ぶりの潜水艦内生活であった。試運転のために近海での艦内生活はたびたび経験したが、長期行動は艦隊実習以来一〇年ぶりであった。しかも、戦域での航行体験ははじめてである。立場は便乗者であるから、乗組員の邪魔にならない程度に、艦内各所を詳細に研究することもできる。造船官としては、またとないチャンスであった。

今回は寺岡司令が搭乗しているので、命令は司令から艦長に下る。このふたりだけに、畳一帖半ほどの個室がある。といっても、頭上や壁には伝声管や油圧管、排気管などが貼りついており、寝返りもやっとのベッドと個人用の物入れがあるだけ。

士官室には中央にテーブルがあり、両側に二段ベッドが並び、カーテンで仕切られている。個人用に一つずつ抽き出しが用意されている。

士官室の一隅には白木の神棚と、軍人勅諭の奉安棚がある。床下には電池がびっしりと並んでいる。潜航中に動力源となる二次電池で、その熱気が床に伝わってくる。

友永と江見はここにベッドを与えられた。戦術の権威である江見も、〈自動懸吊装置〉や〈重油漏洩防止装置〉の発明者である友永も、潜水艦乗組員には知られた存在である。乗組員たちも士官たちから、ふたりの任務を知らされ、なにかと気を配った。

## ■艦内食生活、もやしは宝石

発令所と主機械室の間に、烹炊《ほうすい》所と呼ばれる台所がある。白い作業服を着た主計長と主計兵が、たった二人で、一〇〇人近くの食事を整える。

二メートル四方の狭い烹炊所に、大きな炊飯用と汁用の電気釜が二つ、それに焼物用レンジと流し場が並ぶ。

潜水艦乗組員のための食事は、水上艦と条件が異なる。食べる側、料理する側、そして栄養学的、医学的立場から総合的に研究され、一九三一（昭和六）年に制度化された。

その後賀陽徹生海軍主計中佐が中心になって、改良が進められた。

誰の嗜好にも合うもの、消化がよく、栄養と量が充分にとれること、軽く、かさばらず、長期保存ができ、調理が簡単であることなどを考慮し、食品が開発された。

例えば、潜水艦の行動を六〇日と想定し、それを二〇日単位で三期に分けた。それに沿って献立を作り、材料を用意する。生野菜は艦内が高温多湿のため二週間ももたない。それらを前期に持ってくる。後期は保存食を主に、というように。こうして定められた一七九種の食品を一〇〇名分、想定日数より多めに計算し、容器、包装、容積、容量まで算出した。これを基礎に軍需部から補給を受け、糧食が過不足なく供給されることになる。

ただ、長期航行となると疲労も激しく、食欲不振となる。潜水艦には保存に適した純白米が特に配給された。これにお茶漬けですませる者がふえると、蛋白質やビタミン不足で、脚気や栄養失調患者が発生、戦闘に支障をきたすこともあった、という。

潜水艦内では士官食も兵食も同じである。ただし士官は給与の中から食費を差し引かれたが、下士官以下は軍支給であった。

現在、どこの家庭にもある電気炊飯器は、実はこの頃潜水艦用に賀陽主計中佐が研究開発したものである。研究熱心な賀陽中佐は、日本古来の飯釜の形状に注目、幾度も試作、実験をくり返した。協力したのは三菱電機名古屋工場で、現在の電気炊飯器の原型となるものを完成した。以来潜水艦乗組員は、米飯だけはおいしいものが食べられるようになった。

しかし、戦闘状態に入ると火を使っての調理などしていられない。賀陽中佐は火を用いない無火食食品の研究開発に取り組む。当時澱粉研究の権威であった大阪帝国大学産業科学研究所の三国二郎博士と共に、餅の素を開発した。さらに、その製造に当っていた尾西研究所の尾西敏保と、水で炊かない乾燥飯、つまり、現在のインスタント米飯、水で可食化できるインスタントうどんの製造に成功した。

今日、店頭に並んでいるインスタント食品や、離乳食の原型は、こうした戦時中の海軍食、潜水艦食から誕生したのである。

また、生鮮野菜の不足を補うため、高温多湿という悪条件を利用し、豆もやしを艦内で栽培することも考えられた。箪笥の抽き出しのような器を考案、その底に水にひたした脱脂綿を敷き、種を蒔くと発芽した。それを汁物の実に入れると、乾燥野菜や、味気ない缶類食事にうんざりしている乗組員は目を輝やかせた。一本一本を眺めて味わいながら宝石のように珍重したという。

「私は今でも牛肉の大和煮缶詰だけは食べられません。あの独特の缶詰の臭いが鼻について。長い航海や潜航が続くと、身体的にも心理的にも疲労し、嗜好が変わってきます。それを考えながら主計長は、狭い台所で、限られた材料をやりくりし、みんなの口に合うものを料理するのですからたいへんです」

かつての『呂62』艦長筑土龍男・元少佐の述懐である。

主計長に協力するのは軍医である。病気予防のためにも、アドバイスをする。時には少しでも野菜を長持ちさせようと、玉葱やじゃがいもを、ひとつびとつ風の通りやすいところに並べてみるなど、涙ぐましい工夫をする。

ビタミン剤や高蛋白質食品をすすめる役目も軍医で、艦内での発病の予防に万全を期した。ひとりでも伝染病患者が出れば、非衛生的な環境の艦内では、お手挙げとなるからである。

調理のあとの生ごみの処理も頭痛のタネであった。通気の悪い艦内では、ただでさえ諸々の機械や塗料、人体、厠《かわや》から発する臭気が混然と漂っている。その上に生ごみの耐えがたい臭気が加わる。浮上航行に入ると、大急ぎでチンケースと呼ばれる石油の空缶に生ごみを入れる。そして艦橋、司令塔、発令所と、縦につながっている場所にチンケースを運び、ここからロープで吊り上げ、海中に投棄する。艦橋までの高さが約六メートルはあるため、吊り上げるにもコツがいる。艦の揺れの激しい時は、チンケースがひっくり返り、惨憺たる状況となることもある。

全員の食欲がなくなり、残飯が多くなると、この作業はますます困難になる。また、戦域ではむやみにごみは投棄できない。潜水艦の存在を敵に知らせることになる。そんな時には、艦内に積み上げたままとなる。

一方、この〈ゴミ〉を逆手にとる戦術も考案された。敵機や敵艦に魚雷、爆雷で襲撃をくり返されると、潜航中の潜水艦は魚雷発射管に、油や浮遊物と見せかけるための〈ゴミ〉をあらかじめ用意しておく。これを発射し、撃沈されたとカモフラージュする。

近代兵器の粋を集めた潜水艦でも、その戦術は時としてこのような、前時代的な手が使われたことは興味深い。

## ■奇跡、大海の一点での会合

『伊29』は、波を切り、インド洋を西に向かって浮上航行した。『伊29』は水上高速に秀れ、艦体は非常にシャープな洗練されたデザインであった。巡洋潜水艦として、太平洋戦争中最も多く建造された乙型（二三二頁左註参照）で、性能も優れていた。

この海域はインドとイギリス間の輸送航路だったが、『伊29』は幸い連合軍側の艦船に遭遇することもなかった。

四月一〇日を過ぎると荒天が続いた。

潜水艦は構造上荒天には弱い。高波やうねりに対応しにくい。そんな時は潜航して天候の回復を待つ。

晴れると艦橋や発令所では、愛用のたばこ〈チェリー〉を喫いながら、ドイツ語会話の本をひろげる友永の姿が見られた。ヘビースモーカーの友永にとって、禁煙はなにより苦痛であった。潜航中は一切禁煙である。浮上航行中も、喫煙を許される場所はきまっている。

そのたばこも、潜水艦内ではすぐ湿り、味も火付きもおちる。愛煙家は、まずたばこを空缶に入れ、大切に保存する、という。

『伊29』は、荒天の中を予定よりも早く会合地点に到着した。マダガスカル島南南東四〇〇浬《カイリ》は、世界の難所として船乗りが怖れるアフリカ大陸の南端、喜望峰に近い。艦は大きなうねりに押し上げられたかと思うと落下し、艦橋まで波しぶきに洗われる。

視界はきくので、非番の者も艦橋で見張りに立つ。だが『U180』の艦影はない。

はたして『U180』は無事到着するだろうか。『U180』の航路は、連合国海軍に制圧されている。おそらく昼間は潜航し、夜間航行で天測をし、会合地点に向かっているであろう。敵の攻撃に遭遇してはいないだろうか。

日独両潜水艦間の交信も、本国との交信も、敵に傍受されるため禁じられている。

それに会合地点は、目標物ひとつない大海の一点である。双方の天測のずれや、計器の誤差によっては、両艦が出会える可能性など、奇跡にひとしい。

待つ側の不安はつのる。之の字（ジグザグ）航行をしながら見張りを続けていた。会合時刻は日本時間の四月二六日午前八時である。

「艦影発見」

突然見張り員のひとりが叫んだ。

はるか水平線のかなたに、かすかに点状の艦影が浮び上ってきた。だが、敵艦かもしれない。

緊張が走る。寺岡司令は双眼鏡から目を離さない。陸軍士官が軍刀を己の魂として吟味するように、海軍士官は競ってより高性能の双眼鏡を所持する。

その双眼鏡に、幾度も写真で確認しておいた『U180』の艦影がはっきり映じた。

「『U180』だ！」

寺岡司令の声に、見張り員たちから一斉に歓声が沸き上った。

「見えたぞォ！　来たぞォ！」

その興奮は艦内を走り抜けた。艦底で部署についていた者たちにも――。

『U180』は二月九日、キール港を出発した。二か月の戦域航行がどれほど困難と緊張を強いられるかは、同じ潜水艦乗組員として体験している。

「よく来たのう」

手が離せない機関部員たちも、艦上を思いやる。

両艦は会合地点でのみ、微弱電波による交信が一回だけ許されていた。その待ちに待った交信が入った。

『U180』の艦体はブルー・グレーの明るい色だった。両艦は次第に接近した。

手旗信号が交わされ、交換作業に入ることになったが、海上は依然として荒れ模様で、ゴムボートによる物資や搭乗者の交換は危険である。

荒天海域から離れて作業をしよう、と寺岡司令は『U180』に呼びかけたが、手旗信号がうまく相手方に通じない。

双方、激しい波のうねりにさらされながら戸惑うばかりである。

やがて勇敢なUボートの通信兵が、衣服を脱ぎ、体に手旗をくくりつけ、あっという間に甲板から海面に飛びこんだ。彼は荒波を巧みに乗りきりながら『伊29』に、連絡係として乗りこんできた。

加能照民海軍軍医大尉の通訳と筆談で、やっとこちらの主旨を諒解した通信兵は、手旗でUボートに伝え、Uボート側もこれを受け入れた。通信兵はそのまま『伊29』にとどまり、両艦は並んで北東に航行した。

翌四月二七日になったが、海の荒れはおさまらない。双方の艦で各々協議したが名案も浮かばないまま、北上を続けた。

マダガスカル島の北端ディエゴスアレスには、英軍基地もあり、接近するのは危険である。

■荒波と鱶《フカ》、無事相互移乗完了

四月二八日早朝、やっと晴天が訪れた。波も幾分おさまってきた。

寺岡司令の命令で交換作業が決行されることになった。

両艦は、危険のない距離一〇〇メートルまで接近し、『伊29』から舫銃《もやいじゅう》を発射した。両艦の間にロープが張られた。『伊29』からゴムボートがおろされたが、軽いゴムボートは木の葉のように翻弄される。まず『伊29』の三人の水兵がロープをたぐりながら『U180』に向かった。

するとゴムボートの縁に三角の背びれの大きな魚影が見えかくれする。

「鱶《フカ》だ！」

『伊29』艦上から間髪を入れず小銃が発せられた。威嚇された鱶は姿を消したが、水兵たちはぞっとした。

それを知らずに『U180』から『伊29』に泳ぎ着いた独通信兵は、好運を神に感謝したことであろう。

高波と鱶の二重の危険の中で、双方の兵器や物品の交換がはじまった。ゴムボートでの往復は、一〇数回くり返され、文字通り命賭けの作業となった。日本からの酸素魚雷は大きさ、重量ともゴムボートには載らず、ロープに固縛してたぐり揚げた。

物品の交換が完了後、友永少佐と江見中佐が寺岡司令、伊豆艦長らに別れを告げ、ボートに乗りこんだ。

インド洋上で日独両艦が会合。ボートで人員物資交換中。上下写真ともに奥『伊29』、手前『U180』。写真提供：江見哲四郎・元大佐の長女広瀬和恵。

この海域特有の三角波で、いつボートが転覆するかもしれない。万一鱶の餌食になってはと、乗組員たちは小銃を構え、固唾を呑んで遠ざかる友永、江見両士官を見守っていた。

友永、江見が無事『U180』にかけられた縄梯子を昇った。替わって黒枠メガネにベレー帽のチャンドラ・ボースと秘書アビド・ハッサンがボートに乗り移った（写真左参照）。

ふたりはゆるゆるとロープ伝いに『伊29』に到着した。波の飛沫でぐっしょり濡れたふたりを、寺岡司令らは自ら『伊29』艦上に抱え揚げた。

インド洋上の一日がかりの息づまるドラマは、ひとりの犠牲も出すことなく幕が降りた。

この時友永は『伊29』に、家族への手紙を託していた。

---

拝啓

御一統様、益々御健勝に渉らせられ候事と拝察申し上げ候。

私儀、〇月〇日（註・軍機にふれることは空欄にしてある）ペナン出撃以来元気にて航海を続け、一路任務の遂行に邁進致して居り候。他事乍御放念被下度候。海上平穏とは言い難く、出港以来次第に時化模様、既に十日以上も荒天が続き、尚一向に衰える様子も相見えず候。

重大なる任務を吾に与ふるに際し、天、吾を充分に試さんの意あるが如くに候。既に洋上〇〇にて〇〇艦と会合、海上平穏となり、移乗並びに荷物の移載可能の時機を待ち居り候。

一両日中に目的を達し、目的国へ向って航海し得るものと期待致し居り候。

航程萬里、身を挺して邦家の為に奉公せんと欲す。

『伊29』へ移乗するチャンドラ・ボース。写真提供：広瀬和恵。

時正《ママ》に昭和の維新、明治維新の際に先覚者が挺身、欧米に学び、或いは密に学ばんと欲したるに似かよえるものありと言うべし。吾が航程、密航に非ざるが如く、密航なるが如く、至難なるが如く、将又容易なるかの如くにてもあり。正に壮挙の感を深く致し候。

何時目的艦に移乗可能なるやの見通しつかず、前記にて打切り居り候ところ、本日静穏なる海面を得、愈々相手艦に移乗、壮挙に上るべく候。
元気にて帰還致す日をお待ち被下度候。
乍末筆御一統様の御健勝を祈り上げ候。

四月下旬

英夫

友永御両親様
菊屋御両親様

正子殿

〇〇作業直前寸時を得て書きなぐり候
乱筆多謝、御手数ながら、此の書状、萩の方へ転送被下度候。

友永が残している私信の中で、公の立場を意識した最も形式張った文面である。多くの縁者の目にふれることも考え、妻正子宛のものにはない堅さがある。
大任を担った昂揚する気分と、緊迫した当時の状況が読みとれる貴重な手記である。これらの私信は『伊29』によってペナンから艦政本部に送られ、検閲済の印が押されて名古屋の友永家に回送されている。

『伊29』は、チャンドラ・ボースを乗せ、ペナンに向かったが、ペナンが諜報上不安があるとの理由で、スマトラ島北端のサバン島に帰投先変更を指示された。ここでチャンドラ・ボースらと、ドイツからの譲渡兵器である対戦車砲特殊弾や設計図をおろし、今回の任務を完遂した。

## ■『U180』の人気者友永、料理も指導

四月二八日『U180』に無事移乗した友永は、日本刀に日独両語で次の一文を添え、艦長ムーゼンベルグ海軍少佐へ贈った（次頁写真参照）。

贈　日本刀
私の命を預けた男。U―一八〇潜水艦長
ムーゼンベルグ海軍少佐殿へ
昭和十八年四月二十九日
友永英夫
大日本海軍技術少佐

友永の行為は、いたく艦長を感動させた。

そのことは、すぐに艦内に知れ渡った。

友永が正子への手紙に記しているように、赴任途上の福岡〈玉屋〉で求めた日本刀は、こうして艦

贈 日本刀
私の命を預けた男 U-180潜水艦長
ムーゼンベルグ海軍少佐殿へ
昭和十八年四月廿九日
友永英夫
大日本海軍技術少佐

Ein japanisches Schwert
Herrn Korvetten kapitän Musenberg, dem Kommandanten von "U 180", dem ich mein Leben anvertraut habe, zum Andenken.
In See, den 29. 4. 43
Tomonaga
Japanischer Schiffbau-Korv. Kpt.

『U180』ムーゼンベルグ海軍少佐に日本刀を贈った時の友永技術少佐日独両語の感謝文。友永家所蔵。

長の手に渡った。

『U180』は、友永、江見両士官を乗せ、再びアフリカ南端の魔の荒天海域、〈ローリングフォーティーズ〉にさしかかった。

ケープタウンに近づくと、英空軍基地があり危険である。ケープタウンから三〇〇浬なら安全とされるが、遠のくほど風波は激しい。ここで難破した船は数知れない。

艦体は揺れるというより、叩きつけられる。立ってはいられない。

甲板上の上部構造物は、今にも折れ、引きちぎられんばかりにたわむ。艦体は悲鳴をあげ、きしみ続ける。万一、一か所に亀裂が入れば、命とりになりかねない。担当部員は、足をふんばり、体を固定物体にしばりつけて、破損個所の修理にかかる。顔面を波が強打する。

だが、さすがにUボート乗組員は沈着に部署を守り、潜航、浮上航走をくり返し、魔の海域に挑んだ。

艦長歴も長い江見中佐は、そうしたUボート乗組員の動きを、じっと観察している。

造船官の友永にとっては、これほどではなかったが過去に一度だけ嵐を体験したことがある。それは造船界で語り草になっている。

一九三四（昭和九）年三月一二日、任官三年目の友永が、前記〈友鶴事件〉（二〇〇頁参照）後の性能改善工事に忙殺されていた頃のことである。

友永が担当した駆逐艦『子ノ日』『初春』の建造（二〇六頁参照）直後のこと、台風の襲来を待って呉港から能力テスト航海に出た。

テスト航海には危険がつきもの。全員新しい褌《ふんどし》を着用するのが習わしだった。

艦には、軍事参議官で、復原性能調査会会長加藤寛治海軍大将自らが乗りこみ、友永も進んで同乗した。伊予灘から豊後水道を抜け、太平洋上に出ると艦は大きく揺れ出した。両足でバランスをとるのも限界で、全員、ものにつかまって風波のうねりに耐えた。

やがて夕食となった。白髪の老提督加藤大将は泰然として盃を傾けた。居並ぶ士官たちは、主計長が腕を振るった肴を前にしながらも、手をつけられる体調ではない。だが、加藤大将は一向に盃を伏せる気配がない。はじめに主計長が一礼して去り、たまりかねた士官たちも、ひとり、ふたりと次々に席を立った。

友永は揺れるごとに食卓上を移動する食器の位置を気遣いながら、大いに飲み、食べ、語った。ますます激しさを増した暴風雨の中、最後まで食卓に居たのは加藤大将と友永のふたりだけであった、という。

『U180』は難所を乗りきり、無事南大西洋に出て、セントヘレナ島右正横八〇〇カイリ（一カイリ＝

約一八五二メートル）を目指した。難航に耐えた乗組員たちを慰労するかのように、海は穏やかになった。

すでにドイツ時間に切り替わった。

その頃から艦内や艦橋で友永を囲む輪ができはじめた。ちぢみのクレープシャツ、長い航海の汗と湿気で形がくずれてしまった日本海軍作業帽をかぶった友永は、いつも笑顔で『U180』乗組員の誰にでも声をかけ、得意の手品も披露した。友永のドイツ語は急速に進歩した。

『U180』艦上で撮った一枚の写真が残されている（写真左参照）。キール出航以来のひげをたっぷり顎下にたくわえた半裸の『U180』乗組員の中央で、白い歯をのぞかせている友永。なに気ないスナップに、『U180』艦内での友永とUボート乗組員との交流が、あざやかに切りとられている。

「友永少佐は毎日機関室に現れ、機関部門だけでも二〇項目のデータをとっておられました。航海、気象、コース、スピード、油の消費量、潜航技術などをびっちりノートに記しておられました」と技術主任ルドルフ・オペルト・元大尉。

機関長ヘルマン・ウィーン・元大尉も、「友永少佐は調理室にも現れ、米の炊き方、その料理法も指導、カレーライスなどが献立に加わるようになりました。食欲がなくなった乗組員たちには目先の変わった米料理が大好評でした」と語っている。

『U180』には友永、江見両士官用に運びこまれた米と、チャンドラ・ボース用の米やカレー粉が残っていた。それを使い、友永が幼い頃母の手伝いで覚えた料理法を教えたものと思われる。新婚当時の正子も、いんげんの筋のとり方など夫英夫から教えられた、という。

　ある日、銀色に光る飛魚の群れが航走中の甲板にはね上ってきた。乗組員たちは子どものように歓声をあげ、バケツに押しこんだ。夕食にはうらめし気な目をした飛魚のムニエルが久しぶりに並んだ。航海が続くと何より楽しみな食事も、缶詰の臭いだけで食欲がなくなる。そんな折にとれたての魚料理は最高のご馳走で、乗組員たちの会話まではずんだ。

『U180』の甲板上で談笑する友永技術少佐。写真提供：友永家。

## ■シュルツ少年兵の心に生きる友永

　当時まだ少年のような一水兵であったシュルツ乗組員にとって、友永ははじめて見る日本人であった。彼は好奇心いっぱいに友永を観察していた。

　その日、『U180』は英貨物船を発見した。『U180』は魚雷攻撃をする前に、貨物船を停船させた。そして英貨物船乗組員たちに船から待避するよう呼びかけた。それがUボート乗組員たちの掟であった（ただし戦闘時は別）。貨物船乗組員らは四艘の救命ボートをおろすと、四名の英海軍士官がそのうちの二艘を占有、残りの二艘にインド人、中国人らが鈴なりになった。

　それを艦橋から見ていた友永が、思わず英語で怒鳴った。

「均等に乗りなさい！」

　すると英海軍士官が哀願した。

「われわれを捕虜として『U180』に乗艦させてくれ」

ムーゼンベルグ艦長は一瞬ことばにつまった。ムーゼンベルグ艦長に友永は言った。

「私は断わるべきだと思います」

もちろんムーゼンベルグ艦長とても同じ結論であった。

海の男の情としてはしのびない。が、『U180』には日本から託された重大な任務があり、これからの危険な長い航海に、捕虜を収容する余裕などない。この際軍律通りに、と彼らの哀願を拒絶した。

友永の毅然とした判断と態度にシュルツ水兵は感動、いつまでも友永を見つめていた、という。

それから数日後のことであった。艦内の規律違反者が、艦長の罰を受け、営倉がわりに冷蔵庫に入れられた。狭い潜水艦内では身勝手なことは許されない。しかし激しいストレスが昂じると、自制心が消える。違反者は冷蔵庫内で反省を命じられたのである。

それを知った友永は、違反者にかわって艦長に詫び、きめられた時間をくり上げて違反者を〈救出〉してやった。

シュルツ水兵は、この異国の士官の行為に、兄貴のような信頼と畏敬の念を抱いた。

「ああ、喉がかわいたなあ」

友永がついそうつぶやくのを聞いたシュルツ水兵は、こっそりとコップ一杯の水を調達、そっと友永に差し出した。艦内では勝手に水を飲むのはご法度だった。しかしシュルツ水兵は、友永のためなら何か役立ちたいという気持を押さえきれなかった。友永はそれを非常に喜び、一気に飲み干した。

友永も若いシュルツ水兵に、自分の三人の弟たちの姿を重ねたのかもしれない。

シュルツ水兵は、下艦直前に友永に近寄り、一筆記念になるものを書いてほしい、と頼んだ。

友永は喜んで自分の手帳を取り出した。そしてその一頁を切りとり、日独両文で次のようにしたためた。

---

謹呈　シュルツ君へ

我独潜『U180』号に乗艦、乗組員一同と苦楽を共にす。乗艦中の貴君の友情に対し、深く感謝すると共に、将来の武運の長久なることを祈る。

昭和十八年七月二日

日本海軍技術少佐　友永英夫

---

シュルツ水兵のやわらかな心に友永は一粒の種を蒔いた。それはしっかり根づき、シュルツ水兵の日本人観となった。

友永が万年筆で丁寧にしたためた小さな紙片は、今でもシュルツ元水兵のお護りとなっている。

## ■『U180』を待ち受けた〈魔の季節〉

『U180』はやがて赤道を越え、さらに北上した。ここにはすでに述べたUボート〈魔の季節〉が待ち受けていた（四二頁参照）。

『U180』が帰投予定のビスケー湾とその南寄りガスコーニュ湾で、連合軍による激しい対潜攻撃が開始されていたのである。

それまでのUボートの活躍でイギリスの軍需、生活物資不足は深刻になっていた。それを補うため、イギリスは米国から援助輸送を増強した。その輸送船団の安全の確保上、連合軍は高性能のレーダーを開発し、対潜装備と武装を一段と強化していたのである。

また一九四三年二月頃から、米軍機には幅の広いスコープで探知するX型スコープ（三センチ波）が設置された。捕捉範囲はひろがり、正確になった。その上このスコープはドイツ側の逆探知では捕らえられない利点があった。

五月には、英米軍共同で開発した、深度まで測定できる潜水艦探知テストがはじまった。爆雷はその深度によって調整されており、潜行中のUボートを正確に、確実に攻撃できた。

Uボートの損失数は、三月、四月にくらべ、五月には一挙に三倍近くハネ上った。それに反比例し、Uボートとの戦闘で連合軍側の五月の艦船損失は、三月の半分以下に減少した。


さらに『U180』にとって不運なことが発生した。

六月一九日、日本に到着したチャンドラ・ボースは、東京の帝国ホテルで記者会見にのぞんだ。

ドイツを出発する前、彼がヨーロッパ向けに行っていた反英インド独立のためのラジオ放送は、レコードに録音され、彼が出発後も放送が続けられていた。彼の動静を連合軍側にさとられないための攪乱である。

その彼が突然日本に現れたニュースに、「してやられた」と連合軍側ではくやしがったに違いない。

その帰りのUボートが手ぶらで戻ってくるはずはない。連合軍側は、調査の結果『U180』がその任に当っていると判断した。駆逐艦四隻と潜水艦一隻、航空機が、「『U180』を追え」とビスケー湾周辺で警戒を強め、待ち受けていたのである。

『U180』艦長ムーゼンベルグ少佐は、これらの情報すべてを知っていたわけではないが、経験と勘でこの危機を察知した。『U180』は細心の配慮のもとアフリカ大陸西側を、セントヘレナ島、アセンション島、ベルデ岬諸島を右に見て北上した。アゾレス諸島北あたりから、いよいよ最後の難関ビスケー湾に向かって向きを変え、指定発信地で潜水艦隊司令部に到着を告げた。『U180』はボルドー入港を指示され、間もなく三隻の駆逐艦が護衛に現れた。

ボルドー港はビスケー湾に注ぐジロンド川の河口から、さらに約一〇〇キロ上流にある。ジロンド川は河底が浅いため、『U180』は先導船に頼り、ゆっくり逆上った。

ボルドーに入港できたのは七月三日。四月二八日の会合以来、六七日目であった。

七月一日から二〇日までの間に、ビスケー湾を無事航行突破できたUボートは七五パーセント。四隻に一隻は失われていた戦況下で『U180』がボルドーに無傷で帰投できたことは、針の穴を抜けるような好運に恵まれたからであった。

友永と江見中佐は第二種軍装に着替え、『U180』ハッチから甲板に出た。タラップを手すりにつかまりながら踏みしめた。脚に力が入らない。思わずつまずく。『伊29』搭乗以来三か月の艦内生活は、まず脚を弱めていた。

長い緊張から解放されたふたりは、お互いの不様な姿に苦笑しあった。

そして思いきり吸いこんだ空気の、なんとあまく、軽く、やわらかいことか。頭の芯から肺の奥まで透明になっていくようだった。手足が大きく動かせる。視野がひらけている。蛇口から水が豊富に出る。厠が自由に使える。風呂がある。そしてなによりも死の危険がない。そんな日常なんでもなかったことが、今、新鮮な歓びとなるのだった。

# 第八章　ドイツでの足跡

## ■空襲下のベルリンに立つ

ならぶ笑顔に迎えられて
堅き握手に心は通う
ツォー駅頭に　憧れの地を
ここぞ踏んだわが第一歩
来た　ベルリンへ
ああ　ベルリンへ

一九四三（昭和一八）年七月半ば、ボルドーから列車を乗り継ぎ、やっとベルリンに降り立った友永少佐と江見中佐は、この歌で迎えられた。〈ベルリン春秋〉のタイトルで駐独武官（一九三八～九＝昭和一三～四年）だった河辺虎四郎陸軍少将が作詞し、歌い継がれていた。

ドイツの技術力に憧れ、この地への派遣を夢見てきた友永にとって、その感慨はいかばかりであったろうか。

しかしそのベルリンは、連合軍の空襲にさらされ、かつての重厚な趣きある建物は歯が抜けたように失われていた。

そして友永が知ったのが、山本五十六連合艦隊司令長官の戦死だった。ガダルカナル作戦、ポートモレスビー作戦などを終了した山本司令長官は、四月一八日、最前線の兵士を訪問するためラバウルを出発、ソロモン上空で敵機の急襲を受け、戦死した。各基地に出された手配電報の暗号を米軍に解読され、待ち受けていたP38戦闘機群に襲われたのだった。戦死の公表は五月二一日だったが、友永はその時すでに『U180』に移乗していたため、二か月遅れで悲報を知った。

友永がベルリンに到着して間もなく、大島浩駐独大使主催による『U180』乗組員への感謝の晩餐会が、在独・日本大使館の広間で開かれた。

ブランデンブルク凱旋門からほど近い、ティーアガルテンに面した日本大使館は、ヒットラーから贈られたものである。当時の日本大使館としては世界最高の規模であった（写真左参照）。

正面には巨大な六本の大理石の柱が屹立し、典型的なナチス・ドイツ時代を代表する第三帝国様式の建築だった。その中央に菊の紋章が黄金色に輝いていた。

内部も、各部署にエア・シューターが設置されており、書類を持ち回る必要などなく、機能的にも配慮がゆきとどいていた。

地下室から通じる中庭には、一トン爆弾にも耐える、厚さ一メートルのコンクリート地下防空壕があった。ここで生活できるよう、充分な広さと設備があり、その周到さに友永は感服した。日本の急造の防空施設とはくらべものにならない完璧さだった。

友永の所属する日本海軍事務所は、大使館に向かって左側の別館内にあった。

当時のままの姿を残す堂々たる在独・日本大使館。筆者撮影。

事務所の前は、広い道路をはさんでティアルガーデンの深い森が続いていた。かつてプロイセン選帝侯の狩場だったというこの森が、すばらしい借景となり、大使館の威風堂々たる建物が映えた。

親独派の雄、駐独大使大島浩陸軍中将は、ヒットラーをはじめ、軍、政府から変わらぬ信頼を得ていた。

ドイツ大使館付海軍武官は、横井忠雄海軍少将であった。

晩餐会当日は、大島大使をはじめ、横井少将ほか陸海軍武官ら総員が出席した。

広間中央にきらめく豪華なシャンデリア、食卓に並ぶ山海の珍味、高価な美酒の数々に、『U180』乗組員たちは、しばしあの苦難の航海を忘れ、陶然となった。

江見中佐と友永は、乗組員の間をめぐって酒をすすめ、その労をねぎらい、改めて感謝した。

同艦技術主任をつとめたルドルフ・オペルト元海軍大尉の証言によると、駐独日本陸海軍武官たちは『U180』乗組員から戦況の現実について聞き出そうと、次々に質問を浴びせてきた。しかしオペルト大尉らは、それに正確に答えることを避け通した。独軍の戦況が悪化している事実を伝えてよいかどうか迷ったためだった。駐独武官たちの余りの失望ぶりに、オペルト元大尉は、彼らがいかに正確な情報に飢えていたかを痛感、と綴っている。

たしかに駐独日本大使館に情報は不足していた。

## ■ベルリンは情報不足

当時、ベルリン大使館付陸軍武官大谷修陸軍少将は、克明な日記をつけていた。大谷は一九二三（大正一二）年、航空発動機および燃料研究のためにドイツ、フランスに留学した航空技術の権威である。一九四〇（昭和一五）年一〇月、日独伊三国同盟委員会随員として渡独以来、日独航空技術の接点としてベルリンで活躍していた。

その間の「ベルリン日記」は、敗戦時米軍の手に渡り、米ワシントン公文書館に保管されていた。それが研究者の手によって発見され、戦後三〇年を経て、遺族に返還された。

大谷少将の日記には、友永らがボルドーに到着する三日前の一九四三（昭和一八）年六月三〇日、日独間の特別任務飛行便、秘匿名称〈セ号〉が東京を出発、と記されている。

東条英機首相兼陸相は、日独政府間の連絡を密にするには、潜水艦のみでは時間がかかりすぎるため、陸軍航空本部に採用された大航続力を持つ〈キ77〉を利用することにした。無着陸飛行の開発を試みたのである。

予定では、〈セ号〉は福生《ふっさ》（東京）からシンガポール基地を経てセイロン島（現スリランカ）沖二〇〇キロから紅海に入る。地中海のロードス島（ギリシャ）で給油を受け、クリミア半島北部のザラブス独空軍基地に着陸。ここから大谷少将が搭乗した独軍機の誘導によって、レンベルグ（旧ポーランド領、現ウクライナ・リボフ）からベルリンに到着する。この航路は、大谷少将がドイツ側との綿密な交渉を経て決定されたものである。しかし、福生を出発した〈セ号〉はシンガポールを経たのち消息を断った。

日記によると、大谷少将は〈セ号〉失敗の焦燥と苦悩の後仕末をすませ、七月二二日ベルリンの日本人倶楽部に立ち寄っている。「三月日付の日本の新聞を珍しく読む」とあることから、日本の新聞を久方ぶりに読んだ様子がうかがわれる。

三月日付のまとまった新聞となると、それは友永らの搭乗した『U180』に託されたものではあるまいか。いずれにせよ、ベルリンの日本人たちは四か月遅れの祖国の新聞を唯一の情報源として、熱心に回し読みしていたという。大使館員たちでさえ、本国の情報が不足していたことがわかる。

〈セ号〉遣独計画より前の同年三月一日には、大本営陸軍部による独伊への陸路連絡使が東京を出発している。友永らの日本出発より二週間早い。

参謀本部第二部長岡本清福陸軍少将を団長に、陸軍からは同第一五課長甲谷悦雄陸軍中佐、海軍側からは軍令部第一部小野田捨次郎海軍大佐、外務省書記官与謝野秀らが、朝鮮半島、満洲（中国東北部）を経て、満洲里からソ連領に入った。シベリア鉄道で、タシケントへ。そこからアシガバード（トゥルクメニスタンの首都）、クラスノボドスク（カスピ海東岸）を経てカスピ海を渡り、バクー（アゼルバイジャンの首都）へ。さらにトルコ、ブルガリア、ルーマニアを通ってベルリンに到着したのは四月一三日。陸路を順調にたどっても四三日かかっている。

彼らは、独伊の軍事力が予想以上に劣勢に転じていることにショックを受けた。

一方、ドイツ駐在武官たちも、彼らから日本の戦況悪化の詳細をはじめて知ることとなった。

こうした陸・海・空路による陸海軍首脳陣のベルリン詣でには、戦況の危機打開に一るの望みが託されていたであろう。しかし逆に、その真相に打ちのめされる結果となったのである。

このように、日独伊軍事同盟は三国間の距離的な問題がネックとなり、共同作戦はもちろん、武器開発、情報交換すらままならず、その効果は微々たるものであった。

また、独海軍は日本海軍に、「伊海軍には内密に」と念を押した上で機密兵器類を供与したという。「同盟国でありながら独海軍は伊海軍を全く信用していないようだった」と、日本海軍の元担当者は綴っている。

同年七月二六日、ベルリンのラジオは早朝からイタリアの異変を報じ、ムッソリーニ首相の失脚

（同二五日）を告げた。九月八日には、イタリア軍の無条件降伏が公表され、三国同盟の一角が崩壊した。

ベルリンの日本大使館と道路をへだててイタリア大使館がある。ここがイタリア崩壊と同時にドイツ軍の監視下に入った。ものものしい警戒体制下、イタリア大使館員たちが大型バスで収容所に移送されていった。かつての同盟国人たちの不安におびえた表情を、プラタナスの木蔭から見送る日本大使館員や駐在武官たちの心境は複雑だった。

この夏のベルリンは気温が摂氏一五度から二五度と激しく上下した。時折驟雨が襲うと急に冷えこむ不安定な日々が続いていた。

八月二日、ベルリン市は不急の人々に退出命令を出した。ベルリン大空襲を予知しての措置だった。市内各駅は避難する市民で大混乱となった。

## ■注目を集める友永の活躍

このような状況下のベルリンで、友永の活躍ははじまった。とりあえずホテルを宿舎に独海軍工廠、関連工場、Uボート司令部を訪れ、まず〈自動懸吊装置〉と〈重油漏洩防止装置〉の解説をした。日本の潜水艦技術など問題にしていなかったUボート関係者たちが、実物と設計図を前にしての友永の説明に、はじめは半信半疑であった。次第にそれが驚異的な発明と認識されるや、彼らは友永に畏敬をこめ、われ先にと握手を求めてきたという。

駐独武官や武官補佐官たちがドイツ人社会に融和することは、ことばの壁もあり、むつかしかった。しかし、友永の明るく物おじしない積極性と、納得できるまで追求する徹底性が、頑固で人みしりしやすいドイツ人の心を開かせた。友永のドイツ語の上達は早く、持ち前のサービス精神もあって、行き先々で歓迎された。友永の姿が見えないと、「トモナガをなぜ連れてこなかったのか」と他の武官や外交官は催促された。

そんな人気者友永にのみ提供される特別な資料や情報もあった、と後年小島秀雄・元駐独海軍武官は語っている。

『U180』の技術主任だった前記オペルト元大尉も、友永との友情を深め、友永がブレーメンの造船所に出張した折には当地のオペルト家に招いて、お互いの技術交流を楽しんだ、と述懐している。

■ヒットラー、日本へUボート二隻を寄贈

一九四三（昭和一八）年春、ヒットラーはUボート二隻（『U511』『U1224』）を日本へ無償で寄贈すると申し出た。

ドイツは日本海軍に、インド洋上の英輸送船補給路切断を幾度も要請したが、日本海軍は潜水艦不足を理由に応じなかった。

そこでドイツは、大量生産の可能な『U511』と『U1224』を日本に寄贈、技術者も派遣し、日本で生産、戦力として活用することを望んだのである。

『U511』は、艦長シューネヴェント海軍大尉以下四六名の乗組員によって日本へ回航され（野村直邦海軍中将ら五名便乗）、七月一六日ペナン基地に寄港した。ここで、点検、整備を終えた。ペナン基地からは、奥田増蔵海軍大佐ら五名の日本海軍士官が同乗、七月二四日同地を出航した。

南シナ海では日本海軍輸送船団が、青灰色の『U511』を敵潜水艦と誤認し、砲撃してきたため、即刻、僚艦の護衛、先導を依頼した。途中で米潜に遭遇はしたが、八月七日午前一〇時、『U511』は無事呉海軍工廠潜水艦桟橋に到着した。

呉鎮守府司令長官南雲忠一海軍中将以下幹部士官、水兵ら多勢で彼らを出迎え、その壮挙を祝し、丁重に遇した。

『U511』は、ドイツ乗組員の指導で日本側乗組員が操艦を見習い、九月一六日正式に譲渡されて『呂500』（三七九頁参照）と改名された。

『呂500』は早速、日本で大量生産ができるかどうか研究された。福田烈海軍技術中将らが同艦に搭乗、技術協力に当るドイツ側技術者および日本潜水艦設計者・技術者らとあらゆる角度から検討を加えた。しかし、素材の不足、それを組み立てる機械・搭載兵器の不適合、水中速力の低さなどが理由で、日本海軍としては採用を見あわせることになり、練習艦として活用された。

ちなみに、一九四五（昭和二〇）年三月にその『呂500』の哨戒長となった藤井伸之・元海軍中尉は、日本潜水艦と比較し、『呂500』の特色を次のように述べている。

「『呂500』で水上航行中、米機グラマンF６の一三ミリ機銃を受けましたが、弾痕は残っても致命的になりませんでした。鋼材がよかったのでしょう。全体的に性能はよく、搭載機器、回転機器の発生音が静かでした。艦内音が強いと水中聴音機が聞こえないのですが、その点助かりました。レンズ類は独ツァイス社のもので、これも良質でした。特に襲撃用の二番潜望鏡は内筒だけが上下する油圧式で、操作が楽でした。受信機は独テレフンケン社のもの、方位盤、魚雷発射指揮装置などはコンパクトにできていました。生ゴムなど資源がないためか、配線は節約してあると思いました。食生活（註・艦内食の献立）は日本の方が豊富、水の消費量も日本の方が多かったようです」

藤井は、戦後海上自衛隊に入隊した。一九五九（昭和三四）年、海上自衛隊は潜水艦を初導入することになり、第一艦を米海軍から貸与された。藤井はその責任者として渡米し、米海軍潜水艦で一年間研修を受けた。旧日本海軍潜水艦、独Uボート、米潜水艦と、三か国の潜水艦に乗り組むという貴重な体験をした。「各々の潜水艦の特色を比較すると、その国の特性と方向が見えていて、興味深い」と藤井は語った。

### ■遣独第二便『伊8』ブレスト入港

ヒットラーから寄贈されたもう一隻の『U1224』（寄贈後『呂501』と命名）は、日本海軍によって回航するよう独海軍から要請された。『伊8』（三七九頁参照）が遣独第二便の任務を受けたのは、その『U1224』の回航要員をドイツへ移送するためであった。

『伊8』は、一九四三（昭和一八）年六月一日呉軍港を出航、二四日ペナンに到着した。ペナンで燃料、糧食を補給し、二七日夕刻インド洋に乗り出した。

艦長は、望んでこの大任を引き受けた内野信二海軍大佐（三四四頁写真参照）。通常潜水艦長は中佐までである。内野大佐はそれ以前、制空権を失った海域で、輸送船に替わり『伊8』でガダルカナル島の輸送作戦に参加。その後同島撤退のための陽動作戦にも加わり、幾度死地を脱したことか――。その〈強運〉で大佐に昇進した身であった。

その上、『伊8』は昭和一三年一二月竣工で、平時なら予備艦にして大修理する時期だった。日本海軍は、成功率の低い遣独航海に新鋭艦を投じる余裕はなかった、という。

『伊8』は乗組員五〇余名と『U1224』の回航要員六〇名に、ドイツから要請された軍需物資を限度いっぱい積載した。あの魔の海域、喜望峰沖では荒れ狂う怒濤に、幾度もあわやの危機に遭遇した。連合国海軍の追撃も激しかった。それらを見事克服、ビスケー湾からは独海軍水雷艇、機雷原突破艦に護られ、八月三一日、無事ブレスト港に進入できたのだった。

ブレスト入港中の独海軍護衛船と『伊８』（右端）。出典：伊八潜史刊行会編『伊号第八潜水艦史』（伊八潜史刊行会、1979年）所収。

ベルリンからは大使館付武官補佐官藤村義朗海軍中佐、同江見哲四郎中佐らと共に友永もブレストに向かい、『伊8』を出迎えた。江見中佐はかつて『伊8』の艦長をつとめ、その後任が内野大佐だった。両人には思いがけない、異国での邂逅だった。『伊8』はマストに軍艦旗を翻しながら、巨大なブンカー（潜水艦格納庫）に入った。

桟橋には独海軍儀仗隊が整列し、盛大な歓迎式典が催された。ドイツ側では日独潜水艦の健在ぶりを内外に誇示する意図もあった。『伊8』内野艦長以下全乗組員は、突然演奏された国歌〈君が代〉に、危機をくぐり抜け、大任を果たした安堵もあって、思わず涙ぐ

ブレスト港に入港しブンカーへ入ろうとする『伊8』とその乗組員。出典：同右。

ブンカー内にさしかかって万歳を三唱。出典：同右。

んだという。

『伊8』は、Uボートよりはるかに排水量が多いためブンカーに入りきれず、艦尾が出たままとなった。そして、ブンカー奥の独海軍工廠で、一か月にわたり徹底した整備を施された。

その責任者が友永だった。友永は『伊8』を詳細に検分して驚いた。上甲板の上げ蓋やカタパルトの側板、飛行機格納筒（その時は積荷）の鉄板などが流されたらしく、応急処置が施してあった。おそらく喜望峰沖の嵐が原因であろう。文字通り満身創痍のオンボロ艦でよくもここまで無事たどり着いたものだと、友永は造船官として『伊8』がたまらなくいとおしかった。同時にあの自然の猛威の中、命賭けでこれを修理した乗組員たちの勇気と努力に頭がさがった。

『伊8』は帰路の安全のため、独海軍の最新式二〇ミリ四連装機銃一基と、電波探知機が装備されることになり、砲術長大竹寿一海軍中尉や、通信長桑島斉三海軍中尉らが、その取り扱いの特訓を受けた。

一方、内野艦長以下大尉以上の士官はベルリンに赴き、Uボート艦隊司令長官カール・デーニッツ提督の朝食会に招かれた。

Uボート生みの親、デーニッツ提督は、日本からの第一回遣独艦『伊30』（三七八〜九頁参照）がロリアンに入港した折（一九四二＝昭和一七年八月六日）には、自ら桟橋で出迎えている。だが今回はイタリアのムッソリーニ政権が崩壊、無条件降伏直前の緊迫期であり、麾下のUボートも五、六月の〈魔の季節〉（四二、三二五頁参照）以降好転のきざしはなかった。デーニッツ個人としても、Uボート士官であった二男の戦死（その後、高速艇士官の長男も戦死）など、苦悩は続いていた。その頃のデー

ブレスト郊外の保養地シャトー・ヌフを訪れた『伊８』の乗組員。出典：同右。

ニッツには、全軍を叱咤したかつての精悍さや、部下を射抜く鋭敏さが薄れていた、と記されている。

内野艦長らが一週間滞在したベルリンでは、最高級のホテル・カイザーホフの貴賓室が用意されていた。食糧事情もきびしい中で、特別に調達された料理でもてなされた。

ほかの乗組員たちには二泊三日のパリ見物が許された。純白の第二種軍装の日本海軍士官たちが、ベルサイユ宮殿、凱旋門、モンマルトルの丘をめぐると、市民の視線が集中した。シャンゼリゼ通りの有名レストラン〈リド〉では、一行が着席するやバンドが〈軍艦マーチ〉と〈愛国行進曲〉を演奏し、歓迎の意を示した、という。

乗組員は残りの日々を、ブレスト郊外の保養地シャトー・ヌフで休養した（写真上参照）。小高い丘に点在する森、その一角にそびえるフランス貴族の城が保養所に供された。手入れがとどいた庭園にはばらの花が香り、噴水には時折虹がかかる。小鳥がさえずりながら飛び交っている。ひんやりとした城内には時代を経た調度品が息づいている。

これまでわずかの上陸休暇には、湯田（山口）、嬉野（佐賀）、熱海（静岡）などの温泉旅館で大きく手足を伸ばして眠るだけで幸せだった潜水艦乗組員たちである。この夢のような異国での日々は、突然異次元に迷いこんだような錯覚に陥るほどであった、という。

## ■友永『伊8』の積荷に力量発揮

『伊8』の出航は一〇月五日と決定した。

整備、修復が完了した『伊8』を確認した友永は、『伊8』への積荷に立ち会った。『U1224』回航要員六〇名をおろしたスペースには、駐独日本大使館付武官横井忠雄海軍少将ら一〇名の日本人と、駐日ドイツ大使館付武官ら四名のドイツ人が便乗することになった。そのほか日本大使館が買い付けたドイツの最新兵器や図面、資料などが積みこまれた。

積荷のひとつに、独ダイムラーベンツ社が開発した高速魚雷艇用エンジンの完成品があった。このエンジン第一号は、遣独潜水艦第一便『伊30』によって日本へ運ばれる途中、シンガポール出航直後に艦とともに触雷爆沈した（三七八〜九頁参照）。高速魚雷艇完成に不可欠な高性能エンジンを喝望する日本海軍は、軽量で大馬力の同型エンジンを待ち望んでいた。問題はそのエンジンのサイズが『伊8』艦内に納められるかどうかであった。

内野信二海軍大佐（当時）。『伊８』艦長。出典：同右。

検討した結果、本来飛行機を分解収納する飛行機格納筒に積みこむことができた。ところが、電動で昇降するこの格納筒が、エンジンが重すぎ、作動しなくなった。

出発直前だけに、内野艦長の表情が変わった。

それを見ていた友永は、「浮力を利用すれば負荷がへり、作動するはずです」と即座に助言した。

友永は内野艦長と共に『伊8』をブレスト湾に移動させた。そして徐々に艦を半潜航させた。するとびくとも動かなかった格納筒が、スムーズに動きはじめた。

友永は、ゆったりとうなずいた。

内野艦長はそんな友永を、噂にたがわぬ人物と、あらためて見入った。

友永の頭脳には、あらゆる原理原則や情報がインプットされている。それが問題発生とともに、瞬時にしてコンピュータのように検索、結びつき、明示され、解答としてアウトプットされてくる。

浮力の原理は誰でも知っている。しかし、目の前の格納筒と浮力の原理を即座に結びつけて解決することは誰も思いつかなかった。友永のしなやかな発想が『伊8』の出発を遅らせずにすんだ。

一〇月五日午後三時三〇分、『伊8』は隠密裡にブレスト港を離れ、大西洋に乗り出した。

『伊8』が数々の危機と難関をかいくぐり、シンガポールを経由して呉軍港に帰投できたのは一二月二一日だった。

太平洋戦争中決行された敵中突破の遣独潜水艦五便のうち、唯一成功したのが、なんとこの〈定年〉を迎えていた『伊8』一便のみだったのである。

最悪の戦況下、〈定年〉艦を操り幾多の危機を乗りこえ、往復三万カイリ（約五万六〇〇〇キロメートル）、地球を一周する困難な任務を完遂できたのも、百戦錬磨、沈着無比、その上強運に恵まれた内野艦長だからこその快挙であった。

友永は正子へのドイツからの第一便を、このブレスト出張中にしたため、『伊8』に託している。

正子どの

其の後元気で暮している事と思います。

当方、〇月〇日元気一杯にてベルリンに到着以来、張切って勤務しており、安心して下さい。当地の生活にも慣れ、言葉も不自由ながら、何とかしてお互いの意見、意志を交換できるようになりました。旅行の途中もきわめて気持良く過すことができた事を知らせておきます。

独国に来て以来、独海軍当局の特別な待遇を受けて満足な研究を続けています。常に旅行勝ちなために、一定の住所が定まらず、方々のホテルをわたり歩いています。

荷物は大部分ベルリンの海軍事務所に置いて、トランク一個をさげて旅行しています。食糧切符は特別に多く、食いきれない程多く貰い、金の方も何等不自由がありません。凡てが申し分のない状況で暮していますから安心して下さい。

勿論、仕事の方も思うように捗り、喜んでいます。帰国の上は大いに御奉公したいと思っています。

日本出発の時は、早くに切りあげて帰る予定でいましたが、そんな具合で独乙に来た技術的未練があるので、若干帰国を延すことにしました。悪しからず。

予定よりも三～四か月、日本帰省が遅くなるものと考えて下さい。

何月頃に帰るかは、此處に書くことは許されないが、正月は萩で皆様と一緒に楽しく過し、ゆっくりとして東京に帰るがよいでしょう。

五月一九日付の加来兄（註・友永の義兄、医師）よりの手紙及び写真は既に拝見しました（註・『伊8』の往路便に託されてきたもの）。

父上の還暦祝いは大変楽しかった由、なごやかな集の様子が、遥かの異国から一層なつかしく想像されます。

毎日が忙しくて日の経つのが極めて早い。

戦争中だから、買物にはまったく不自由しますが、設備が良いのと、一流ホテルに暮しているので、大した苦労はありません。

所用があってパリを四回通過、その度毎に一両日を同地に暮していますが、泊る宿はホテル・リッツです。リッツと言えば世界一のホテルで、そこしかパリでは泊ったことがないと言えば、パリを知っている人なら驚くでしょう。その上、私は一度も金を払ったことがありません。

仏国は全然戦争をしていません。花のパリの香りを未だに残しています。

何処へ行っても時々空襲警報が鳴り、夜中に起されて地下室に入らなければならないのは、何としても不愉快です。

しかし、これが戦争と言うものでしょう。

洋子と展子は元気でいますか。

菊屋の皆様には大変御世話になっていることでしょう。何卒宜しく御伝え下さい。

又、ついでの節、加来、鎌田、中部（註・正子の義弟）の諸賢にも宜しく。

此の手紙と時計一個を泉中尉におことづけする。時計は独乙では全然買うことができません。スイスに居る人に願って買ったものです。加来兄に早速贈って頂きたい。

お医者さんが時計がなくてはお困りでしょう。医学書の件は軍医官に頼んでありますが、あまりあてにしないで下さい。書籍も戦時中は余り多く出版されていないようです。

泉中尉は萩の人、兵隊から進級して中尉になった人です。この手紙と時計が無事に手に入ったら、よろしく御礼を言って下さい。たとえ小さなものでも数万キロメートルをへだてた所を運ぶのです。並大抵の苦労でないことを、良くご承知下さい。他にもことづけたい物が多くありましたが、遠慮した次第です。

左様なら

一〇月四日

英夫

正子殿

泉中尉に僕の様子を良く聞いて下さい。但し秘密に関することは聞かないこと。

公務報告を先にするため、あなた以外には誰にも手紙を書く時間が得られなかったので、皆様によろしく御伝えあれ。


友永がパリを四回通過したのは、ビスケー湾岸のブレスト、ロリアン、ボルドーなどドイツUボート基地への出張であろう。

三か月間にベルリンから約一二〇〇キロの距離を四往復していることになる。空襲下での移動は危険をともなったが、妻への配慮から記していない。

当初の滞独予定は半年であったが、それを三、四か月延ばす、と伝えている。家族は妻の実家萩市の菊屋家で生活や空襲の憂いもなく過ごしていた。友永にとっては、心置きなく仕事が続けられる条件が整っていた。

この手紙は、この年の暮れも押し迫った頃、正子の手に渡っている。


友永がブレストで『伊8』を見送り、ベルリンに戻ってきて間もなくであった。

一〇月二三日から二四日にかけ、ベルリンは大空襲に見舞われた。

一千余機の爆撃機が空をおおい尽した。爆弾と焼夷弾を交互に落とし、すき間なく絨毯爆撃をくり返した。ベルリンの中心部はほとんど破壊され、日本大使館も被弾し、一部炎に包まれた。

日本では空襲対策としてガラス窓に紙を貼り、破損や散逸を防いだが、美観を尊ぶベルリンでは、警報と同時にガラス窓を全部解放した上で防空壕に入るよう指示されていた。

防空壕そのものは日本より堅牢で、内部に居る限り、それほど恐怖は感じなかった。しかし、市民が防空壕から這い出ると、家屋は黒い瓦礫となり、空だけがひろがっていた。

ベルリン市民に強烈なナチ信奉者は少ない。表だっては口にできないものの、ナチに対する憎悪は、この日の猛爆を機にさらにひろがった。国民の士気も衰えた。

友永はこの空襲で寄宿中のホテルが被害を受け、数少なくなったホテル住いをあきらめ、一一月以降下宿に移っている。

一方、『U1224』の回航要員として『伊8』に便乗してきた六〇名の乗組員たちは、その頃バルト海で『U1224』の操艦訓練を受けていた。艦長乗田貞敏海軍少佐以下、優秀なメンバーだった。通訳を介してのことばの不自由さはあったものの、その吸収力の正確さ、速さに、指導に当ったUボート関係者は、日本潜水艦乗組員の資質を見直した。

特に集団としての連携力、秩序の尊重はUボート乗組員以上ではないか、と関係者は絶賛し、それを報告している。

友永は異国で〈身内〉が評価されたことを非常に喜んだ。

一九四四（昭和一九）年二月一五日、キール軍港で『U1224』の日本海軍への譲渡式が行われた。譲渡式に日本側からは駐独武官阿部勝雄海軍中将、駐独武官補佐官渓口泰麿海軍中佐、それに友永も出席した。『U1224』は『呂501』と命名され、三月三〇日出航が決定した。

『呂501』には、友永の先輩造船官であり、一九三九（昭和一四）年以来ベルリンでUボートの研究を続けてきた根木雄一郎海軍技術大佐（昇進）、友永と共に遣独の任を受けた潜水艦戦術のリーダー江見哲四郎海軍大佐（在独中に昇進）、ドイツ空軍が開発した機密兵器ターボジェット機の設計組立を学んだ吉川春夫海軍技術中佐、海軍機関学校出身の山田精二海軍大佐の四名が便乗、帰国することになった。

本来ならば友永も帰国予定の時期になっていたが、前任者根木大佐の帰国で友永がその後任を担うことになった。それに友永にとってはまだ研究課題は多々残っていた。

三月三〇日、『呂501』は予定通り日暮を待ってキール軍港から帰国の途に就いた。英海空軍に制圧されている海域のため、航路は慎重に選ばれた。

しかし『呂501』は二度と海面に姿を現すことはなかった。

のちに、大西洋ベルテ岬（アフリカ西岸）北方で、米空母『ボーグ』の護衛駆逐艦『フランシス・ロビンソン』の爆雷攻撃によって撃沈されたことが確認された。日時は五月一三日午後七時であったという。

遣独第一便『伊30』と同様、ドイツから譲渡された『呂501』も、貴い人材とともに、重要機密兵器を積んだまま、深海に没してしまった。

先に述べたように、陸軍航空本部による遣独特別任務飛行便〈セ号〉も失敗した。

だからといって日独間の連絡を中止するわけにはいかない。両国とも戦況は好転することなく、ますます逼迫してきた。その打開に、日本はドイツのジェット推進戦闘機、レーダー、高速魚雷艇用エンジンなどを、一刻もはやく入手しなければならなかった。

一方、ドイツでも南方資源の生ゴム、タングステン、錫などが必要である。特に生ゴムが極度に不足し、高性能のジェット機が開発されても、その車輪に用いるゴムがないため、飛び立てない機もあった、という。

そこで日本海軍は、遣独第三便に『伊34』、第四便『伊29』を続いて派遣することにした。

■遣独第三便『伊34』沈没

『伊34』（三七八〜九頁参照）の主な任務は、『U511』で帰国した野村直邦海軍中将の後任となる小島秀雄海軍少将以下、小島正巳海軍中佐、中山義則海軍中佐、駐スペイン武官補佐官拝命の無着仙明海軍中佐、駐独武官補佐官の扇一登海軍中佐、潜水艦専門の有馬正雄技術少佐、艦政本部嘱託の技術者藁谷武、蒲生郷信の移送と、ドイツの要望する資源を運ぶことにあった。

『伊34』は一九四三（昭和一八）年一〇月一三日呉を出航、同月二二日シンガポールに到着した。ここで積荷して、出航地ペナンへ回航することになっていた。

小島少将ら便乗者たちは空路シンガポールに到着、『伊34』に荷物を積みこんだあと、ここから陸路ペナンに向かった。

『伊34』艦長入江達中佐は、シンガポールからペナンへの回航に、有馬技術少佐の同乗を要請した。艦底のキール（竜骨）内部に積んだタングステン粉末の袋八〇トン、錫のインゴット五〇トン、上甲板に積んだ生ゴムのブロック八〇トンなどの積荷による重心査定や、艦細部のテストが残っている。

その助言を得るためであった。

有馬技術少佐は快く承諾し、『伊34』は一一月一一日同港からペナンへ向け出発した。

マラッカ海峡を北上した『伊34』は、ペナン入港直前の一三日、ムカ岬灯台一・八キロ地点で突如英潜水艦『トウラス』の雷撃を浴びた。

そして回避する間もなく、遣独任務就航前に没してしまった。

日本海軍の制圧海域であるはずのマラッカ海峡さえ、すでに敵艦が侵入していたのである。

## ■遣独第四便『伊29』、『伊8』と出会う

遣独第四便『伊29』(三七八～九頁参照)は、『伊34』の悲報を知らないまま一一月五日呉を出航した。

この艦は、半年前の四月二八日、江見哲四郎中佐と友永をマダガスカル島沖で『U180』に移乗させ、かわりにチャンドラ・ボースを乗せて帰る大任を果たし(三一六頁参照)、五月二九日にはペナン港に戻り、六、七月にかけてアデン湾(アラビア半島南部)を中心にインド洋交通破壊戦に従事した。その後八月一九日呉港に帰投、遣独第四便の任務を受け、改修に回された。

艦長は伊豆寿市海軍中佐から木梨鷹一海軍中佐に交替した。

便乗者は七名。

ドイツの兵器を購入、それを使用するための要員である。現地で研修を受けた方が効率もよいと、海軍技術科士官七名が選ばれた。海軍技術中佐皆川清、同・今里和夫、海軍技術少佐玉井廉人、同・梅崎鼎、同・永盛義夫、同・田丸直吉、同・川北健三である。

『伊34』で戦死した有馬正雄海軍技術少佐も実はこのメンバーのひとりであったが、同艦の積荷その他の指導のため一足早い便での遣独となり、悲運に遭遇した。

彼らは、一九二八（昭和三）年から一九三五（昭和一〇）年までに東京帝国大学工学部を卒業したかつての海軍委託学生で、第一線で働く有能なエンジニアたちであった。

その彼らが『伊29』のシンガポール到着にあわせて羽田から空路現地に出発したのは一一月一八日である。

彼らは出発前に『伊34』の悲報を知った。「これで遣独の成功率は三割と覚悟した」という。

「家族と一緒に写真を撮ったが、私の出発までに仕上らないというから、君すまないけれど写真店から受けとって持ってきてくれ」

親しい有馬技術少佐からそう頼まれた田丸直吉技術少佐は、ふたつ返事で引き受け、ふたりで前途を祝して盃を重ねた。だが、田丸少佐が有馬少佐の写真を受けとった日、有馬はペナン沖で『伊34』と運命を共にしていた。

有馬は虫が知らせたかのように、家族一同の最後の写真に自分を焼き付けていたのである。

友永と有馬も東大時代からのよきライバルであった。

有馬は友永の一級下であったが、海軍委託学生としての授業は一緒で、友永英夫、船越卓、遠山光一、有馬正雄の四人組は有名だった。任官後は友永と有馬が潜水艦の専門家となり、切磋琢磨しあった仲だった。

ベルリンで有馬の戦死を知った友永は、顔を引きつらせ、棒立ちになったままだった。有馬をベルリンに迎え、ふたりで手分けしてUボートの研究をすれば、鬼に金棒と、有馬の訪独を楽しみに待っていた矢先のことだった。

『伊34』に乗る予定だった小島秀雄海軍少将らは、技術士官グループと共に急遽『伊29』に便乗、藁谷ら民間技術者は渡独を中止、帰国した。

『伊29』の入念な改修整備のため、便乗者たちはシンガポールに約ひと月逗留するはめになった。

そこへ一二月五日、『伊8』がドイツからの航海を終え、シンガポール港セレター岸壁に到着した。よくも無事で、と祝福する『伊29』便乗者たちに、『伊8』の乗組員たちは、案ずるほどの危険はなかった、と告げている。

『伊34』の事故で不安に引きずりこまれていた『伊29』便乗者たちは、一筋の光明を得た。さらにもうひとつの〈安心〉が加わった。『伊8』がブレスト出航の際に装備したドイツ製受信機〈メトックス〉を『伊29』が譲り受けたことである。

メトックスは、英哨戒機のレーダー電波を捕らえるメートル波受信機である。「『伊29』の安全に必要」との電波専門田丸直吉技術少佐の進言により譲渡されることになった。

それは『伊29』にとっての守り神となった。ところがあとになって、厄神であることがわかった。

『伊8』がブレストを出航した頃、英哨戒機はすでに波長九センチのレーダーを使用しており、この時点でメトックス受信機は全く役に立たなくなっていたのである。ドイツ側ではそれを承知していたが、それに替わるものがなかったため、『伊8』には気安めに設置したといわれている。『伊8』には電波専門の技術者がおらず、乗組員たちもその情報を入手していなかったため、彼らはメトックスを守り神と信じて航海してきた。

一方、ドイツ海軍では、英軍捕虜パイロットの証言で、メトックス自体が誘導波を出し、英哨戒機がこれを逆利用していることがわかった。これはドイツ海軍にとってショックだった。

しかし、この英軍捕虜の証言に疑問を抱いた田丸直吉技術少佐は、渡独後、メトックスの誘導波を詳細に検討し、この微弱電波は敵機が捕捉できるほど強いものではなく、敵機が捕捉したのはUボートからの短波通信であったことをつきとめている。捕虜の証言の誤訳が原因で、メトックスが悪役とされていた、というのである。

ともあれ、メトックスが無用の長物と化していたことは確かであった。

戦時下の兵器開発は一刻を争う。ドイツ・日本間の約三万キロは、潜水艦で約三か月かかる。往復で六か月もかかれば、機密兵器は、機密でも兵器でもなくなってしまう可能性が高い。

メトックスをめぐる問題はその典型的な例であろう。

■田丸少佐の『伊29』航海日記

『伊29』は一二月一六日午前一一時の出航となった。『伊34』の犠牲に懲り、ペナン港を避け、スマトラ島南のスンダ海峡を経てインド洋に出るコースをとることにした。乗組員は作業衣のまま目立たぬように乗艦した。もちろん帽振りの出航儀式もなく、ジョホール水道を通り、沖合に出た。

第一夜は無人島の島蔭に仮泊した。シンガポール出航を敵に通報された場合を想定し、ここで一旦

『竜宮紀行』を書いた田丸直吉・元海軍技術中佐。昭和46年59歳当時。写真提供：田丸育子

姿をくらますためである。

『伊29』艦長木梨鷹一中佐は温厚沈着な勇者で、高い信望を集めていた。ソロモン海域の激戦で米空母『ワスプ』を撃沈したほか赫々たる勲功を挙げても、淡々としている大物艦長であった。

電波担当技術少佐田丸直吉は、『伊29』の航海日記「竜宮紀行」を私家版として遺している。便乗者の立場から描かれた遣独潜水艦の記録として貴重な手記である。

田丸・元技術中佐、育子夫人の好意により、以下この項は同日記からいくつかのエピソードを抜粋しつつ、『伊29』の当時の艦内の様子をたどってみる。


毎朝八時に艦内にベルが鳴りひびき、三〇分の急速潜航の演習で一日がはじまる。乗組員全員が武器としての潜水艦の性能効果を確認する、最も緊張する一瞬である。

東から西へと航行すると、経度一五度ごとに時間を一時間遅らせなければ、時差が解消しない。しかし内地との連絡のため、大西洋のドイツ海軍通信圏内に入るまでは、内地時間で通した。そのため、約一か月は異常な日課に悩まされた。

喜望峰に近づいた頃には、現地時間では朝食が午後一時三〇分、夜食は翌朝の午前四時三〇分という奇妙な日課になった。

一九四四（昭和一九）年の元旦は、インド洋上、マダガスカル島付近で迎えた。友永らが『伊29』から『U180』に移乗した海域である。

幸いほとんど危険性のない海域だった。便乗者たちは、特別に支給されたビール瓶一本分のアルコールで体を拭き清めた。乗組員一同小ざっぱりした服装に着替えて配置につき、恒例の急速潜航のあと、海中で遥拝式を行った。

インド洋海底に、〈君が代〉のラッパが滔々と流れた。

浮上後一同甲板休憩が許された。日の出は九時三一分。元日の献立は豪華だった。

○朝食
雑煮（缶詰餅、松茸、油揚、三つ葉）
銀飯
煮豆（黒豆、凍豆腐）
付合せ（数の子、煮魚）
漬物
○昼食
五目寿司（干瓢、松茸、凍豆腐、筍、青豆）
刺身（鮪）
付合せ（するめ、昆布巻、数の子）

煮豆（黒豆）
付出し（缶詰枇杷《びわ》）
漬物（瓜粕漬）
○夕食
銀飯
魚（缶詰味付魚肉）
フルーツサラダ
付合せ（数の子）
味付葉豆
すまし汁（たまご、三つ葉）
漬物（生姜漬）
○夜食
ぼた餅

ほとんどが缶詰であったが、当時の国民の貧しい食卓とは比較にならない。

鮪の刺身、とあるのは、二日前の一二月三〇日、ドイツ補給艦『ボゴタ』から生鮮食品として差し入れられたものだった。

『ボゴタ』は、インド洋上で英輸送船団攻撃に当るUボート用の補給艦であった。

屠蘇代わりに〈賀茂鶴〉の冷酒が配られ、思わず歓声があがった。禁酒の艦内生活に、日本酒の香りが漂っただけで、乗組員たちは陶然となった。そのまやろかな黄金の滴は五臓六腑にしみわたり、一同久方ぶりに恍惚の巷をさまよった、という。

雑煮の餅も缶詰で、厚さ八センチ、直径二五センチと大きい。乗組員のひとりがそれを小刀で器用に削り、お供え餅を拵えた。古いロープをほぐして輪飾りまで作り、士官室の神棚や兵員室に飾った。ふしぎに心が新たまった。

通訳としてドイツに赴任する海軍大学校教授鮫島龍男の乗艦により、ドイツ補給艦とのやりとりでことばの障害がなかったことは幸いだった。

一月四日、『伊29』は『ボゴタ』から最後の燃料四五トンと生鮮食糧を受けとった。『ボゴタ』は、かわりに『伊29』乗組員たちの感謝をこめた正月用供え餅とともに、『伊29』乗組員・便乗者たちから託された故郷への便りの束を受けとった。両艦の連絡は、それぞれの艦橋に黒板を置き、ドイツ語で記したものを双眼鏡で読みとりながら行った。

『伊29』乗組員たちは、はるか遠く故郷を離れてインド洋で黙々と任務を全うするドイツ補給艦乗組員たちの二度の友情に、ちぎれんばかりに帽子を振って感謝した。

一月九日、北北西の風が一一メートルになり、南緯四〇度の喜望峰〈魔の荒天海域〉にさしかかった。

航行困難な暴風に、『伊29』は定例の急速潜航訓練後、そのまま〈自動懸吊装置〉に切り替え、総員一日休養をとることになった。

友永発明の〈自動懸吊装置〉はここでも役立った。装置は順調に作動した。主電動機はとまり、艦内には怖しいほどの静寂が訪れた。海上の暴風が嘘のように感じられた。

しかし、静寂であるために、「装置が作動するたびに発する電磁弁の開閉音が耳障りになった。電磁弁そのものが設計不良なのか、装備上に問題があるのか不明だが、これだけの発生音があると、きびしい哨戒海域では問題があるのでは」と田丸直吉少佐は指摘している。

一月二〇日まで『伊29』は荒天域脱出に苦闘した。被害は艦橋のガラスの破損と、艦橋後部のレーダー受信用空中線の喪失だった。直径一メートル余り、重さ二〇〇キロもの反射板が回転軸の根元からもぎとられていた。それでも『伊8』から譲り受けた広帯域空中線が無事だったため支障はなかった。

見張員が命綱を波に引きちぎられ、危機一髪で助けられるなど、乗組員は世界の難所の恐怖を実感した。

一難去ったあとの海は穏やかになった。通風がよい艦橋下の発令所《(ママ)》ベンチは喫煙席だった。深々と紫煙を吸いこんでいると、士官室とハッチの間をねずみがちょろちょろとすり抜けていった。乗組員たちは「彼らも便乗者」と、苦難を共にするねずみをいとおしんだ。

一月二五日、セントヘレナ島右横八〇〇カイリ地点を通過、いよいよ哨戒厳重な危険海域に突入した。木梨艦長は全乗組員にその旨訓示し、見張りや緊急配備を再確認した。そして、昼食にウィスキーを、夕食にちらし寿司を、夜食にフルーツ・ポンチと梅酒を特配し、士気を鼓舞した。

間もなく、ベルリン大使館付武官補佐官からの電信で二月一三日より四日間、Uボート用のドイツ補給艦が北緯二八度、西経三八・五度にて待機、と知らせてきた。

暗号翻訳の不手際から現場到着が一日遅れたものの、ドイツ補給艦と会合できた。補給艦からはUボート乗組員である水先案内兼連絡士官イェニッケ中尉、レーダー観測員ベンナー下士官、その助手ハンツ水兵の三名が、レーダー観測用機械と重要書類を持って『伊29』に移乗、無事給油も終えた。

レーダー電波観測用の新しいセンチ波受信機〈ナキソス〉、メートル波受信機〈ヴァンツェ〉も設置され、専門の観測員が居るとなれば安全度も増した。

『伊29』は、昼間は潜航、未明は充電のため水上航走、一日約八五～八九カイリの速度で北上した。甲板上での運動は不可能になったが、兵員室の食糧がすっかりへり、体操ができる広さになった。乗組員も便乗者もここで体を動かしていたが、潜航が長くなるにつれ、食欲がなくなってきた。脂こいものは喉を通らなくなり、白粥や酢物の特注献立がふえ、烹炊《ほうすい》係は多忙になった。

便乗者たちは、イェニッケ中尉が持ちこんだ戦訓資料翻訳に忙殺された。

資料は敵の哨戒法、攻撃の態様、これへの対処戦法、それに成功したUボート艦長の報告、捕獲した敵の新兵器などが、詳細に理路整然と述べられていた。独海軍らしい厳密さでまとめられた資料に、日本海軍士官たちは大いに学ぶところがあった、という。

三月三日、西経一五度を過ぎ、いよいよスペインのビスケー湾に接近した。八か月前、友永らが乗艦した『U180』が、やっと〈針の穴〉から抜けた危険海域である。潜航中の艦内には、脅迫するかのように爆雷の炸裂音が響くようになった。

そんな中で迎えた桃の節句を祝い、夕食にはボタ餅、夜食には缶詰の桃が食卓に並んだ。

三月五日未明五時、警戒充電航行のため総員配置につき、浮上した。ハッチからは冷たい汐風が勢いよく艦内に流れこんだ。一同まるで水中の金魚のように口を開け、その空気を胸いっぱいに吸いこんだ。

その時だった。急速潜航の急報ベルが鳴り響き、甲板や艦橋で配置についていた者が黒いかたまりとなってハッチから司令塔に落ちこんできた。

当直士官は艦上に人影がないのを確かめてハッチを閉じ、艦は急角度で潜行した。深度計が七〇メートルを指すと、艦はきしみ、幾条もの水滴が壁に糸をひいた。

月明りは幾分あったが、波が立っていたため『伊29』は敵爆撃機の探照灯に発見されず、襲撃はまぬがれた。

ところが機銃員神尾兵曹の姿が見えない。厠《かわや》、弾倉と艦内中探したが見当らない。

神尾兵曹は、爆撃機発見と同時に機銃の射撃準備にかかった。しかし艦長は戦闘を下命せず、急速潜航を命じた。神尾兵曹は規定通り機銃を固縛しはじめた。機銃の蔭に入った神尾兵曹の姿は、ハッチを閉めるため艦上を点検した当直士官からは死角だった。

神尾兵曹が固縛を終えた時、『伊29』のハッチは閉じられ、急角度で潜航した。神尾兵曹は一瞬の間にその激しい渦の中に巻きこまれたに相違ない、というのがのちに一致した結論となった。

艦内は、敵機の難を避けた安堵が一瞬にして衝撃と変わった。敵機の哨戒は続いており、浮上して神尾兵曹を捜索するわけにはいかない。

木梨艦長の苦悩の表情から一同目を外らし、やりきれなさに打ちのめされた。

三月五日、六日と夜間充電航行を試みたが、浮上後二分から五分経過すると即、敵哨戒機が現れた。制圧のきびしさは予想以上である。これでは浮上充電はできない。電力と酸素を極力節約するため、艦内の照明は最小限にとどめ、当直のほかは全員ベッドに横になった。頭痛、眠気、酸欠症状が現れる。空気清浄装置も限度を越えたのか効かない。

まず三人のUボート乗組員がぐったりした。電力も残りわずか、浮上に必要な圧搾空気も四回分しかない。これ以上の潜行は危険である。

木梨艦長は総員を配置につけ、「浮上充電航行を強行するが、哨戒機の襲撃で戦闘も覚悟しなければならない。全員沈着に職務を遂行、この危機を突破しよう」と訓示した。

『伊29』は、潜望鏡で周辺海域の安全確認後浮上した。一〇秒で電波探知機に敵機の弱い電波が入りはじめた。しかし強行突破である。ハッチから流れくる空気に一瞬体がふるえた。生き返った。

電波音は強弱をくり返したが、幸い哨戒機は現れなかった。

かわりにスペインのヴィラーノ岬灯台が浮かび上ってきた。航路は正確だった。八〇日目の陸影だった。ここからスペインの海岸線に沿い、ビスケー湾に入った。最大の危機は避けられた。

三月一〇日午前七時三〇分、Uボート司令官から指定された海域に『伊29』は静かに浮上した。その位置は、一一隻の独海軍水上艦艇が円陣を組み、上空には護衛戦闘機隊一個小隊が飛び交って待つ、まさにその中央だった。まるで映画の一シーンを見る思いだった、という。航海長大谷英夫大尉の胸のすくような腕前を、まず独海軍に披露した瞬間だった。

目的地ロリアン港までは四隻の駆逐艦に護衛され、フランス海岸線に沿って水上航走した。

午前九時過ぎ、敵爆撃機隊の襲撃を受けた。『伊29』も機銃射撃で応戦した。しかし上空を護衛中の独空軍戦闘機の小隊長機が被弾、炎に包まれた。小隊長と機銃兵が戦死した。

彼らの遺族には後日、日本から勲章と弔意が贈られた、という。護衛駆逐艦の後尾も損傷を受けた。

敵機が去ったあと、『伊29』は嚮導《きょうどう》駆逐艦（嚮導は海軍用語、先導の意）に導かれ、その五〇〇メートル後方を進むよう指示された。この駆逐艦は奇妙なものを曳いていた。五〇メートルくらいの長さのロープの先にブイが付いている。ブイは水中で大きな音を出している。

実はそれ以前、Uボートが突然爆破沈没する被害が相ついだ。原因を調べると、敵側が、スクリュー音で起爆する音響機雷を敷設していたことがわかった。独海軍がその対策として発明したのが、騒音ブイ（別名みそさざい）である。音響機雷がこの騒音ブイをスクリュー音と感知して爆発すれば、艦は難を逃れる。騒音ブイは掃海用に活躍した。

『伊29』の甲板上では騒音ブイの効力を確認しようと、技術士官たちが息をつめて見守っていたが、掃海ずみのためか爆発は起こらなかった。

三月一一日未明、『伊29』はロリアン港に近づいた。ロリアン港は水深が浅いため、メインタンクを空にして金氏弁（艦底弁）を閉じることで、艦の吃水《きっすい》線を高くした。

午前三時三〇分、敵機来襲。総員戦闘配置についたが偵察に終わった。大規模な空襲の前ぶれかもしれない。

午前五時三〇分、艦内の最後の朝会を終え、全員第一種軍装に着替えた。散髪、ひげそりはすでに交替で行っており、汗と油でうす汚れた男たちは、見違えるばかりの男前になった。

艦内では履かない革靴を、箱からとり出していた士官が叫んだ。

「ちくしょう！　やりあがったな」

彼の靴の両踵は、ねずみにすっかり食いちぎられていた。彼だけがねずみ退治に熱心だった。ねずみの仇討ちだった。

間もなく護衛艦団は解散し、小型掃海艇が『伊29』を先導した。万一の空襲と機雷に備え、非番の者は総員上甲板に集合したまま、『伊29』はロリアンへの水道を航走した。

早朝のロリアンは、なだらかな丘が灰色にかすんでいた。はるか左手の空には、さまざまの高さで気球がゆらめいていた。敵機の侵入を防ぐ阻塞気球というものだが、まるでおとぎの国の絵のようであった。その中央に丸ビルほどの大きさの巨大な四角い建物が浮かび上ってきた。

独海軍が誇るUボート・ブンカーだった。その名を馳せたトット設営隊が構築したものだと、イェニッケ中尉たちが誇らしく説明した。

ブンカーの入口付近には、敵機から魚雷を射ちこまれないように廃艦が一定間隔に沈められていた。その狭い水路を、Uボートの約二倍の大きさの黒い鯨のような『伊29』が慎重に進んだ。

艦橋には軍艦旗が掲げられ、小島少将を先頭に総員上甲板に整列した。

午前八時、薄暗いブンカーから突然〈軍艦マーチ〉が奏でられ、日の丸の小旗を振る人垣が、うるんだ視界に入ってきた。コンクリートの壁には、モールやリース、生花まで飾られていた。命を賭けてたどり着く勇士たちへの心尽くしだった。

〈君が代〉とドイツ国歌がブンカーの中にこだました。とにかく無事到着した。シンガポール出航以来八九《（ママ）》日目、万感の思いが迫ってきた。人柱となった神尾兵曹のことが乗組員の心をよぎった。
この日、ロンドンのラジオ放送は次のように伝えた。
「日本からの潜水艦が大勢の客を乗せ、ロリアン港に到着した。そのうちに爆弾で歓迎のご挨拶をしよう」
ドイツのラジオや各紙は、久方ぶりの明るいニュースとして『伊29』の到着を報じた。

## ■『伊29』をロリアンで待つ友永

その頃、日本大使館の本館に隣接していた海軍事務所は、英空軍の大空襲ですでに爆砕され、独海軍省の斡旋でシャルロッテンブルク宮殿近くの、ベルリーナ・シュトラウゼ九三に移転していた。

友永は、訪独後迎える二隻目の日本海軍潜水艦、『伊29』の到着を心待ちしていた。『伊29』の便乗者は東大の先輩後輩たちである。学生時代から親しかった同期の永盛義夫技術少佐が、航空機分野の監督官として赴任してくる。

友永は、二月一五日キール港で『U1224』（譲渡後『呂501』と命名）の譲渡式に参列のあと、三月初旬『伊29』のロリアン到着予定にあわせ、渓口泰麿海軍武官補と共にヨーロッパ大陸の北から南へと移動した。

主要鉄道は爆撃で分断されており、支線を乗り継ぎ、空襲を避けながらの長旅だった。やっとたどり着いたロリアン駅は、灯火管制下でうす暗かった。

主要なUボート基地であるロリアン軍港は、連合軍の標的となり、人が住めない廃墟となっていた。それでも三棟のブンカー内には自家発電の装置が完備され、空襲下でもブンカー内ドックは作業を敢行していた。当初、ブンカーの屋根や壁の厚さは四メートルであったが、敵の爆弾が大型化したため、厚さを三メートル追加し、空襲激化に備える準備が進められていた。

スケールも大きく、すべて効率よく合理的に設計されているブンカーは、友永の脳裡に刻みこまれた。

ここで働く多くの技術者や工員たちは、安全な郊外地域から専用の列車で通勤していた。

上陸したUボート乗組員たちは、パリや郊外で休養したあと、搭乗直前にはロリアン市内に設けられた乗組員用ブンカーに宿泊した。これも空襲に耐え得る地上一階、地下二階の堅牢な建物である。換気、通風が完璧で、約一〇〇〇名が収容できるホテル並みの防空施設であった。

ロリアン市からなだらかな麦畑の丘陵地帯を一〇キロほどいくと、平屋建てのUボート戦隊司令部と、乗組員の休養施設がある。この地域一帯には偽装用のネットが張られ、ドイツ空軍が上空から再三安全を確認するなど、念入りに対策がとられていた（次頁写真右参照）。そのため一度も被爆していなかった。

友永にとって、こうした徹底性は羨ましくもあり、ドイツ海軍の中でのUボートの占める位置が察せられた。

友永はこの休養施設で『伊29』の到着を待った。

三月一一日午後、『伊29』乗組員と便乗者たちがバスで到着した。肩を組み、再会を歓びあった友

▲『伊29』ロリアン到着。郊外にあるUボート戦隊司令部の偽装ネットの下で。写真提供：友永家。
◀親友永盛義夫海軍技術少佐（右）を迎えた友永。写真提供：友永家。

永と永盛のスナップ写真が残っている（写真左参照）。

翌日から長旅の疲れも見せず、技術士官グループはロリアン周辺の防衛施設を精力的に見学して回った。

その夜は友永が技術士官グループ歓迎会の音頭をとった。司令部の坂を下ったところに〈ミューレ〉という水車小屋風の酒場があった。友永はすでに幾度か利用し、気心もしれていたので、ここに一同を招いた。

お互いに同じ頃に同じ大学で青春を過ごし、今、危機的状況の中で、憧れのドイツにたどり着いた。その感慨を共有できる同志である。

みんな学生時代に戻り、本場のワインに心ゆくまで酔った。

この時、友永はまだわずか八か月足らずのヨーロッパ生活である。それがまるで昔からこの地の住人のようになじんでいる友永の姿だったという。

こうして便乗者や乗組員が命の洗濯をしている間に、田丸直吉技術少佐は『伊29』艦内に急用を思い出してブンカーに戻った。

そこには『伊29』機関長田口博大尉の、補修作業に余念のない姿があった。機械類を分解して艦外に運び出し、オーバーホールに回す。積荷の仕分け、便乗者の携行品の荷降ろし、ドイツ海軍へ渡す資源類の運び出しと、疲れをいとわず、部下と黙々と働いていた。

苛酷な潜水艦勤務を便乗者としてはじめて体験した田丸少佐は、『伊29』が幾度の危機に遭遇しながら、主機械からポンプまで一度の故障もなかったのも、こうして自分の部署を守り抜く乗組員たちの蔭の力があったからだと、深く頭のさがる思いだった、と前記日記に綴っている。

『伊29』に対するドイツ海軍の歓迎は、『伊8』の訪独時と同様、最高級であった。五日間のパリ見物も、ロスチャイルド邸のオーケストラ付き晩餐からはじまり、乗組員を夢の世界に誘いこんだ。

ただ、ルーブル博物館やベルサイユ宮殿では、主要な美術品や調度類は疎開されていた。電力不足のため、庭園の噴水はとまり、乾いた池の底にはパイプの配管が露出していた。ここには、これから先を予感させせられる寒々しさが漂っていた。

四月一六日、『伊29』はドイツ駐在小野田捨次郎、松井登兵両海軍大佐、安住栄七海軍主計大佐、巖谷英一海軍技術中佐、その他日本駐在ドイツ大使館付武官補佐官、技術者ら総勢一八名の帰国者を乗せ、ロリアン港を出発、帰国の途に就いた。艦内にはドイツからの重要機密兵器類が積まれていた。

友永は次の手紙を『伊29』に託し、ブンカー内から『伊29』の無事を祈って手を振った。

---

正子殿

長い御無音に打ち過ぎ失礼しました。毎日が忙しいのです。

此の便（註・『伊29』の往路便）で、あなたからの手紙及び洋子、展子の寄せ書きの手紙を受け取りました。懐しく思います。皆、元気で暮している由、何よりの事と思います。

当方も元気に暮しているから安心して下さい。

自分が在独監督官（註・海軍艦政本部造船監督官）となり、当分独国に留る事となった事は、既に遠山君又は四部（註・艦政本部第四部）の方から通知があって御承知の事と思います。斯くなった経緯も既に御想像がつく事と思います。

有馬君が戦死した事は、返すがえすも残念です。奥様に呉々も宜しく伝えて下さい。

あなたのことだから、良く勤めている事と思いますが、時々はお便りをあげて、精神的心ぞえとなるように心がけて下さい。

当地の生活も次第に切りつめられ、仲々不自由になってきましたが、元気で愉快にやっていますから安心して下さい。

伯林《ベルリン》も度々爆撃を喰って相当なものとなっています。自分も一度ホテルに宿泊時代、事務所に出勤中にホテルが焼かれたので、荷物を若干失いましたが、大部分は事務所に置いていたので、甚しくは苦しくもありません。

其の后、即ち昨年の十一月末以来、下宿をしていますが、幸いに気持の良い家で、又、爆撃による被害もなく、元気でやっています。

身の回りが不自由になると、あなたとの生活の有難みがしみじみとわかってきます。滞独が何時迄になるかは、未だ判らないが、帰ったら大いに可愛がってあげましょう。そんな先の永い事

ではないでしょう。（中略）

戦さの深刻さが次第に深まるのは、敵も味方も、日本も独乙もという感じがします。最後まで頑張った方が勝つのです。元気に頑張りましょう。

洋子が大きくなって、展子が物が少しは判るようになった由、僕の不在中の長さを示すこよみになるでしょう。

仕事の方は次々と色々な事があり、多忙で休む暇がありません。この手紙も走り書きで失礼ですが――。

内地では時計がない由、当地も同様ですが、何とかしてこの次の便でお送りしましょう。

皆様に宜しく。（中略）

遠山君にも色々御世話になっていることでしょう。別状を書いておきましたが、宜しくついでの時に

英夫

四月吉日

正子殿

この手紙は友永が妻正子に宛てた最後のものとなってしまった。

## ■遣独第五便『伊52』は——

『伊29』を見送って二か月過ぎた六月二三日、ベルリンの日本海軍事務所に『伊52』（三七八～九頁参照）から無電が入った。「アゾレス諸島南方海上でドイツ給油潜水艦と会合」。日本から遣独第五便が北大西洋上にやってきたのである。

太平洋における日本陸海軍の劣勢は日を追うごとに明確になった。米軍の電波兵器技術の向上と、豊富な物量作戦に、日本軍は手も足も出なくなってきた。南東諸島、東部ニューギニアなどは敵に包囲され、孤立した。中部太平洋ではタラワ、マキン、マーシャル諸島も敵に陥ち、敵はカロリン、マリアナ諸島から日本本土に近づいてきた。軍令部は、頼みの綱はドイツからの電波兵器とその技術導入のみとあせった。危険は百も承知の、一か八かの賭けで『伊52』は派遣された。

『伊52』は、艦長宇野亀雄海軍中佐、水雷長箱山徳太郎大尉、以下一一五名の乗組員を乗せ、三月一〇日呉を出航した。シンガポールで艦政本部嘱託の民間技術者七名の便乗者が搭乗、ドイツ海軍へ贈る南方資源を積みこんで四月二三日同港をあとにした。

一方、ベルリンの海軍事務所では、三月三〇日にキール港から日本へ向かったまま消息を断っていたドイツ寄贈潜艦『呂501』が、諸情勢から五月一三日に撃沈されたことを確認した（三五〇頁参照）。その海域に今度は『伊52』が到着したとの通報に、ひたすら無事を祈りながら、独海軍のより手厚い護衛を期待するしかなかった。

六月六日、連合軍は遂にノルマンディーに上陸、ドイツ占領下のフランス奪回に本格的攻勢をかけていた。東部からはソ連軍、西部・南部からは連合軍が迫り、ドイツ包囲網はじりじりとしぼられていた。

『伊52』がロリアン港に到着するのは、七月下旬から八月上旬になる。しかし、ノルマンディーに上陸した連合軍はこの一か月半で内陸四〇キロ地点に一大拠点を築いている。抵抗するドイツ機甲軍が、はたしていつまで持ちこたえるだろうか。その拠点から二五〇キロ足らずのロリアン港が、それまでドイツの配下にあるだろうか。

海軍事務所内は憂色に包まれながらも、『伊52』出迎えの準備にかかった。ロリアンは一刻を争う危機下にあるため、まず人命の安全と、積荷を無事ドイツ領内に移送すること、艦の補修整備をできる限り短期間に完了すること、日本への託送品も大がかりな兵器を除き、重要な図面類だけにすること、などが検討された。

出迎えに向かうメンバーには、武官付藤村義朗海軍中佐をリーダーに、友永英夫技術少佐、田丸直吉技術少佐、酒井直衛、山本芳男両海軍嘱託、独海軍からは担当官副官フォン・クロージック少佐、コッホ少尉が選ばれた。

七月一四日、『伊29』が無事シンガポールに帰投したとの通報に所内は一瞬明るいムードに包まれた。しかしロンドン放送はサイパン島の陥落（同七日）や日本軍の苦戦状況を報じていた。

## ■ヒットラー暗殺未遂

七月二一日夕刻、『伊52』出迎えの一行は車で駅に向かった。ベルリン市中に戦車が走り回り、武装兵士があちこちを警備している。何か異常事態が発生した気配がある。

実は前日の七月二〇日正午を回った時刻、ヒットラー暗殺事件が発生していたのである。東プロシアのラステンブルクには、〈狼の巣〉と呼ばれる大本営があった。ヒットラーは会議室で国防軍幹部と東部戦線作戦会議中であった。その会議の卓下で時限爆弾が炸裂した。

至近距離の四名が即死したが、ヒットラーは奇跡的に軽傷ですんだ。ヒットラーはその日の午後予定されていたムッソリーニ元イタリア首相（失脚後独軍に救出されていた）との会見に臨み、健在を誇示した。

今まで常にヒットラーに励まされる立場であったムッソリーニが、この時はじめてヒットラーを鼓舞することができた。

爆弾を仕掛けたのは、なんとドイツ国内の暴動や、反乱の鎮圧に当る国防軍参謀長シュタウフェンベルク大佐であった。彼は自分のカバンにそれを仕掛け卓下に置き、席を立った。

アフリカ戦線で左眼と右腕を失ったシュタウフェンベルク大佐は、ヒットラーのモスクワ攻撃からスターリングラード（現ボルゴグラード）敗北に至る一連の作戦に不服であった。シュタウフェンベルク大佐だけではなく、ドイツ国防軍首脳部にもヒットラー批判がくすぶっていた。ヒットラーは異論を唱えた者にきびしい措置を下した。首脳者たちの離反が表面化したのである。

シュタウフェンベルク大佐は、ドイツの未来のために、その不自由な躯で行動を起こしたのだった。だが、ヒットラー暗殺は失敗した。主謀者シュタウフェンベルク大佐はその日の夜に国防省の中庭で銃殺され、その後多数の共謀者や容疑者も処刑、逮捕された。

藤村中佐ら一行はパリに向かう車中でその事件のあらましを同行のクロージック少佐から聞いた。戦況が〈前門の虎、後門の狼〉の危機にありながら、肝心の国防軍にも大きな亀裂が入ったことになる。一行はドイツの前途がいよいよ切迫してきたと痛感した。

## ■ノルマンディーに連合軍上陸

翌二二日朝、パリに到着した一行はホテル・リッツに入り、パリの日本海軍事務所に『伊52』からの連絡を問いあわせた。まだ何も入電していないという。

ノルマンディーにはすでに連合軍が上陸しているのに、パリ市内は平静だった。観光客で賑わう豪華なホテルロビーには、さすが人影は少なかった。電力制限がきびしく、暗くなるまで電気はつかなかった。

独海軍はロリアンまでバス一台とトラック一台、運転手のほかに武装兵士四名を提供する、と申し出た。

一週間待ったが『伊52』からの通報はない。『伊52』もおそらくノルマンディーが敵の手に陥ちたことは受信しているに違いない。しかし、その危険を避け、ノルウェーのドイツ占領港に向かうには燃料、食糧の補給が必要で、そのための要請があるはずである。

藤村中佐は、とにかくロリアンまで行ってみようと決断し、友永らと共にパリ郊外から西南のルマンに向かった。主要幹線道路を避け、舗装もしていない砂ぼこりの田舎道を進んだ。バスの屋根には独軍兵士二名が交替で見張りについた。兵士は屋根に這いつくばり、敵の機影を発見すると屋根を叩く。バスとトラックはそのたびに林や森の中に避難した。

夕刻ルマンに到着したが、相変わらず『伊52』からの消息はなかった。一行は独軍兵舎に一泊し、安全のため夜間行軍に切り替えることにした。

その日は真夏の南欧の太陽が輝き、嵐の前の静けさがあった。一行は酒保で水泳パンツを求め、プールで泳ぎ、運動不足を補った。かなたの空には黒煙が上り、敵の双胴爆撃機が数回飛来した。

その後、一行はヘッドライトを暗くし、スピードを落としてロリアンに向かった。途中の軍派遣司令部では、「連合軍の戦車機動隊がロリアン市に出没しはじめた」と告げた。敵の掌中にはまってはと、パリの海軍事務所に連絡すると、「『伊52』は『七月三一日ドイツ海軍護衛艦と会合、八月一日にロリアン入港』と伝えてきた」という。それならばどうしてもロリアンに行かねばと肚をきめ、一行は夜明前同市に入った。

ところがロリアンのUボート戦隊司令部には、そのような報告は今まで一切入っていないという。それどころかロリアン基地隊にはすでに撤収命令が出ており、その作業で手いっぱいの様子であった。もしこのまま留まっていれば、連合軍の南下で捕虜になる可能性もある。『伊52』も気になるが、即刻パリに引き揚げることにした。

友永は、四か月前『伊29』歓迎に訪れたばかりのこの地が、基地ともども人影もなく無気味に静まり返っている中で、闘いの終わりのゴングを聞く思いがした。

帰路は幾度か敵戦闘機の機銃掃射を受けたが、無事パリまで戻ることができた。

「パリは間もなく解放される」

市民は騒然としていた。ここも危険になった。一行は追われるように夜行列車に乗り、八月二日ベルリンにたどり着いた。

以後『伊52』からの通報は消えた。

戦後の照合で、『伊52』は独艦との会合を終えた六月二四日、米海軍空母『ボーグ』の艦載機によって撃沈された、と発表されている。

とすると、七月三一日にパリ海軍事務所が受信した、とされる『伊52』からの「八月一日ロリアン入港」の報は何であったのであろうか。混乱時で電報の誤字が多く、解読もできないほどであったというから、誤報に違いないが、謎は残る。

田丸直吉技術少佐はこの件について前記日記に次のような見解を示している。

「『伊52』が最後の通報をしてきたアゾレス諸島には、この頃英軍、米軍の飛行基地が完成しており、連合軍空母の基地にもなっていた可能性は強い。この近くで格段に出力の強い日本潜水艦からの無線発信があれば、連合軍側でそれを見逃すわけはない。『伊52』は六月二三日にベルリンの日本海軍事務所に発信している。その直後の二四日に、『伊52』は襲撃を受けたに違いない」

さらにもうひとつの衝撃が友永らを待ち受けていた。

シンガポールに無事帰投した『伊29』が、最重要書類と便乗者をおろし本土へ出航後、七月二六日フィリピン北方バシー海峡で待ち受けていた米潜水艦三隻に轟沈された、というニュースである。おそらくこれも『伊29』の情報が敵にキャッチされてのことであろう。

遣独艦航路概略図

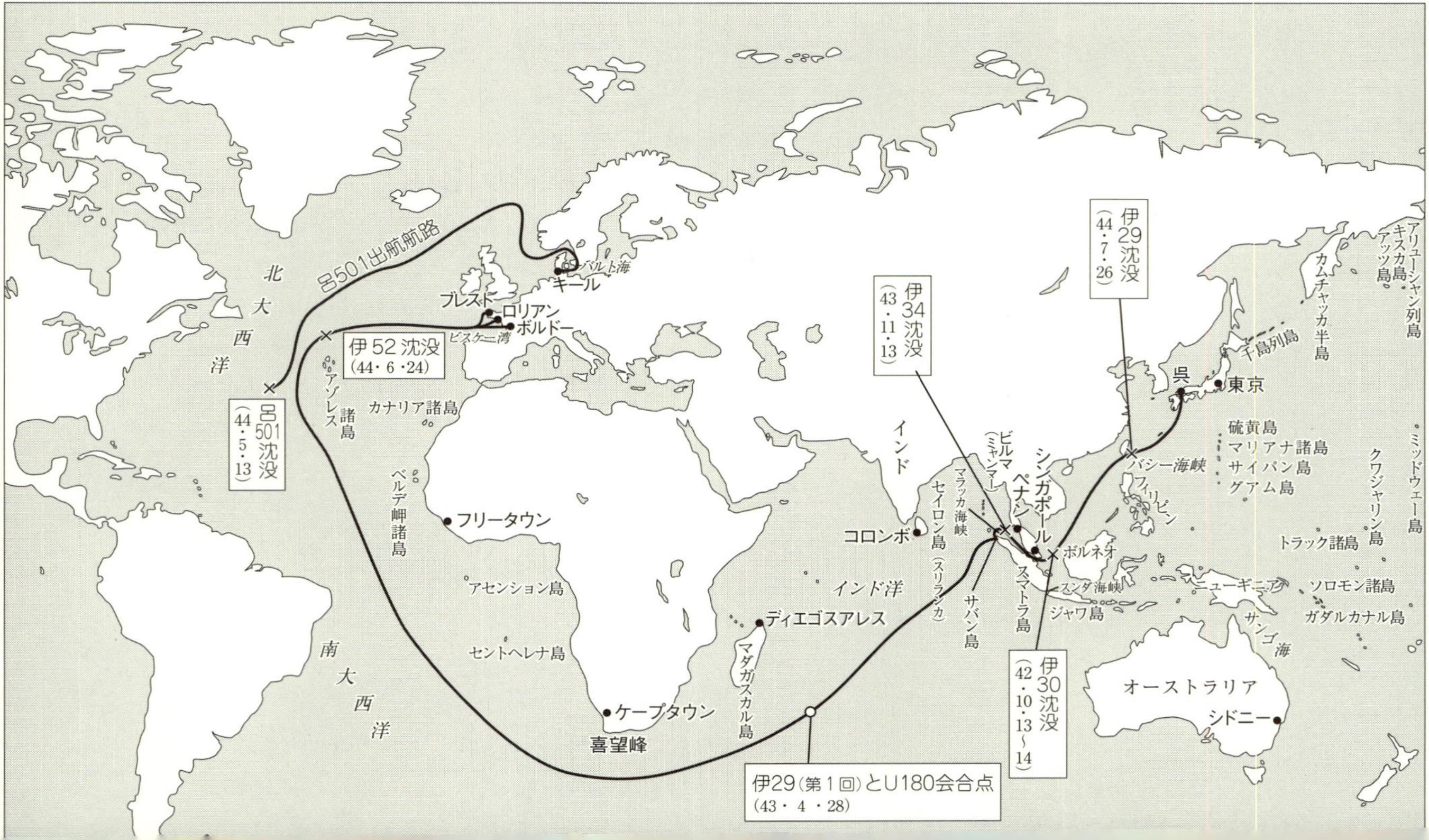
呂501出航航路
北大西洋
南大西洋
呂501沈没（44・5・13）
伊52沈没（44・6・24）
伊34沈没（43・11・13）
伊29沈没（44・7・26）
伊30沈没（42・10・13～14）
伊29（第1回）とU180会合点（43・4・28）
ブレスト
ロリアン
ボルドー
ビスケー湾
キール
バルト海
アゾレス諸島
カナリア諸島
ベルデ岬諸島
フリータウン
アセンション島
セントヘレナ島
ケープタウン
喜望峰
マダガスカル島
ディエゴスアレス
インド洋
インド
コロンボ
セイロン島（スリランカ）
マラッカ海峡
ビルマ（ミャンマー）
サバン島
ペナン
シンガポール
スマトラ島
ボルネオ
スンダ海峡
ジャワ島
フィリピン
バシー海峡
呉
東京
千島列島
カムチャッカ半島
アリューシャン列島
キスカ島
アッツ島
硫黄島
マリアナ諸島
サイパン島
グアム島
ミッドウェー島
クワジャリン島
トラック諸島
ニューギニア
ソロモン諸島
ガダルカナル島
サンゴ海
オーストラリア
シドニー

## 遣独任務および譲渡潜水艦一覧（『戦史叢書・潜水艦史』〔朝雲新聞社刊〕をもとに筆者加筆作成）

| 艦名 | 艦長 | 発・着 | 任務 |
|---|---|---|---|
| 伊30<br>Ｐ343<br>参照 | 遠藤忍<br>中佐 | 1942（昭和17）、6・18マダガスカル南東発。8・6ロリアン着。8・23ロリアン発。10・8ペナン着。ペナンよりシンガポールを経て帰国中、シンガポール沖にて沈没。 | マダガスカル島東岸で交通破壊工作に従事中、任務を受け、同沖にで給油を受けて出発。任務を終え、シンガポールから呉港へ出航直後、シンガポール東方3浬で触雷、沈没。 |
| 伊29<br>第1回<br>Ｐ302<br>参照 | 伊豆寿市<br>中佐 | 1943（昭和18）、4・5ペナン発。4・26マダガスカル島南南東着。5・6スマトラ島北端サバン島着。 | 江見哲四郎技術中佐、友永技術少佐を乗せて、マダガスカル島南東指定海域でＵ180と4月28日会合、両士官と積載物をＵ180に移棄させ、かわりにインドの志士チャンドラ・ボースと従者を引き受けて帰投。Ｕ180は7月3日にボルドーに帰投。 |
| 伊8<br>Ｐ338<br>参照 | 内野信二<br>大佐 | 1943（昭和18）6・1呉発。6・27ペナン発。8・31ブレスト着。10・5ブレスト発。12・5シンガポール着。12・21呉着。 | 日本潜水艦史上初の大佐艦長。老朽艦で幾多の危機をのり越え、唯一日独往復204日間の大任を果たす。 |
| 伊34<br>Ｐ351<br>参照 | 入江達中佐 | 1943（昭和18）10・13呉発。10・22シンガポール着。11・11シンガポール発。11・13ペナン港外で沈没。 | 錫、生ゴム、タングステンなどを積載、有馬正雄技術少佐の積荷指導を受け、出航地ペナンへ回航中、英潜の雷撃を受けて沈没。 |
| 伊29<br>第2回<br>Ｐ352<br>参照 | 木梨鷹一<br>中佐 | 1943（昭和18）11・5呉発。11・14シンガポール着。12・16シンガポール発。1944（昭和19）3・11ロリアン着。4・16ロリアン発。7・14シンガポール着。7・26呉へ向かう途上バシー海峡で沈没。 | 伊34に便乗予定だった小島秀雄少将ら便乗者と、独への生ゴムなどをのせ、伊8から譲り受けたドイツ製受信機メトックスを装備して出航。無事ロリアンに着いたのち、復路シンガポールまで帰投し、便乗者をおろして呉に向かう途中、フィリピン北東のバシー海峡で米潜の雷撃で沈没。 |
| 伊52<br>Ｐ372<br>参照 | 宇野亀雄<br>中佐 | 1944（昭和19）3・10呉発。3・21シンガポール着。4・23シンガポール発。6・23アゾレス諸島北方で独潜と会合翌日、米空母ボーグ艦載機アベンシャー17号機の雷撃で沈没。 | 「モミ」の暗号名。乗組員115名のほか艦政本部嘱託の民間技術者7名が便乗。6月6日には連合軍がノルマンディー海岸に上陸、最悪の戦況下にロリアンに向かったが、アゾレス諸島北方で米空母艦載機の攻撃に遭い沈没。 |
| **独海軍より譲渡された潜水艦** | | | |
| 呂500<br>Ｐ337<br>参照 | シューネヴェント<br>大尉 | 1943（昭和18）5・10ロリアン発。7・16ペナン着。7・24ペナン発。8・7呉着。 | ヒットラーが、インド洋上での交通破壊戦を条件に日本海軍に寄贈した2隻のＵボートのうちの第1艦Ｕ511。野村直邦中将、杉田保軍医少佐ら5名が便乗。独乗組員によって日本へ回航後呂500と命名。日本での建造には適さず練習艦となる。 |
| 呂501<br>Ｐ338,<br>Ｐ349<br>参照 | 乗田貞敏<br>少佐 | 1944（昭和19）3・30キール発。5・13北緯18度、西経33度通過直後、大西洋上で米空母ボーグ護衛駆逐艦『フランシス・ロビンソン』の攻撃で沈没。 | 日本への寄贈Ｕボート第2艦。Ｕ1224は呂501と命名され、伊8に便乗してきた乗田艦長以下の乗組員がバルト海で操艦訓練を受け、江見哲四郎大佐（中佐から昇進）、根木雄一郎技術大佐（中佐から昇進）ら4名の便乗者と機密兵器設計資料をのせて帰国途上、大西洋で米空母護衛駆逐艦の攻撃に遭い沈没。 |

## ■『伊52』の謎を明かしたNHK

一九九七（平成九）年三月二日午後九時、NHKスペシャルは『消えた潜水艦イ52』のタイトルでこの『伊52』を取り上げ、その綿密な取材により、出航から撃沈されるまでのすべてが米海軍に把握されていた事実を明らかにした。さらにそれを同書名で出版し（日本放送出版協会刊）、太平洋戦争の一隅に光を当てた。

同書によると、『伊52』は六月二二日午後九時一五分、独海軍『U530』と北緯一五度、西経四〇度の海上で会合、『U530』からレーダー逆探知装置を受けとることになっていた。

両艦の会合は、この日はうまくいかず、翌二三日同時刻に成功した。『U530』はレーダー逆探知装置と、その設置作業に当る独海軍水兵二名、および独連絡士官を『伊52』に残し、同艦に別れを告げて潜航した。

それから間もない午後一一時三九分、『伊52』は、レーダー逆探知装置テストのため海上にとどまっていたところを米空母艦載機に急襲された。排水量が多いため、急速潜航に手間どった『伊52』は、その一部に爆雷を受けた。

急襲した米艦載機は空母『ボーグ』のアベンジャー20号機とされている。この攻撃は、空母『ボーグ』、艦載機、護衛駆逐艦隊で組織された米海軍Uボート攻撃のベテランチームによるものだった。なんとか沈没をまぬがれて潜航する『伊52』を、第二攻撃機アベンジャー17号機がとどめを刺した。『伊52』が最後を迎えるまでの一部始終は、アベンジャー機の聴音器で収録され、その後米海軍の対潜攻撃の教材テープとして使用されていたという。

すでにふれたように、それより以前、このUボート攻撃ベテランチームは、日本へ回航中のドイツ寄贈潜艦『呂501』も餌食にしていたのである（三五〇頁参照）。

同書では、前述した『伊52』出迎え日本海軍チームが『伊52』からの「到着無電」とされる情報に振り回された背景とともに、もうひとつの驚くべき事実も明らかにしている。

米軍の卓越した暗号解読技術が日本敗北の一要因となったことはよく言われてきたが、同書もその事実をつきつけている。

それは、『伊52』の便乗帰国予定者名簿が、日本ではなく、暗号を解読した米国側に保管されていたことである。それには、庄司元三技術中佐《(ママ)》、友永英夫技術中佐《(ママ)》、樽谷由吉技術大尉ほかの氏名、職掌が記されている。

同名簿に記載されていた樽谷は、NHKの取材に対して、「乗る当人であった自分でさえ『伊52』で帰国する予定など知らされていないのに、そのような機密をなぜ米国が把握していたのか」と驚きをかくしていない。

友永家に遺されている、海軍省が作成した友永英夫奉職履歴によると、「昭和十九年七月二十五日、帰朝ヲ命ズ　海軍省」とある。

友永は『伊52』の出迎えでベルリンを七月二一日に出発してロリアンに向かっているから、この命令がベルリンの海軍事務所にとどいた時、彼は不在であった。入電は友永ら一行がパリに待機していた時である。

とすれば、この命令は『伊52』のロリアン到着を想定し、その帰国便に搭乗させようと発せられたものかもしれない。当面ほかに日本への便など皆無である。

樽谷も出迎え陣のひとりとしてロリアンに向かった。のちに樽谷自身が証言しているように、もし『伊52』が無事ロリアンに到着していたなら、彼も友永、庄司と共に命令通り『伊52』に搭乗せざるを得なかったであろう。

いずれにせよ当人たちさえ承知していなかった『伊52』搭乗予定者名を敵側が先に入手し、その艦への攻撃準備を整えていたとは驚く。

こうして最後の遣独艦『伊52』は、その点検、補修にも当るはずだった友永の手に触れることなく、一〇〇余名の無念の魂と共に北大西洋に没した。

この例のように、日本の暗号のほとんどは連合国側に筒抜けになっていた。この事実が事あるごとに明かされてきたこの半世紀、それを全く知らずに戦い続けた当時の日本軍、国民のことを思うと、なんとむなしいことか。

## ■ロケット機密探り命じられた湯浅年子

一九四四年六月、史上最大のノルマンディー上陸作戦成功に沸き返るロンドンを、突如無人の有翼ロケット弾が襲った。独語の〈報復 Vergeltung〉の頭文字をとって命名されたドイツの秘密兵器V1で、西部フランス基地から集中的に発射された。

英軍は早急に対策を講じた。その結果八月には、V1の八〇パーセントを撃ち落とす爆弾を開発した上、V1発射基地を完全に爆破した。

九月、ドイツは第二弾V2ロケット攻撃を開始した。昼夜を通し、誘導装置で高度を高速で飛来し、ロンドン市民を恐怖に陥れた。これには英軍も防衛策がなく、市民の疎開計画が樹てられた。

だが、V1にくらべてV2には、V1一基の二〇倍のコストがかかったため、量産に限界があった。間もなくオランダの発射基地は連合軍に占領され、イギリスのV2への脅威は消え去った。

その間に一一一五基のロケット弾が発射、犠牲者は二七五四人。ドイツ側にとっては意外に少ない戦果だったという。

ドイツ駐在武官たちにとってV1・V2は関心の的であった。V1の情報は入ったが、V2に関してはドイツも遂に洩らさなかった。

「あらゆる手段を使って入手を試みたのですが、言を左右して絶対に応じなかったですよ。女性になら少しは甘くなるのでは、ということで、当時パリからベルリンに避難してきた日本女性の物理学者を彼らに近づけ、探らせたのですがだめでした。女性の名前は思い出せないのですが——」

ドイツ大使館付武官補佐官だった石毛省三・元陸軍大佐は当時をこう回想した。

その頃、パリからベルリンに避難した日本女性の物理学者といえば、原子核研究中の湯浅年子しかいない。湯浅は東京文理科大学（現・筑波大）物理学科で学び、一九四〇（昭和一五）年、日仏交換学生としてフランスに渡った。ノーベル化学賞を受けたジョリオ・キュリー博士夫妻に師事し、日本女性として唯一国際的に認められる原子核研究の先駆者であった。フランス語、英語はもちろん、ドイツ語も個人レッスンを受けて学び、通訳の必要もなかったという。

湯浅年子の研究者松田久子は、石毛の指示を受けた女性とは、ほぼ湯浅に間違いないと証言する。とすると、湯浅年子は一時期ドイツで、V2に関する情報集めの任を負わされていたことになる。もしそれが事実なら、世界的な女性物理学者という立場にありながら、湯浅年子も「国のため」という当時の殺し文句に従わざるを得なかったに違いない。

この一例のように、ドイツはすべての軍事機密兵器を日本へ伝達したわけではない。

## ■二度帰国を延期した友永

一九四四（昭和一九）年七月、ベルリンの海軍事務所にとどいた友永英夫技術少佐への正式な帰国命令はこれがはじめてである。それまでに友永は予定していた二度の帰国を延期している。

友永は、『呂501』で帰国の途に就いた根木雄一郎技術大佐の後任として、その前年の一九四三（昭和一八）年一二月、艦政本部造船監督官に昇進していた。Uボートに関する新情報を次々に入手できる立場も確立できていた。仕事はこれからである。この時友永は、はじめに予定していた帰国日程を延ばしている。

この頃、Uボートの挽回を賭けた大規模な会議も開かれていた。

Uボート〈魔の季節〉（四二、三二五、三四一頁参照）で多大の損失を受けたデーニッツ提督は、敵の科学的優勢を打ち破るため、従軍中の科学者たちを前戦から呼び戻し、研究に従事させることにした。

彼らを海軍科学指導幹部に任じ、潜水艦技術の革命を実現しようと呼びかけた。

彼らは、空襲を避けて、中部ドイツ・ハルツ山脈の山あいの小都市ブランケンブルクに召集された。ドイツの潜水艦設計者、建造技術者たちが全国から集まった。この時、水中速力・水中航続力を格段にアップさせた水中高速潜水艦の急速多数建造案が具体的に決定した。

建造される新型UボートはXXI型、基準排水量一六〇〇トン、水中最高速力一七・五ノット、安全潜航深度一三五メートル、乗組員五六名の大型で、翌年六月には第一号が完成した。

小型はXXIII型で、基準排水量二二八トン、水中最高速力一三ノット、乗組員一四名。

これら艦体は八ブロックに分割、ブロックごとに国内三二か所の工場で製造された。さらにそれを河川と運河を利用して艤装・組立・溶接の工程へと運ばれ、一二〇隻完成した。

友永にとって、帰国よりこの一連の情報をなんとしても入手しておく必要があった。

しかし、急造されたこれら新型は油圧装置の故障が頻発し、幾度も改造を重ねているうちに戦況は悪化、期待しただけの戦果を挙げることなく無条件降伏を迎えた。

友永が、一九四四（昭和一九）年四月の『伊29』便乗帰国を延期したのは、〈Uボートの救世主〉として開発されたシュノーケル装置の効果が確認された時期と一致する。

シュノーケルを設置した新造艦が目に見えて戦果を挙げてきたことから、新造艦は全部シュノーケルを設置、就航中の艦にも順次取り付けることが決定した。

友永は早速このシュノーケルの構造、設置についての新情報を求め、ドイツ海軍船舶建造局に出向いた。そして、シュノーケルの図面をふくめ、その効用、問題点などを詳細に調査した。

こうした情報の日本への伝達は電話、電報、それに当時海軍技術研究所で開発された新しい機械暗号機によって行われた。交通手段を断たれたからには、これ以外の方法はなかった。特に機械暗号機は、電報、電話ではさばききれない大量の情報を処理できた。

友永から送られてくるそれらの図面や資料を日本で受理していたのは、艦政本部の緒明亮乍技術大尉や高島彬（元外務省外務報道官高島肇久の父）であった。

緒明大尉は友永の情報をもとに設計図をおこし、作業を進めた。暗号やことばのやりとりだけで、あの複雑精微な潜水艦装備の設計図を完成させるには、よほど両者の呼吸が合っていなければ不可能である。緒明はそれを可能にした。

シュノーケル装置のほか、当時ドイツで建造中の水中高速艦の情報も伝達されたものと思われる。というのも、日本も一九四三（昭和一八）年一〇月、軍令部が艦政本部に水中高速艦の建造を命じているからである。制空権を失いつつある戦況に対応するためであった。

艦政本部では需要を増す一方の潜水艦設計のリーダーが不足していた。

帰国途上だった根木雄一郎大佐は『呂501』と北大西洋上で運命を共にした。有馬正雄少佐も訪独を前にペナン港付近で戦死した。

艦政本部がベルリンの友永に至急帰国するよう命じたのも、水中高速艦建造に友永を必要としていたからである。前述のように、その帰国命令は撃沈された『伊52』の帰国便にあわせて出されたものと思われる。

水中高速艦建造を日独ほぼ同じ時期に開始したのは偶然の一致である。ともに戦況の好転をこれに賭けていたことになる。

一九四四（昭和一九）年後半になると、ベルリンの日本大使館の電話がナチの秘密国家警察《ゲシュタポ》に盗聴されていることがわかった。七月のヒットラー暗殺未遂事件以来、秘密国家警察が神経質になったのかもしれない。

当時ベルリン日本大使館員であった藤山楢一は、次のような体験を記している。

ある日東京の母から、手術のため入院するという電話が入った。藤山が自分の近況報告のつもりで前夜のベルリン空襲のすさまじさを話しかけたとたん、突然電話は切れた。

そしてドイツなまりの日本語で、「そんな話をするならこの電話はつなぎません」との声が入ってきた。

藤山は、病気の母への電話ゆえ、空襲にかかわることは一切話さないからもう一度つないでほしい、と頼んだ。

「今回限りですよ」と再び声が入り、なんとか母と話すことができた、という。

その一件以来、日本への重要な電話は、鹿児島県出身者で駐独大使館勤務の曽木隆輝から外務省の鹿児島出身担当者宛に、鹿児島弁によって伝達された、と述べている。

友永は滞独中、家族と電話は交わしていない。ローマ字による電報が数通、山口県萩市に疎開していた家族のもとにとどいている。

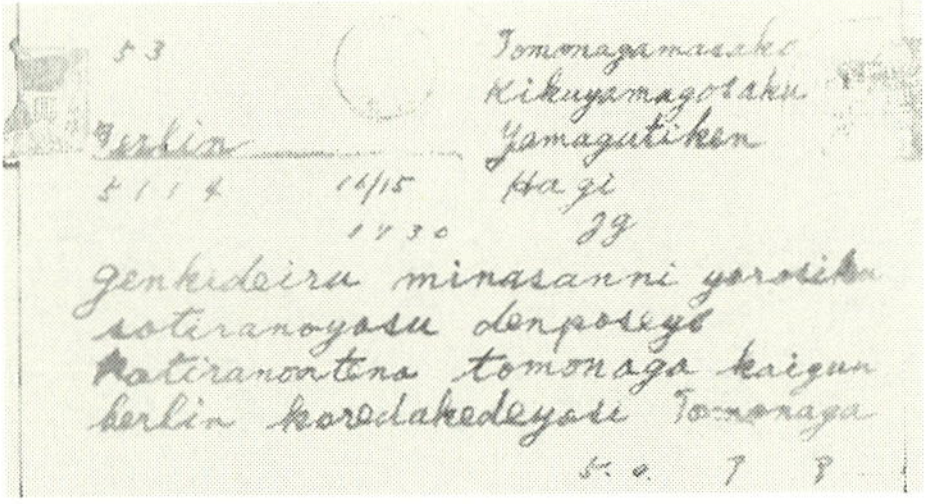


友永から妻に宛てた電報（昭和19年９月23日付）。友永家所蔵。

日付と内容は次の通りである（和文に変換）。

昭和一八年一一月五日　元気に張りきって仕事をしている。予定より、数か月遅れる。友永

昭和一九年八月三〇日　元気に暮らしている。金送った。受けとられたし。友永

昭和一九年九月二三日　元気でいる。皆さんによろしく。そちらの様子電報せよ。こちらの宛名、友永、海軍、ベルリン、これだけでよし。友永
（写真上参照）

昭和一九年一一月八日　電二通ありがとう。当方も元気。心配無用。一五日永盛らと海軍の大戦果と進級祝い（註・一〇月付で中佐に昇進）を愉快にやった。皆によろしく。英夫

ドイツ滞在中の友永の足跡を示す資料はほとんどない。渡独の夢を実現した友永は、誰にもその体験を語ることなく、二度の帰国延期のあと、運命の『U234』に搭乗した。そして第一、第二章で述べ

たように、大西洋上で無念の自決を選び、昭和の潜水艦造船史上輝かしい業績のみをとどめたのである。

もし友永英夫が平和な時代に在ったなら、教えることに情熱を注いだ彼のこと故、大学教授として後進指導の道を選んだかもしれない――。東大工学部での取材を終えた筆者は、研究室の前でふとそう思った。

# 第九章　それぞれの戦後

## ■正子、山口県庁で重責を担う

正子の戦後がはじまった。

唯一無二の夫・友永英夫を国に奪われてしまったが、住む家も食物も、そしてふたりの娘たちもいる。両親や姉妹が力になってくれている。日本国中にそれらすべてを失った不幸な人々があふれている現状を思えば、悲嘆に暮れる日々から抜け出さねば――。

正子は田畑に出て働くようになった。食糧危機の深刻さは、社会の根幹をゆるがすほどになっていたが、幸い正子が身を寄せる生家菊屋家には豊富な農地があった。しかし人手不足である。自給自足の労さえいとわなければ、一家は飢えずにすんだ。

正子ははじめて土を耕し、下肥を担ぎ、種を蒔き、雑草もとった。田植もした。

一九四八（昭和二三）年、農地改革で所有地の多くを失った正子の父菊屋孫輔は、そんな時代の到来を悲しむかのように逝った。

翌一九四九（昭和二四）年は、正子の人生を変えた。

一九四七（昭和二二）年四月の衆参両院選挙とともに地方選挙も相ついで行われ、山口県公選第一号知事に選ばれたのは、三七歳の田中龍夫であった。田中龍夫は、政友会総裁として若槻礼次郎内閣を引き継いで対中国積極政策を進めた田中義一陸軍大将の長男で、菊屋家と近しかった。

田中は県庁の民主化をはかり、〈渇いた心に潤いを、飢えた胃袋に食べものを〉のスローガンのもと、精力的に県民生活の建て直しと復興事業に取り組んだ。

当時、山口県下には約五万人の戦争未亡人と遺児たちが、生活に苦しんでいた。田中はその救済対策と、マッカーサー連合国最高司令官が日本政府に要求した諸改革のひとつ、婦人解放をどう進めるか、について女性の意見を吸い上げる必要を感じた。

一九四九（昭和二四）年三月、予算七〇万円で〈山口県女性問題対策審議会〉設置が県議会で可決された。

田中は、この日本初の女性問題対策審議会事務局長に、友永正子を選んだのである。田中は親しい菊屋家の娘として正子とは幼なじみであり、彼女の人柄、見識を熟知していた。

その彼女が戦争未亡人となり、乞われて家庭裁判所の調停委員をつとめながら、遺児を育てている。事務局長として彼女をおいてほかにはないと、田中は目星をつけた。

田中の要請を受けた正子は、固辞した。後年彼女はこう語っている。

「私はいずれ世間が落ち着いたら東京に戻るつもりでおりましたし、そんなむつかしい立場の責任あるお仕事などとてもできませんからと、お断わり申し上げました。でも田中様は幾度も足をお運び下さるし、周囲からもおすすめの手がのび、にっちもさっちもいかなくなってしまったのです」

正子は娘時代から女性も自立を理想とし、医師を目指したほどの気骨を持っていた（二二一頁参照）。男性社会の中での日本女性の意識の低さを、ひそかに嘆くひとりでもあった。マッカーサー最高司令官の提唱する婦人解放は、当然と受けとめる素地は充分だった。

それに戦争未亡人と遺児たちの生活難は、人ごとではなかった。正子は同じ立場の人々と手を結び助けあうことは、かつて夫が、親友有馬正雄技術少佐戦死の折に、未亡人の力になってあげるようドイツから指示したことにもつながる（三七〇頁参照）。これは夫の遺志かもしれない――。

正子は決意した。田中の申し入れを内諾、萩の生家から山口市に移った。当面二児を菊屋家にあずけ、週末は萩に戻ることにした。

一方、田中は県庁職員に、「事務局員二名は公募するように。事務局長には、この仕事を委せられるだけの能力を持った私の意中の人物がいるから」と告げた。

同年四月一六日、山口県女性問題対策審議会は、県庁民生部社会課の管轄下で発足した。

正子は渋い江戸紫の和服姿で初登庁した。引っつめに結い上げた髪は、理知的な正子の容貌をさらに美しく引き立てていた。

職員の好奇な視線が、田中知事お墨付きの三三歳の若き女性事務局長に集中した。

正子は同審議会第一期委嘱委員三一名と共に、第一歩を踏み出した。

同会は、田中知事の諮問に答えるための組織で、委員は市町村の女性議員、保健所、小学校、看護婦会、県連合婦人会などから選出された職域代表の女性たちであった。

それら指導的立場にある女性たちの声をまとめあげるのが正子の仕事である。その気遣いは並大抵ではなかった。

その上、県庁職員として、庁内での立場もある。この地方は封建的風潮が根強い。世の中が変化しても男性たちの意識は旧態依然としていた。唯一〈長〉の肩書きを担っている正子への風当りは強い。県庁と同会との板ばさみとなる役柄であった。

もうひとつ外圧が加わった。当時各地に、任意の婦人団体が次々に結成されていた。婦人団体の女性たちは、「知事主導型、官製の女性問題審議会に対してとぼしい税金を使うより、自分たちの声を吸い上げた方がはるかに効果的」と主張し、同会を目の仇にした。「お局会議」「女性の県会」と陰口を叩かれた。

正子にすれば、彼女たちと敵対する気は全くなかった。むしろ彼女たちの言う弊害も配慮し、一般女性の生の声も吸いあげる必要を感じた。

正子は県下各地で公聴会を開くことを実行に移した。

公聴会場は、不安、不満、訴えたいことを胸いっぱい抱えた女性たちであふれた。そのすさまじいばかりのエネルギーが、当時の女性たちの切実な姿だった。

戦争未亡人と遺児を守る〈白菊会〉の発足を助けたのも正子だった。日用品の販売で運営資金に当てるため、正子の卓上には、常にそれらの品が置かれていた。

一方、中央省庁では労働省に婦人少年問題審議会が設置され、藤田たきが会長となった。参議院からは赤松常子が厚生政務次官（芦田内閣）に、衆議院からは近藤鶴代が外務政務次官（第二・第三次吉田内閣）にと、各々はじめて女性政務次官が誕生した。

また衆議院では紅露みつ、中山マサらが海外からの引き揚げ問題で活躍していた。

その頃、下山、三鷹、松川各事件が続発、社会は騒然としていた。翌一九五〇（昭和二五）年には、朝鮮戦争が勃発した。

## ■進駐軍婦人司政官、正子を侮辱

そんなある日、正子は進駐軍の婦人司政官ミス・グロースに呼び出された。ミス・グロースは呉駅から専用列車を山口駅構内まで乗り入れさせ、そこへ関係者を呼び出した。当時の行政はこうして占領軍の監視下にあった。

婦人・青少年問題、社会教育問題にかかわっている人々に質問や指導をする立場にあったミス・グロースは、正子に同会の内容、運営などについて質問した揚句、こう言った。

「聞くところによると、あなたは田中県知事のメカケだというが、それは事実ですか」

正子にとってこれほど屈辱的なことばがあるだろうか――。

だが、正子は顔色ひとつ変えなかった。

「私は自決した日本海軍技術士官の妻です。お疑いがあるなら、納得いくまでお調べになったらいいかがですか」

正子は身じろぎもせず勝者の女性為政者を真正面から見据えた。ミス・グロースは黙した。

かつて田中が正子を起用する時、「意中の人がいるから」と言ったことに、その後尾ヒレがついた。そして登場した初の女性事務局長正子が若く美しかった。三七歳の青年県知事と結びつけるには格好の対象だった。

反・田中勢力は、田中追い落としの材料にこの噂を利用した。ミス・グロースが正子に詰問したのも、実は反勢力の入知恵があったからだ、と通訳がのちに釈明したという。

80歳の頃の友永正子夫人（1996年撮影）。写真提供：友永家。

「そんな噂があることは知っておりました。本当ならあわてもしましょうが、ばかばかしくて無視しておりましたの」と正子は遠い時代をふり返り笑った。

正子の企画力、行動力、組織力は、四年後によきパートナー米沢文恵を得てますます発揮された。のちに正子の後継者となった米沢は、当時の正子を次のように語った。

「友永さんは積極的に人の間に入っていく社交家でもなければ、お世話好きでもありません。来る人は拒まず、誠意を尽くすタイプの方でした。役割分担を守り、ご自分の出番を心得ておられました。くだらない瑣末な問題や、理不尽なことには耳を貸さず、ここは主張すべきと思われる時は、敢然と一歩も引かない強さを示されました。例えば、庁内の女性職員に紺色の事務服着用が義務づけられた時には、友永さんは常に和服で、夏でも絽《ろ》の単衣《ひとえ》を涼し気に着こなしておられ、その身になじんだ和服姿は気品にあふれていました。たまに洋装をなさることもありましたが、紺の事務服の強制にはこう言って反論されました。『男性職員も事務服をお召しになったら、私たちも着用しましょう』と。予算の査定では不当に削減されたり『くれてやる』と言わんばかりのいやがらせも受けました。『友永さん肝《きも》を焼いて（註・心を痛めての方言）すっかりお痩せになられて』とわれわれは同情しました。でも、田中知事との下劣な噂にも泰然とし、次第に実績をあげていかれる友永さんに、とやかく足を引っ張る人々も次第に黙るようになりました。売春防止法（註・一九五六＝昭和三一年公布）の周知徹底に関する討議の時など、男性は誰ひとり発言する者がなく、友永さんの凛とした声が通ったものです。その頃、ご主人の大切な遺品、礼装用の長剣が盗難に遭われました。友永さんはそれを守り本尊のようにしておられたのですが、それがいつ盗まれたかもご存じないほど、おいそがしい毎日でした」

正子は文字通り深窓に育ち、世の風にさらされたことはない。戦争未亡人となって五年目に訪れた環境の激変に、表面は毅然と耐え抜いた。その心の葛藤は、なまやさしいものではなかったが、友永英夫の妻としての誇りが支えだった。

正子は二二年間、その職務を全うした。正子の山口県女性問題対策審議会事務局長としての歩みは、そのまま戦後日本の女性解放の歴史と重なる。

敗戦直後の生活苦にあえぐ戦争未亡人母子家庭の救済対策から売春防止法、農村の婦人問題、青少年の保護育成、学校給食、婦人の地位向上、無許可の乳幼児保育施設の設置、環境問題、老人福祉対策、消費者教育、育児休暇制度の確立と、高度成長を遂げていく日本経済社会の中で、女性問題のテーマも変化してきた。

正子はそれらひとつひとつに、思いをこめて取り組み、山口県という一地域の県政に女性の目を生かす礎を築いたのである。

## ■ドイツへ謝礼の旅した庄司和子

友永と無念の自決を遂げた庄司元三の妻和子も、夫の遺志に支えられた戦後を息子たちと共に歩んだ。

庄司一家は疎開先の元三の生家、山梨県諏訪村（現・東山梨郡牧丘町）で敗戦を迎えた。いつまでも世話になるわけにはいかない、と和子は息子たちを連れ、近くの日川村（現・山梨市）に移り、洋裁学校に入学した。娘のような生徒たちに混じって、生活の糧にする技術を学ぶことに必死だった。卒業後はその学校で教える側にも立ち、〈庄司先生〉の誕生となった。

「僕が小学三、四年頃だったでしょうか。母が仕事で遅くなると、弟が空腹に耐えきれず泣くんです。仕方なく七輪に火をおこし、米をといで炊き、握り飯を作ってふたりで食べ、母を待ったこともありました。村ではボスが幅をきかせ、ヨソ者の僕らはいじめられるのです。そこで父の恩賜のたばこを、そっと二、三本持ち出しては〈献上〉し、難を逃れる知恵も覚えました」と二男元信。

洋裁で身を立てるメドもついた和子は、一九四九（昭和二四）年、東京に戻り、高円寺に小さな家

庄司和子夫人91歳の祝福に集った庄司元信、元昌一家（2005年1月1日）。元信右端、元昌後列中央。写真提供：庄司元信家。

を持った。出身校の東京府立第五高等女学校の友人たちを中心に顧客がふえ、若い住み込みの助手たちも加わり、狭い家は常に賑やかだった。

暮れになると、できあがった正月用のドレスを配達するのが、中学・高校生になった元信、元昌の仕事だった。集金した代金を、和子が「これは生地屋さんへの支払い、これは材料屋さんの分」として袋に入れると、バラ銭しか残らない時もあった。その集金も、一度ではもらえず、元信は母の仕事のたいへんさが身にしみた、という。

その頃、米国政府から戻ってきた父元三の遺品の中に、コンタックスのカメラがあった。それを、元三がスウェーデン駐在時に親しくしていた朝日新聞社の衣奈多喜男が買い上げてくれた。

「窮乏を見かね、破格の代金を下さったのでしょう。その夜のスキヤキの味は、今でも忘れられません。その後、母の手記として父の遺書を公開する話が『月刊文藝春秋』からあり、私と弟は反対しましたが、それで家計も助かると聞き、承知したものです」と元信。

そして次のような意外な事実を明かした。

「実は、その頃から毎年五月一三日の父の命日になると、駐日ドイツ大使館から大使名で花束とチョコレートが届くようになりました。きっとその記事を読み、ドイツ政府としてのお悔みと謝罪もこめて下さったのでしょう。一〇数年続き、母が、もう充分にしていただいたからと、感謝のお断わり状を差し上げて、終わりにしていただいたのです」

一九七〇（昭和四五）年、元信はすでに製紙会社に就職、元昌も出版社で活躍していた。ふたりはボーナスを出しあい、感謝をこめ母和子に贈った。和子は即座に言った。

「どうもありがとう。私、これでドイツに行き、『U234』の方々に『やっと息子たちが社会人になりました』って、お礼に行ってくるわ」

和子は、夫そっくりに成長した息子たちへの感謝を胸に、その秋ひとりで渡独の準備をし旅立った。フェラー艦長には会えなかったが、ケスラー元大将夫婦と出会えた。

「夫は遺書で、私が一生かかっても子どもたちに教えられないことを、心に叩きこんでくれました――」と、元信、元昌の逞しい成長を、夫の遺書のおかげとする和子。

元信が父の自決を知らされたのは九歳だった。嘆き悲しむほどの切実感はなかった。改めて父の遺書を読むこともなかったし、読むとつらくなると、無意識に避けていた面もある。

「私も信一、正明とふたりの息子の父親になり、父親の味を知らずにきたため、息子たちの成長過程で『こんな時、父親はどうかかわったらよいだろうか』と模索したこともありました。そんな時、ふと父の遺書を読んでみる気になったのです。いや、胸にずっしり応えました」と元信。

――元彦（註・長男）をなくしたお母さん、元信、元昌が、おとうさん早くお帰りなさいと呼ぶ声は始終耳にきけどもとうさんも又日本の航空技術を負って立つ身なり（註・四〇三頁写真参照）。とうさんが戦死し、お前たちが孤児となっても、お前たちは（父が）日本の後継者のために、その先輩として命を捧げたということを承知してもらいたい。

お前たちの時代は、大変世の中が変ってしまって、とうさんのお話を聞いても参考にならないかもしれないが、お前たちの血はとうさんの血であり、従ってとうさんの持っている欠点や長所は、お前たちもこれを持っているから、とうさんの経験は、お前たちのよい参考になることと思う——。

庄司元三の息子たちへの遺書は続く。

元信には、父にまつわるふしぎな二度の体験がある。

かつて元信は、勤務先の製紙会社から合併相手先の工場がある広島県呉市広に下見に出張した。そこはなんと父元三がイタリア派遣以前に勤務していた広の海軍工廠跡地に建てられた工場だったのである。その周辺には、母から幾度も聞かされていた幼い頃の住まいや風景がそのままにひろがっていた。元信は父子二代、偶然同じ土地を職場としたのだった。

また、一九八九（平成元）年一二月、元信ははじめての海外出張を命ぜられた。その場所は父が帰国便を待ちながら遺書をしたためた、あのスウェーデンのストックホルムだった。日本の四大製紙会社が、スウェーデン国立民族博物館の要請に応じ、ストックホルムに茶室〈瑞暉亭〉を寄贈、その完成式への出席だった。

搭乗した航空機のジェットエンジンの響きに身をゆだねながら、元信は深い感慨にふけった。父は半世紀前、このジェットエンジンを日本にもたらすために命を捧げたのだ、と。

ストックホルムの寄宿ホテルが父の住いのすぐそばだったのも、奇遇だった。

元信は仕事を終えたあと、上司の配慮で父の足跡をたどることができた。はじめて父と向かいあう旅を続けながら、元信に父の遺書のすべてが立ちのぼってくるのだった。

三男元昌は、六〇年安保闘争の時代を早稲田大学で過ごし出版社に入社した。生後一か月で父に別れ、父の記憶は何もなく、庄司元三の子として見られることが重荷だった。

「ものを考える歳頃になって、父が技術者ではあっても、軍人として戦争にかかわっていたことが、心の痛みになりました。あの時代、自分の才能を生かす選択肢は、あの道しかなかったことは理屈ではわかるのですが、その矛盾に苦しみました。特に『U234』にウランを積んでいたとわかってからは、なおさら後味が悪くて……。しかし、人間としての父は、あの遺書によく現れていると思います。冒頭のあたりに、父が胃腸が弱かったからお前たちも注意するように、と書かれていますが、実はその通りで、私も胃腸が悪くて……。死を前にしながら、遺書に子どもの健康や生活全般について、あれほど細かく配慮してくれているのには感心します」と元昌も、父への想いを語る。

一九七〇（昭和四五）年七月一六日、元昌、光子夫婦に長男吾一が生まれた時のことだった。母和子が祝いに駆けつけ、病室の前でアッと叫び、釘づけになった。病室番号が「234号」だったのである。

「お父さまの生まれ変わりよ」

和子は思わずそう言い、そう信じた。

そのひと月後、NHKテレビで『Uボートの遺書』(二一四頁参照)が放映された。庄司家にとって、これもふしぎな偶然だった。

元昌にはその後二男圭も授った。

「一九七九(昭和五四)年、仕事でローマに行き、父が住んでいたパリオリ街一〇番地、とタクシーに告げてみたのです。しばらくすると、目前に父が遺書とともに残してくれていた、父の住まった家の写真と同じ建物が、そのままそこにあるではありませんか。三〇数年前の町名も建物も……」と元昌。

元昌にとって、父の存在が年とともに近づいてくるように思えた。

元信、元昌の息子たち四人も、すでに社会人として活躍している。祖父庄司元三のことを語りあったことはないが、祖父にかかわる記録は、黙って見たり読んだりしている。この四人の孫たちに共通しているのは、無口なことで、これは祖父ゆずりかもしれない。

庄司元三の遺書は、庄司家の文箱の中で半世紀息づき、現在は友永英夫の遺書とともに、呉市海事歴史科学館(二〇〇五年四月二三日開館、館長・戸高一成、写真左参照)に展示されている。

呉市海事歴史科学館に展示されている両大佐（自決後昇進）の遺書と遺品。庄司元信撮影。

■フェラー艦長、ベトナム難民治療艦長に〔フェラー＝一九、四二、四三、五六頁、第二章参照〕

一方、『U234』乗組員、便乗者たちの戦後にも、各々のドラマがあった。

『U234』艦長ヨハン・ハインリッヒ・フェラー。彼は、七〇余名の命をあずかり、機密兵器を日本へ移送途上に祖国の崩壊に遭遇、艦内の叛乱を押さえて最善策を模索した。若冠二五歳だった彼は、歴史の転換期に指揮を執るという重責に耐えた。

彼の判断力、行動力は、ドイツ海軍が遣日の任に選んだだけのことはあった、といえよう。

フェラーは友永、庄司両技術中佐の最期について日本政府に深謝をこめて報告したが、日本政府からは何の反応もなかった、という。彼が打電した日付は今となっては確認できないが、その報告はどこで消えてしまったのだろうか。フェラーをはじめ『U234』乗組員たちは、その無反応を、日本政府の拒絶と受けとめていた。

一九四六年末、捕虜を解かれ祖国に戻ったフェラーは、中東に職を求めた。一九四八年、ダマスカスで戦車師団の編成と教育に当り、翌年ベイルートに移住した。ここでアニタ夫人と出会って結婚、三人の子の父となった。その後もサウジアラビア、スエズと民族紛争の渦中で暮らした。

一九六七年にはベトナム難民の治療に当る西ドイツの病院船、『エルゴランド』の艦長を引き受けた。そして、インド洋からベンガル湾を通り、マラッカ海峡から南シナ海へと航海した。

『U234』があの時ドイツ降伏に遭遇しなかったなら、この航路を通りペナンを経由、日本本土に向かっていたであろう。彼はどんな思いで青春を賭けた波瀾の航路をたどっていただろうか――。

ハンブルクを終の住み家としたフェラーは、自ら当時を語ることなく、パーキンソン病で床に就き、その後鬼籍に入ったと聞く。

## ■米へ、原爆の義務と責任をとケスラー〔ケスラー＝四三、五四、第二章、三九九頁参照〕

日本への亡命の旅でもあった便乗者、空軍大将ウーリッヒ・ケスラーは、四四歳で大将となった空軍の大物だった。米軍の訊問内容は、主として日独間の武器開発や技術交流に関するものであった。彼がヒットラーに抗したことも米軍は調査ずみらしく、きびしい訊問はなかった。

注目を引くのは、日本に原爆が投下され、ソ連が参戦したのちの一九四五年八月一〇日、米軍が彼に命じて提出させたレポートの内容である。

「原爆が日本との戦争を終わらせた（註・彼らはこの時点でこう言い切っている）。この事実自体は好都合であったものの、この一大発明にはもっとはかり知れない重要性があるだろう。少なくとも、これで戦争終結の使命を満たした、と判断することはできないだろう。対日本戦はソ連の参戦がなくてもどっちみち勝っていた。この秘密兵器がヒットラーに与えられず、彼が追放したドイツ人によって米国にもたらされ、平和を模索し出した時期に完成したことは、天意に思える。どんな戦争をも防ぐ前提に作られた兵器を持つということは、同時に良心と、繁栄をもたらす永続的な平和を確立するための義務と責任を持つということである」

ケスラーはこう看破した上で、「ポツダム合意は世界共産主義を確立する。ヒットラーの独裁から解放されたばかりのドイツは、今再び賢いスターリンによって共産主義化されつつある。これはナチよりも危険である。米国はポツダムで敷かれたスターリンの巧妙な罠に引っかかるのか」と、長文の自説を展開し、連合軍のドイツ占領政策に対して具体的な助言もしている。

日本が無条件降伏して間もなく、ケスラーはこの収容所で思いがけない人と再会した。自分を日本へ派遣してくれるよう工作を依頼した、元・駐独武官小島秀雄海軍少将である（五三頁参照）。

（五三頁参照）

小島・元海軍少将はベルリン陥落前の一九四五（昭和二〇）年四月一三日、日本大使館員や駐在武官たちと共に、車で南独バードガスタインに避難した。

五月八日、ドイツ無条件降伏後米軍が進駐し、一同ホテル・カイザーホーフから三流のホテルに収容された。そこで五月二七日の〈海軍記念日〉を迎えた。海軍関係武官たちは士気を鼓舞するため、民間の避難者のひとり諏訪根自子にバイオリン演奏を頼んだ、という。

七月一日、数台のジープに乗せられ、ザルツブルクの空港に移動、ここから飛行機でフランスのルアーブルに向かった。

七月四日、ルアーブル港から米陸軍輸送船『ウェストポイント』に乗せられ、七月一一日、ニューヨークに入港した。『ウェストポイント』はヨーロッパ戦線で戦った米陸軍将兵の帰還船だった。将兵らは、まだ交戦中の敵国日本人に対し、あからさまに憎悪を示し、船内では若い日本人男性らに鉄拳を浴びせた。

ワシントン郊外の収容所に移された小島・元少将は、外交官であることを理由に訊問を拒否した。間もなくジョンソンと名乗る少佐が、占領軍として日本に進駐する時の米軍の心得を教えてほしい、と依頼してきた。

小島・元少将は、同室の元・駐独武官補豊田隈雄海軍大佐と共に、具体的に日本人の反発を買わない占領行政案を出した。

そんなある日、小島はケスラーと一年ぶりに再会したのである。

小島の手記によると、この時ケスラーは、面やつれした頬を涙で濡らしながら小島の手を握り、訪日の使命を果たし得なかったこと、貴重な人材友永、庄司両海軍技術中佐を自決させてしまったことを詫び、その経緯をこと細かく語った、という。

日本の降伏から三か月後の一一月一六日、小島は大陸横断鉄道で米国西海岸のシアトルに着き、ここから海軍輸送船『ゼネラル・ランドルス』で一二月六日浦賀に帰国した。

『U234』に関する詳報は、小島によってはじめて日本に伝達された。

友永、庄司両中佐の最期も半年以上を経て遺族に伝えられた。

翌年一月一八日、小島は宮中の皇族懇親会に招かれた。その折、天皇（昭和天皇）、皇后に武官在任中の経緯を報告し、その中でケスラーから聞いた友永、庄司両技術大佐（自決後昇進）の自決に至る状況を説明した。

さて、ケスラーの故郷は彼が最も嫌ったソ連支配下の東ドイツに編入された。彼はスイスに住み、ウルグアイなど南米諸国との貿易をはじめた。しかし事業はうまくいかず、病弱の夫人と異国のこの町でひっそり年金生活を送り、世を去った。

■友永・庄司の思い出綴ったサンダード〔サンダード＝六九、七〇、七六、七七、七九、九九頁参照〕

日本の対空防衛指導の使命を受けていた『U234』便乗者、対空武器のスペシャリスト、フリッツ・ボン・サンダード空軍大佐は、『U234』内で友永、庄司と同室だった。

そして、彼らの自決の発見者となった。

彼が混乱の戦後生活から抜け出したのは一九六〇年だった。

その間、彼は折にふれて『U234』内で自決した友永、庄司両中佐の心の中を推測した。

〈友永、庄司は根っからの軍人ではなく、日本の最高学府で学んだ有能な技術者だったというが、一五年経っても自分の心に強烈な記憶を刻みこんでいる。それは一体何なのだろうか〉

サンダードは、その思いをドイツの雑誌『デア・フロント・ゾルダーテン（前線兵士）』に寄稿した。

「崇高なる武人の最期」と題したその一文は、友永、庄司両中佐の自決の真相を目撃者が公にするという衝撃性だけでなく、そこに両中佐を通してのサンダードの日本人観が述べられ、反響を呼んだ。

サンダードは、その雑誌を駐独日本大使館にとどけ、日本の遺族への移送を依頼した。

サンダードの〈戦後〉がこれでやっと終わった。

■米国になじまなかったブリンゲバルト〔ブリンゲバルト＝五六、六一、七二、一二七、一三一、一三六、一三八頁参照〕

世界に誇るメッサーシュミット社（独航空産業）のナンバー2といわれたアウグスト・ブリンゲバルトは、日本でMe262の量産をはかる生産ラインを作るために、遣日の命を受けた便乗者だった。

捕らえた米海軍は、ブリンゲバルトが変装したヒットラーではなく、世界最強のジェット戦闘機Me262を開発した当人で、Me262二機ともども掌中に入ったことに驚喜した。

ブリンゲバルトは、戦犯収容所からオハイオ州デートンのライトパターソン（現ライトフィールド）陸軍航空基地に移され、ペーパークリップ・プロジェクトに参加させられた。このプロジェクトは、ドイツ敗北後、米国に集められたドイツ人科学者たちの集団だった。ここには、メッサーシュミット社で共にMe262開発に当っていた有能な技術者たちもいた。ブリンゲバルトは一度帰国したものの、職もなく、祖国の無惨な姿に妻子を伴い、再び渡米した。

そして米航空機開発のアドバイザーや、小型爆撃戦闘支援機F105のプロジェクト・マネージャー、航空機製造会社の副社長にもなり、米航空界に貢献したが、一度も米国社会に融けこむことなく、孤独なドイツ人技術者として一生を終えた。

「父は恵み深い独裁者でした。そして完全主義者でした。父は訪日の使命で『U234』に乗り、その後の人生が変わりました。祖国ドイツを愛しぬきながら、米国に忠誠を尽くす二律背反に苦しみました。後半の人生で、心からくつろいだ日々はなかったと思います。でも、全身全霊で仕事に打ちこむ父の専門家としての姿を、私は美しいと思いました。そして父は人生、仕事、すべてのことを私に語って逝きました」

父と同じ工学部に学んだが、のちに医学に転じ、神経外科医となった長男ピーター・ブリンゲバルトの回想である。

## ■シュリケ、ソ連の手から逃れて米国へ ［シュリケ＝五六、六一、六八、七一、七九、八五、九一、九五、一〇八、一一六、一一七、一三七頁参照］

もうひとり米国で戦後の人生を歩んだのは、海軍士官であり、レーダーの専門家として博士号も持つハインツ・シュリケである。

シュリケも米海軍にとって〈転がりこんだ賓客〉だった。

シュリケは、バージニア州アレクサンドリアのドイツ人特別捕虜収容所から米海軍情報局アルベルティ中佐の命令で海軍省にレクチャーに通った。

内容は、シュリケの専門分野であるレーダー、カムフラージュ、通信など電子科学に関するドイツ海軍の機密情報であった。

その間マサチューセッツ工科大学のボンヒバード教授や、技術者たちが次々に質問に訪れた。

その後、捕虜として祖国に送還されたシュリケを、米占領軍は常にマークしていた。彼の故郷キール市は、二〇キロ離れたところからソ連軍占領地になっており、ソ連軍も、ドイツ人科学者の獲得に躍起になっていた。米占領軍は、万一掌中の珠であるシュリケがソ連軍に拉致されることのないよう保護した。

祖国の荒廃を目のあたりにしたシュリケは、米国で働くことを選択、渡米した。そして米海軍研究室で二つのプロジェクトに参加、空母への着陸訓練シミュレーター装置や、レーダー防御装置などで特許権を取得した。家族ともども米国市民権も得、自らの技術力を米国社会に役立て、幸せなドイツ系米国人として暮らしている。

## ■念願の訪日を果たしたメンチェル［メンチェル＝六九、七二、七六、七七、八一、一三七頁参照］

ウーリッヒ・ケスラー空軍大将の秘書役として『U234』の便乗者となった空軍中尉エーリッヒ・メンチェル（写真左参照）は、その訪日には外交官パスポートを所持していた。

それから一五年後の一九六〇（昭和三五）年、メンチェルはドイツ人ビジネスマンとしてのパスポートを持ち、羽田国際空港に降り立った。

メンチェルには日本海軍の対空・対艦防衛技術を指導する任務が与えられていた。それを果たせないまま米国で捕虜となった。

当時独海軍や空軍の捕虜は珍しかったので、レーダーに関する情報をいろいろな立場の人から訊問された。

当時のパスポートを手にするメンチェル・元空軍中尉。1992年、筆者撮影。

ある日、メンチェルは訊問官から、「シュリケと共に米国に残り、専門技術を生かした職に就かないか、応じれば戦犯扱いはなく、自由な身になれる」と持ちかけられた。二四歳のメンチェルは断わった。もう一度祖国に戻り、自分を見つめ直してからでも遅くはないと思った。

一年間の収容所生活で、メンチェルは米国民主主義を学び、反軍国主義の立場を堅めた。

時折、自決した友永、庄司のことを考えた。自分たちは祖国ドイツが崩壊したから、軍機については米軍の訊問に答えられる。しかし、もし友永、庄司が捕虜となっていたら、まだ交戦中の敵国のきびしい訊問にどう対処したであろうか。あの誇り高き〈武士〉たちがこの屈辱に耐えられるとは思えない。ふたりのとった行為は、あれでよかったのかもしれない――と。

一九四六年末ドイツに帰還したメンチェルは、真っ先にドイツ連邦首相と法務大臣に宛て、次のような宣言文を送付した。

〈私は今後祖国ドイツがいかなる事態に遭遇しても、ドイツ兵として戦うことを拒否する〉

メンチェルはシュッツガルド大学に入学、経済学を学び、自己改造を遂げた。

その後サラリーマンとしてドイツ経済復興の一翼を担い、テレフンケン社の取締役になった。

ドイツ経済合理化協会の委員も引き受けた。そして日本の富士電機とのライセンス契約のため、一九六〇年の初来日となったのだった。

メンチェルは招かれた日独協会主催のパーティーで挨拶をした。

「やっと一五年ぶりに日本に到着することができました」と。

メンチェルは、いぶかし気な出席者たちに、一五年昔の『U234』による訪日任務とその後について語った。『U234』のエピソードは日本では一般には知られていない。出席者たちは深い感動に包まれ、メンチェルに惜しみなく拍手を送った、という。

「でも、『日本に到着したら、あなたをわが家に招待しますよ』と言ってくれた友永中佐は、大西洋に眠ったままです。日本人はあまり自宅に客を招かない国民だ、と本で読んだことがあるので、友永中佐からそう言われた時は、とても光栄に思ったものです。友永中佐のお宅に行き、ご夫人にお悔みを言って、私の戦後は終わるのですが、まだそれを果たしていないのが心残りです」とメンチェル。

## ■米国に帰化したパフ

［パフ＝一七、三八、三九、五六、一一二、一三七、一四〇～三、一四六頁参照］

『U234』艦長フェラー大尉の片腕、副艦長として積荷の責任者をつとめた二等航海士カール・エルンスト・パフ大尉は、フェラーと共に重要捕虜としてマークされた。

一九四五年五月に拿捕されたあと、ポーツマス港で『U234』に関する訊問に答えるため残されたふたりは、バスでボストンのチャールズ・ストリート刑務所に移された。

写真を撮られ、列車でメリーランド州の捕虜収容所に到着。ふたりは同じ房に入れられた。士官用の快適な部屋だったが窓には鉄格子が入っていた。覚悟していた訊問もなく、ふたりは所在なく過ごしていた。そこでフェラーは『U234』の積荷の内容をパフに打ちあけた。この時パフははじめてウランの存在を知った、という。

ふたりのベッドは部屋の両端に四、五メートル離して置かれていた。そのため会話は囁くような小声というわけにはいかなかった。それが米軍側の狙い目だった。会話は盗聴され、監視されていたのである。それに気づいたふたりは、以後あまり話さないようにした。

ある日ふたりに係官が、英語は読めるか、と問うた。ふたりが読める、と答えると米国の新聞が配布された。それは一般向きの日刊紙だったが、記事の一部が作為的に入れ替えられ印刷されていた。

〈あるドイツ人捕虜グループ約一〇〇〇名が、米国に対して非協力的なため、船でウラジオストックに送られた。彼らは一生をシベリアの捕虜収容所で過ごすことになろう〉、という内容であった。

冷静に考えてみれば、当時同盟関係にあった米ソ間でそのようなことが行われるはずもないが、情報のない捕虜の心理は揺れた。

その後バージニア州アレクサンドリアのドイツ人特別捕虜収容所に移された。ここには大きな訊問センターがあった。

ここも個々の房の窓には鉄格子がはめられていた。厚板の塀がめぐらされ、外の状況は全く見えなかった。

米海軍情報局は、彼らが日本とどのように協力する予定であったのか、またそれらの機密兵器の内容はどんなものであったのか、その全貌を探り出そうとした。

「われわれドイツと米国には、共産主義と闘う国、という共通の目的がありました。米国が今後、そのためにわれわれドイツの知的資産を使用するのなら協力しようと思いました」

ある〈捕虜〉の告白は興味深い。

米軍側では、こうした協力者を突破口に〈捕虜〉たちの切り崩しにかかった。

誰が、何を聞かれ、どう答えたか、その結果どう処遇されたかなど、次第に〈捕虜仲間〉の間でも生き残りを賭けてのかけ引きがはじまった。お互いに肝心なことは自分の胸にしまわねばならないことも出てきた。

訊問官は巧妙だった。

パフの場合、日本へのコースと海図、寄港状況、シュノーケルの性能データと欠陥、日本へ向かったほかのUボートの情報、海外に脱出した要人、『U234』便乗者たちの詳細、などを問われた。そのほか、両親に手紙を書かされ、生いたち、家族状況、政治的信条、軍歴などを申告させられた。「友永、庄司両技術中佐の遺体をなぜ運んでこなかったか」との詰問に、パフは憤然と答えた。「なぜ亡くなった人を見せものにしたり、マスメディアのニュース種にするために、わざわざ運んでくる必要があるのか」

パフの隣部屋では、チェコスロバキア出身の下士官が訊問を受けていた。その内容はソ連軍に関することに集中していた。つまり、訊問側の味方であるはずのソ連軍の動向や使用武器の種類、内容をこと細かく聞き出していた。

六月中旬のある日、彼は米海軍情報局インディアンヘッド本部に連れていかれた（一四一頁参照）。ここで彼は、『U234』で運んできたものとしてフェラーから聞いていた酸化ウランの箱と、それを確認していると思しきロバート・オッペンハイマー博士を目撃したのである。

訊問を終えたパフは七月、ルイジアナ州の士官用収容施設に送られた。ここで捕虜は、希望すれば働くことができた。

パフは消防隊員としての任務を忠実に果たした。

翌四六年三月、士官クラスのパフたちから、ドイツへの送還がはじまった。〈士官〉はジュネーヴ協定により強制労働には就かせられず、食客でしかなかったための措置である。

祖国に戻ったパフは、その後米国での生活を決意し、ハンブルクで結婚した妻と子を伴い、カナダを経て再び米国へ渡った。

「私はドイツに生まれ育ち、ドイツのために死を覚悟して戦ってきました。私は祖国に対する義務は果たしました。戦争が終わった時、私はこれで自由になった、好きなところに行き、自分に合ったところに住もう、と思いました。そしてたまたま捕虜となって米国に出会い、ここが自分の国だと感じたのです。今では私は米国人だと思っています。妻も子も孫も米国を愛しています。ドイツ人であることを恥と思ったことは一度もありません。ドイツに里帰りするのは楽しみです。しかし米国が一番幸せに暮らせます。一生ここで過ごし、ここを祖国とするでしょう」

かつてのUボートの戦士パフは、穏和なほほえみを浮かべながら、シアトル北方のベリンガムで余生を楽しんでいる。

## ■Uボートと乗組員たちは

フィルシュフェルド通信士〔二四、一五、一九、二〇、二三、三九～四一頁、第二章、四二三頁参照〕の場合、ポーツマスの収容所で独房に入れられ、収監三日目からは手錠をかけられた。そして手錠のままトラックに乗せられ、ポーツマス通りを港へと運ばれた。

岸壁には、捕獲された『U234』『U805』『U873』『U1228』四隻のUボートが繋留されていた。

フィルシュフェルドは背中にコルト銃を押しつけられたまま、『U234』に乗るよううながされた。

「こんな姿で艦に戻るのはいやだ!!」

フィルシュフェルドは拒絶した。

するとハッチから『U234』元副艦長パフが出てきた。彼は手錠姿のフィルシュフェルドに驚き、ハッチ内に向かって大声で叫んだ。

間もなく中から米海軍中佐ハッテンが現れ、フィルシュフェルドのところにやってきた。

ハッテン中佐は収容所に連絡をとり、フィルシュフェルドの手錠をはずして乗艦させる許可をとりつけ、たばこを一本抜きとってすすめた。ハッテン中佐が取り出したライターは、ドイツUボートのマークが付いたものだった。

フィルシュフェルドの視線がそこに留まったのに気づいたハッテン中佐は、ほほえみながらドイツ語で話し出した。

「私は長い間Uボート乗組員と付き合いがあります」

フィルシュフェルドは、ハッテン中佐が諜報士官ではないかと推測した。それは当っていた。フィルシュフェルドが捕虜収容所から『U234』に連れ戻された理由は、ワシントンからやってきたふたりの通信専門米海軍士官に、Uボートの無線関係情報を提供するためであった。

「『U234』の発信機を取りはずしたいので協力してほしい」とハッテン中佐。

「そんなこと私に頼まなくとも、あなた方で簡単にできることではないですか。単に二、三個のネジをはずし、電線を取りはがせばよいではないですか」

「私はそうは思わない。そこに偽装爆弾が取り付けられてはいないかとの不安があるからだ」

フィルシュフェルドは、ハッテン中佐の〈偽装爆弾〉の単語が理解できず、幾度も質問し直しているうちに、やっとその意味がつかめた。彼らは、Uボート側が発信機を敵方に渡さないよう爆弾を仕掛けているものと思いこんでいたのだ。

フィルシュフェルドは思わず笑い出した。

「あなた方は、ご自身で作り出したUボート神話に、随分毒されておられますね」

「それがプロパガンダというものだ」

「わかりました。それでは私がそれを取りはずしましょう。そのかわり収容所に入れられている仲間のペーター・シェルフを出して下さい」

「わかった。約束しよう」

以後、フィルシュフェルドは収容所に戻らなくてよいことになった。

フィルシュフェルドは収容所生活から抜け出し、米海軍の居住船に移ることができた。ここには、拿捕された四隻のUボートの残留乗組員たちが収容されていた。

フィルシュフェルドらは、潜水艦基地内の潜水艦学校で正面および横向きの写真と、指紋をとられた。〈IG604NA〉という捕虜番号を付けられた上で、拿捕された四隻のUボートの無線整備を命じられた。

フィルシュフェルドら捕虜は、監視下にあるとはいえ、かなり自由が認められていた。Uボート・ハイムでの食事は各自トレイで好みのメニューが量も豊富に選択できた。毎日、新聞、たばこ、ガムも配給された。

ある日、『ザ・ボストン・ヘラルド』紙の記事に捕虜たちはショックを受けた。『U873』艦長シュタインホーフ元海軍大尉がボストンの監獄内にてガラスの破片で動脈を切断し、自殺したという。

シュタインホーフは捕虜として手錠をかけられ、ボストン市中を引き回され、興奮した米国市民に卵、トマト、ごみなどを投げつけられた。監視員にも虐待された彼は、屈辱よりもUボート艦長としての誇りを保つべく、死を選んだのであろう。

元Uボート乗組員は、誰もしばらく口を開かなかった。

ある時、彼らは同じ構内にある潜水艦学校の教室を覗くことができた。

なんとそこには、〈ヴァルター・Uボート〉と大書きされ、壁一面にその設計図が貼られていた。

〈ヴァルター・Uボート〉とは、ヴァルター博士によって発明された過酸化水素エンジンを装備したドイツの誇る水中高速艦XXI型である。ディーゼルエンジンのように空気を必要とせず、水中で長時間高速潜航できる画期的なUボートとして、ドイツはこの艦に最後の望みを託していた。

しかし、建造はされたものの、すでにドイツの戦況は末期的状況で、『U234』がキールを出航した頃にやっとテストを終えたという状態であった。

自分たちさえ、まだ詳細を知らない『ヴァルター・Uボート』の設計図をすでに米海軍は入手し、米海軍潜水艦乗組員たちによって研究されているのである。

「なんということか」

元Uボート乗組員たちは米海軍の情報収集力に打ちのめされた。

その後『ヴァルター・Uボート』はポーツマス海軍工廠で研究が続けられ、建造にまで漕ぎつけた。

しかし、並行して研究されていた原子力推進エンジン潜水艦の成功率の方が高いと認められ、結局建造は途中で打ち切られた。

収監後ひと月ほど経ったある日、第二課報局テイラー大佐は、居住船内の捕虜たちに次の提案をした。

「米海軍潜水艦乗組員に対して、Uボートを使った潜水指導をやってみないか」

「冗談じゃない。戦時捕虜として、われわれはそれを拒絶する」

「もしあなた方が米海軍のために働くことを約束したなら、あなた方に自由を与え、ホテル住いを保証する」

元Uボート乗組員たちは、これから先の長い捕虜生活を考え、その提案を協議することにした。その結果、ドイツに居る家族への処遇、死亡した場合の確実な補償、米海軍への入隊許可、米国市民権の取得などを要求として提出した。

テイラー大佐はワシントンに飛び、上層部と交渉を重ねて回答してきた。結果、海軍への登用と市民権取得以外は承諾するという。

それを受け、元Uボート乗組員たちは、自分たちのUボートのオーバーホールには協力することにした。

それはひとつの策略だった。

Uボート操作要覧は各艦降伏の際、破棄してある。元Uボート乗組員でなければ、Uボートの操作はできない。しかも、元乗組員たちは、拿捕される以前にUボートの電気接続回路を操作要覧とは違う形に変更し、絶対に米海軍には操作できない仕組みを作り上げておいたのである。

毎日、多くの米海軍高級士官たちがUボートの見学に訪れた。元Uボート乗組員たちはその案内役を引き受け、技術的な説明をした。それは誇らしい役目だった。

そんなある日、彼らはUボートのディーゼルエンジンを始動させるよう命じられた。

「すでに二か月間動かしていないのだからきっとかからないだろう」

アレクサンダー米海軍技術少尉は言った。

『U234』のディストラー元機関兵曹〔二五、八九、一二二頁参照〕は反発した。

「ドイツのUボートはそんな代物じゃない！」

『U234』は『U873』と岸壁に並んで繋留されていた。干満の差があるため、ゆるくかけられた麻綱が、縄飛びの縄のようにゆったりと揺れていた。

両艦の間には、手すりのない板が渡されていた。純白の制服、脇の下に赤いブリーフ・ケースを抱えた米艦長が、岸壁から『U873』を経て、『U234』への板に足を踏みこんだ時のことだった。

「シューッ」とディーゼルエンジンの作動音がして、『U234』は突然前へ動き出した。板は滑り落ち、米艦長は落下した。

『U234』の上甲板でそれを目撃したフィルシュフェルドは、燃料タンクの上から米艦長を引き上げようとしたが、手がとどかない。米艦長は港湾の汚水と油とごみにまみれた悲惨な姿でやっと救出された。白い制服は見る影もなく、どす黒く汚れていた。

アレクサンダー米海軍技術少尉が駆けつけ、「われわれの操作ミスです。申し訳ありません」と頭をさげた。

これで元Uボート乗組員が故意に企んだ〈反逆〉の疑いは解けた。

四隻のUボートのディーゼルエンジンは、すべて軽快に始動した。元Uボート乗組員は、賭けに勝った。戦に敗北したとはいえ、世界に誇るUボートの真価を見せつけたことで、胸がすく思いだった。

ところが、賭けに負けた米海軍技術士官たちまでが、「ドイツのディーゼルエンジンはさすがである。実にすばらしい。これで浴槽が付いていれば、Uボートの価値はもっと高くなるのに」と歓声をあげ、肩を叩きあって喜んだのである。その無邪気なまでの明るさ、率直さに、元Uボート乗組員たちは、これがあのヤンキー気質というものかと一瞬戸惑った、という。

同じ頃、『U234』内では米二等水兵のひとりが、いくつも並んでいるレバーと子どものように戯れていた。停泊中とはいえ、精緻なメカニズムの集合体であるUボートは、いたずらにレバーやボタン、スイッチを操作するのは危険である。その直後のことであった。Uボートの命である潜望鏡が艦底まで落下、高価なレンズは激しく音をたてて砕け散った。

戯れていたレバーで誤って油圧を抜いてしまったのが原因だった。彼は一年間の営倉入りとなった、という。

## ■日本への原爆投下を告げられた日

一九四五年八月八日、いつものUボートでの作業が突然中止になり、フィルシュフェルドら捕虜たちは居住船に集合させられた。米海軍大佐テイラーと同中佐ハッテンから、日本への原爆投下で、日本の敗戦が決定的になったことを告げられた。

彼ら捕虜たちは八月一五日を待たずに荷物をまとめ、共に働いてきた米海軍潜水艦乗組員たちと別れることになった。

短い間の交流だったが、同じ潜水艦乗りとしての濃密な友情が生れていた。〈捕虜〉たちは、見張り役の米軍曹が好きだった〈バーデンヴァイラー行進曲〉を幾度も演奏して友情に感謝し、彼らが熱望した〈リリー・マルレーン〉のレコードも贈った。そして岸壁に繋留されたままの『U234』をふくむ四隻のUボートに別れを告げ、「グッド・ラック」「グッド・ラック・フォー・ユー」と、互いに声をかけあい、バスでボストンに向かった。

ここからマサチューセッツのエドワード基地に収容され、一九四六年四月、ニューヨークに船で移送された。一八〇〇名にまとめられた〈捕虜〉たちは、再び船で金色に輝く夕陽の中をハドソン川を下り、マンハッタン島を眺めながら大西洋へ出た。

ナンタケット島（ニューヨーク北東）周辺から海は荒れた。船はベルギーのアンベルスに着き、英軍に引き渡され、第二二二八キャンプのきびしい食糧事情の中で暮らした。ここから英本土に移送されるための健康診断でフィルシュフェルドは不適とされ、自由の身となった。Uボート医師からもらった〈錠剤〉のおかげで頻脈となったからである。

最初で最後の航海となり、多くのドラマをくりひろげた『U234』。その後『U234』には米海軍によってさまざまなテストがくり返され、一九四七年一一月二〇日、ついに最後のテストが大西洋上で実施された。

『U234』は米海軍潜水艦『グリーンフィッシュ』の魚雷テストの標的となった。そして永久に海底に没した――。

元乗組員にとって、ひとりの仲間も搭乗していないこと、そして、元乗組員が誰も目撃せずにすんだこと、それが唯一の救いだった。

# あとがきに代えて

ドイツ北部の軍都キール市中心部から車で約三〇分東北に向かうと、メルテンオルトの海岸に着く(五八頁地図参照)。深い緑を重ねた森を背景に、重厚な石造りのUボート記念碑が天を衝く(口絵参照)。その頂には、大きくはばたく鷲の像があたりを睥睨し、Uボートのレリーフがはめこまれている。

一九九一(平成三)年九月二八日、筆者は第一回取材にこの地を訪れた。

Uボート記念碑の石畳の回廊。同記念碑パンフレットより。

石畳の回廊を下ると、延々と続く高さ約二メートルの左右の壁には、第一次、第二次大戦で犠牲となったUボートナンバーと乗組員の氏名が銅板に刻まれ、足許には生花の束や花籠がそれに添って連なる(写真上参照)。

「生花は、元乗組員や国民からの寄付で、一年中絶えたことがありません」と、誇らしく説明するボランティアの管理人。

回廊の先には約一五平方メートルほどのUボート記念碑メモリアルホールがあった。Uボートを模して、窓もなく狭く、空気は冷たい。

四方の壁には、訪れた各国の〈海の勇者〉たちによって捧げられた艦旗がすき間なく飾られ、日本の海上自衛隊員による旭日旗もあった。

その入口左の柱には友永、庄司両海軍技術中佐を顕彰した記念板があると聞いてきたが、見当らない。それを訪ねて日本から来たことを告げると、管理人は、「あの木製の記念板は、心ない人々がいたずら描きをしたりして傷んできたので、現在は管理室に保管中です」と答えた。

その記念板は、Uボートの旗竿を模した棹に、五枚の額が縦に並べられ、額には独文で次のような詞が刻まれている（口絵参照）。

勇士たちよ！
あなた方が今なお追憶される時
常にあなた方は
生き続ける
一九四五年五月一三日
日本帝国海軍技術中佐　庄司元三
同　友永英夫

もう一枚の額にはH・G・フォン・フリーデブルク大将の名が記されていた。

同大将はヒットラー自殺後、独軍最高司令官となったカール・デーニッツ提督の後任として、独海軍総司令官となった。一九四五年五月のドイツ崩壊に際し、連合軍への降伏文書に署名したのち、その責任をとって同月二三日自殺した人物である。

独海軍は、その忘れがたい自国の大将の額とともに、Uボート内で自決したふたりの日本海軍技術中佐への追悼と敬慕をこめ、前記のような詞を綴り、顕彰してくれていたのである。

その上ドイツ政府は、庄司、友永両技術大佐（自決後昇進）の命日の五月一三日には、駐日大使を通して毎年両家遺族に献花や供物を手向け続けてきた。おそらく、ドイツ政府の心からなる謝罪の表れであろう。


一九八二年のことだった。元駐日ドイツ大使館付海軍武官ハンス・ヨーヒム・クルーグ大佐が同記念館を訪れ、この記念板の存在を知った。

友永、庄司両技術中佐の功績を熟知していたクルーグ元大佐は、感動した。その記念板を撮影し、かつて自分が日本駐在中に武官室勤務だった坂西勝匡に託した。坂西は友永、庄司両技術中佐の遺族を探し当て、託された写真をとどけた。

日本では一部の人々にしか知られていない、封印されたままの夫の、父の足跡を讃えた追悼の詞が、独海軍によって作られていたとは――。はじめて知った友永、庄司両遺族の驚きと感謝は尽きず、記念板を一目見たいと庄司の妻和子は再度訪独した。

和子は息子たちの独立で、洋裁が趣味となった。そのほか、絵画、書道、三味線、俳句と、和子の才能は多彩に開花した。いずれの趣味も力強く、明るく、大らかで、その素人離れした技は周囲を驚かした。多くのよき友人にも恵まれ、幸せな老後を迎えた。

▲ラベイ海岸に設置されている実物のU995。観光絵はがきより。

高層の海軍資料館。建物の右下にU995が小さく見▶える。観光絵はがきより。

二男元信、はる夫婦と共に過ごしていた和子も、定年後の元信の北海道転職がきまると、自ら高齢者施設に入居し、九一歳の誕生日をみんなに祝福されて迎えた（三九八頁写真参照）。

メルテンオルトから海岸伝いに一五分ばかり北に歩くと、ラベイ岬で突然視界がひらけた。

見渡す限りの白砂、明るいブルーのバルト海は、金色の小波をかき立て、北欧の空が果てしなく広がっている。

この大空間を舞台に、青銀色のUボートが空中に輝いているではないか——。

逆光に目を凝らすと、高さ二メートル以上はある台座に据えられた実物のUボートだった。まるで巨大な飛行船が浜辺に着陸しているかのようだ（写真左参照）。

それは大自然に融けこんだひとつのアートだった。

その先には、潜水艦の司令塔を型どった高層の海軍資料館もあった（写真右参照）。

記念Uボートは『U995』ⅦC型で、一九四三年に建造され、参戦した。第二次大戦後にオランダに引き渡されたが、その後オランダから再び返還され、修復した上で記念艦にしたという。

内部の構造も当時のまま保存され、自由に見学できた。平日の午後であるにもかかわらず、広大なUボートエリアは多くの見学客でいっぱい。昔の独海軍帽をかぶり、杖を突きながらも、孫らしき少年らに誇らしげに説明している老人の姿もあった。

沿道の屋台では、過去から現代までのUボートのカタログや、ドイツらしい精緻な説明パンフレットが売られ、人だかりがしていた。

独海軍の代名詞といわれるほどドイツ国民の支持を得てきたUボート。その姿が、半世紀以上を経た現在でもひとびとの〈誇らしき記録〉としてとどめてあるこの現実。これだけ大がかりなUボートモニュメントを建設して、国内・国外からの反対、非難はなかったのだろうか。


第二次大戦におけるナチスドイツの罪を裁く国際軍事法廷、ニュルンベルク裁判で、Uボート艦隊司令長官をつとめた独軍最高司令官カール・デーニッツはわずか禁固一〇年の刑だった。国家元帥ヘルマン・ゲーリングら一二名が絞首刑を宣告された中で、ヒットラーからその後継者に指名されたデーニッツが、同法廷有罪宣告中、最低の刑で終わったことは、何を意味するのか――。

デーニッツは敗戦時、海軍司令部とUボート司令部の文書の破棄を禁じた。「何も恥じることはしていない。われわれのすべてを万人に知ってもらおう」と。同文書は英海軍の手に渡った。

デーニッツの有罪を立証するために、多くの証人がニュルンベルクの証人監房に入れられた。検察側は、「デーニッツに不利な証言をすれば貴官を助ける」とまで、証人に圧力をかけた。だが、誰もそれに応じた者はいなかった。それどころか、かつてのUボート乗組員や、元提督クラスに至るまで、多くの部下たちが彼の高貴なる人格を讃え、収監中の身を案じる手紙を弁護団に届けた。

さらに、イギリスに収容中の元Uボート艦長六七名が署名入りで、デーニッツの命令はすべて法に則った騎士的なものであったことを具体的に記述し、それを自発的に提出した、という。

一九四六年八月三一日、デーニッツの最終陳述は、ヒットラーの誤りを指摘し、その教訓に基づく未来の国造りを説き、自分の責任を明らかにする、という内容であった。そして言った。

「私はどうなってもよい。Uボート艦隊さえ無罪ならば」

Uボートは無罪となった。

Uボート乗組員ひとりびとりが、ドイツ国民から敬愛される紳士の集団だった。

「オレたちはヒットラーのために闘うのではない。親爺デーニッツのために闘っているのだ」

そう公言した彼らの中には、ナチス党員がほとんどいなかったと聞くが、それはうなずける。

ドイツ国民は、敗戦を機にナチスドイツ時代を徹底して検証、懺悔し、今日のドイツを再生させた。

あのUボートモニュメントは、これらの要因の上に存在しているのではないだろうか。

東京・原宿の東郷神社境内にある日本海軍潜水艦記念碑「潜水艦勇士に捧ぐ」は、木蔭にひっそりとたたずんでいる（口絵参照）。教えられてはじめて気づくほどで、いまだに「沈黙」を守っている。

一年に一度関係者が集い、追悼会が開かれていたが、関係者の高齢化でそれも閉じられ、個々の集いになっている。そうした集いも、お互いの消息を確かめ会う、もの静かな会合で、軍歌の大合唱はない。しかし、多くの戦友を失いながら、ひたすら苦闘に耐えてきた彼らの結束は堅い。

太平洋戦争中、日本潜水艦はUボート並の性能を備え、優秀な人材を投入しながらも、一九四三（昭和一八）年中期以降の戦果は激減、被害が増加した。米海軍は新型レーダーの開発で対潜戦術を急速に向上させ、加えてその物量作戦も圧倒的だった。日本海軍指導陣の潜水艦用法はそれに即応できなかった。

海軍航空本部の積極的な意見具申が作戦に反映され、戦果を挙げていったのにくらべ、戦局打開を狙って創設された潜水艦部（一九四三＝昭和一八年五月一日創設）の意見は通りにくかった。戦訓を吸いあげる制度や、組織の強化を内側から構築する余裕もなかった。

それでも潜水艦は勇敢に、黙々と命令に服した。陸軍の求めに応じ、過酷な輸送、撤退任務にも耐えた。

水上攻撃機〈晴嵐〉を潜水艦甲板上に搭載して米本土やパナマ運河に接近するという、危険な攻撃や偵察任務を担う世界初の戦法にも挑んだ。しかし、その第一陣の出撃途上に敗戦となった。

同じように、潜水艦から出撃する特攻兵器『回天』は、戦い末期の危機打開に開発された。若き志願兵たちは次々にこの〈人間魚雷〉に搭乗、愛する家族や同胞を護るために、敵艦に激突していった。

彼らは、今なお無言のまま太平洋の底深くに眠っている。

戦後の廃墟から立ちあがった日本は、短期間に世界に類いない経済成長を遂げてきた。その一要因には、海軍の技術力が挙げられている。戦後日本はこれを平和産業に投入し、工業部門における国力の強化をはかった。

例えば、敗戦後の一九四九（昭和二四）年頃から五六（昭和三一）年にかけての日本を世界一の造船国に仕立て上げたのは、民間企業に入った友永の先輩、後輩ら約七〇〇名の造船官たちであった。彼らの卓越した技能と研鑽は、世界最強といわれた戦艦『大和』『武蔵』にかわって、高性能の外航客船、貨物船、タンカーへと向けられた。一九七四（昭和四九）年頃まで、造船業界は外貨獲得のトップを占め、日本復興の一翼を担った。

潜水艦関係では、深海の探索・測定に必要な〈潜水探測機〉や〈潜水艇〉が開発され、深海一万メートルでの無人探査を可能にするなど、今も世界のトップレベルにある。

これらは、漁場・海流調査や深海生物調査、海底トンネル、パイプライン敷設、橋梁建設用海底ボーリング、沈没船引揚などに威力を発揮している。

身近な生活用品にも、潜水艦から生まれた発明を民間に移して進化したものが多い。衝撃に強く、わずかな発熱量で消費電力を抑える蛍光灯、本文でもふれた自動電気炊飯器や即席麺、保存食の数々（三〇九～一〇頁参照）、今日われわれは日々それらの恩恵に浴している。

カメラやレンズは戦前にはドイツ製品がトップだった。しかし、戦後、日本がそれに替わった。これも海軍（陸軍も含む）光学兵器技術者たちが戦後各光学産業に迎えられ、独自の技術力で研究を重ね、今日の繁栄をもたらした。

今や日本の大動脈、新幹線。一九六四（昭和三九）年一〇月、東京オリンピック開催を機に登場した、世界に誇る〈夢の超特急〉を開発したのも海軍航空技術者グループだった。名機〈零戦〉の設計者松平精・元海軍技師と、陸上攻撃機〈銀河〉の設計者三木忠直・元海軍技術少佐ら、中央航空研究所出身者が中心となった。航空機や潜水艦の気密性、耐圧構造、ねじれ構造など、あらゆる研究の成果を結集させた。その結果、軽量で高速に耐えるあの堅牢な車体が完成したのである。

かつて『U234』内でドイツ敗北が告げられた日、友永はベルナール・バッハマン通信士をこう励ましている。

「降伏はさほど悲しむことではない。最後まであきらめない民族は滅びることはない」（一九頁参照）と。

日独技術者の優秀性を確信していた友永の予言は、今日を見通していたといえよう。

もうひとつ筆者が実感した、今なお受け継がれているもの。それは潜水艦乗組員たちの〈男の資質〉である。

今回の取材はゼロからの出発だった。海軍、潜水艦、造船、そしてUボートと、何ひとつとっかかりのない不安な筆者に、旧海軍関係者、造船官の方々は、快く懇切に応じ、次々に道を拓いて下さった。往年の潜水艦長や乗組員、横須賀・呉・佐世保の海上自衛隊潜水艦関係者、と取材していくうちに、そこに共通した人間性が脈打っているのに気づいた。

彼らの、相手の立場を感じとり、思いやる心のひろさ。頼もしく、誠実で責任感が強い。己をひけらかすことなく、口数は少ないが、あたたかい。

これこそあの狭い艦内で我執を捨て、分を守って困難を克服し、任務を達成していくうちに熟成された人間性であろう。

時代と状況、環境が変わっても、潜水艦を職場とする男たちに受け継がれていくこの資質。筆者には、彼らのその心延《ば》えがまぶしかった。


友永英夫、庄司元三両海軍技術中佐が『U234』内で自決、大西洋に葬られてから六〇年、日本には砲爆の恐怖も、飢えもなく、平和で豊かな日々がある。それは遣独艦で訪独した潜水艦乗組員たちが、かつてロリアンやパリで味わった、あの「夢のような」生活である。

この「夢のような」生活は、各地戦場で倒れた数百万人将兵とその遺族、現地のひとびとの犠牲の上に築かれたものである。

特攻兵器で敵艦や敵陣に突入していった若き志願兵たちも、昭和の戦いの渦の中に生まれ落ちなければ、家族と共にこの「夢のような」生活を享受し、自由な青春を謳歌できたものを——。

だからといって、Uボートのような壮大な記念碑を望むのではない。ひそやかな日本海軍潜水艦記念碑は、その運命の象徴として、まことにふさわしい。

しかし、近年の日本のありようは寂しい。すべて利益優先システムに切り替えられ、美しい自然は削られ、休耕田には廃棄物が積まれている。

人の心の荒廃は、思いもよらぬ犯罪の増幅となり、教育はその現状に対応できていない。

徒に氾濫する情報、それを取捨選択する自主性は薄れ、自己中心族が幅を利かす。

世界の潮流は米国を中心に中東の火種をめぐり、各国の思惑を巻きこむ。予断を許さない。

日本のリーダーたちは、かつての戦いの世紀を、真剣に検証したことがあるのだろうか。あの歴史の轍にこびり付いでいる日本の過ちの数々は、当時のリーダーたちの判断ミスにある。

にもかからず、現代のリーダーたちの危うさは、その自覚にあまりにも欠けているのではないだろうか。

戦後六〇周年。

この平和のありがたさ、尊さが身に滲む世代はひと握りになってきた。

もの言わぬ深海の戦死者たちの声を今、聴きとらねば――。戦いを体験、そのおろかさ、むなしさを身にすりこんで生きてきた世代が、それを語り継がねば――。

妻や子が、親や弟妹が、二度と空の遺骨箱を国から受けとることのないように――。

取材に際し、貴重な証言をして下さった多くの旧海軍関係者の方々のほとんどが鬼籍に入られた。そして、拙文の完成を心待ちに、何かと力を添えて下さった友永英夫海軍技術大佐の正子夫人が、二〇〇四（平成一六）年四月六日、旅立たれた。返すがえすも悔いが残る。

正子夫人は、長女吾郷洋子・誠夫妻宅で孫進平、珠子、東子らと静穏な老年期を過ごし、二女上原展子・修夫妻やその孫健太郎、大二郎らの時折の訪れが楽しみだった。

幼い頃、祖父友永英夫の伝記を求めて書店を訪れた珠子は、大学卒業後、国際協力機関で活躍している。看護師のキャリアを積んだ東子は三人の子の母となり、祖母正子の老後を母洋子と共に支えた。

国家公務員として海外勤務中の進平も二児の父。「私も現在の任務を負った立場で考えると、祖父の選んだ自決は当然であり、あれでよかったのだと思います」と祖父を誇る。

身辺の整理をし、夫の遺品をすべて呉市海事歴史科学館に納め、家族に感謝しつつ、八九歳の生涯を閉じた友永正子。夫の弾く〈トロイメライ〉をこの世で聴くことは叶えられなかったが、六〇余年を経て、正子はやっと深海に眠る夫・英夫の魂とめぐり逢うことができたに違いない。

ひたすら夫恋に生きた六〇余年の歩みを、正子は夫に語り継ぐことであろう。

長い坂道だった。なんとか越えることができたが、遺漏、誤謬はご指摘いただきたい。別掲のように多くの協力者の方々、特にドイツでの困難な取材を可能にして下さった須本・シュバーン由喜子さん、二股・ウインター和子さん、そして長い間、編集の労を厭わず協力下さった新評論編集部山田洋氏に感謝し、拙文を友永英夫海軍技術大佐と正子夫人の墓前に捧げる。

（文中敬称略）（階級名は文中時）

二〇〇五年五月一三日

戦後六〇周年の記念に　富永孝子

初版から半年、今回その間に寄せられた遺漏、誤謬のご指摘を検証、訂正し、より〈正確〉に近付けた改訂版（初版第二刷）をおとどけする。読者及び協力者の方々に心より感謝する。

二〇〇六年二月一五日

富永孝子

## ご協力いただいた方々（敬称略・順不同）

### 資料提供

■作家　吉村昭　澤地久枝　古波蔵保好
■米・公文書関係　石原真
■日本放送協会関係　井上隆史　箕輪貴　田島照　山崎俊一
■遺族　広瀬和恵　田丸育子　筑土明子　玉崎洋一
■航空自衛隊　郷田豊

### 通訳・翻訳・資料作成・資料検索

■独語通訳・翻訳　須本・シュバーン由喜子　■独語翻訳　加藤佳子　■独語通訳　一股・ウインター・和子
■英語翻訳　森恵津子　森明子　石原真　■資料作成　赤坂賢治　■資料検索　吉住亜矢

### 取材協力

■遺族　友永正子　吾郷洋子　吾郷進平　上原展子　勝津秀祐　庄司和子　庄司元信　庄司はる　庄司元昌
■造船官関係　牧野茂　船越卓　寺田明　福井桃子（静夫・夫人）
■潜水艦関係　鳥巣建之助　筑土龍男　坂本金美　時忠俊　藤井伸之
■駐独陸海軍関係　豊田隈雄　藤村義朗　石毛省三　樽谷由吉
■海上自衛隊関係　大供守　吉成碩之　村上聖信　難波陽　城本英雄　栖原裕
■防衛研究所図書館　北澤法隆
■日本船舶海洋工学会　荻原誠功　川瀬晃
■U234乗組員　ウォルフガング・フィルシュフェルド　ベルナール・バッハマン　ヒューバート・レアマン　ヘルムート・リヒター　クルト・パーゲル　オット・ディストラー　ビーデン・オット　ヘルベルト・ラットケ　ヴィーランド・ツィーチェ　■U234便乗者　ハインリッヒ・ヘレンドーン　エーリッヒ・メンチェル
■米拿捕駆逐艦『ミュアー』乗組員　ウイリアム・バウワー
■各専門家　杉本恒明　山崎正勝　米澤文恵　松田久子　林めぐみ　近藤稔　高田豊造　清宮弘基　北林裕介　植田一雄　吉川孝夫　■コーディネーター　新井信　浅見雅男　田中淑子　高田誠二　河村豊

## 参考資料一覧（順不同）

『深海の使者』吉村昭　文藝春秋（文春文庫）　一九七六・四・二五
「友永英夫追悼録」私家版　一九四六・五（遠山光一／船越卓編集　造船官関係・学友・遺族らが執筆　ガリ版刷り　近親者のみに配布）
『伊号第八潜水艦史』伊八潜史刊行会編　一九四九・三・二一
『戦史叢書・大本営海軍部聯合艦隊〈7〉最終期』防衛庁防衛研修所戦史室　朝雲新聞社　一九七六・三・三〇
『戦史叢書・潜水艦史』防衛庁防衛研修所戦史室　朝雲新聞社　一九七九・六・二〇
『日本海軍潜水艦史』日本海軍潜水艦史刊行会　一九七九・九・二五
『潜水艦―その回顧と展望』堀元美　出版協同社　一九五九・四・一〇
『造船官の記録』造船会　今日の話題社　一九七二・二
『潜水艦』福田一郎　河出書房　一九四二・一〇・一五
『海軍式マネジメントの研究』プレジデント編　プレジデント社　一九七八・一一・五
『海軍中将中澤佑』中澤佑刊行会編　原書房　一九七九・五・二七
『日本海軍の戦略発想』千早正隆　プレジデント社　一九八二・一二・一〇
『海軍と日本』池田清　中央公論社（中公新書）　一九八一・一一・二五
『潜水艦隊』井浦祥二郎　朝日ソノラマ　一九九八・二・一〇
『艦長たちの太平洋戦争』佐藤和正　光人社　一九八九・七・八
『太平洋戦争終戦の研究』鳥巣建之助　文藝春秋　一九九三・八・一
『日本史小百科　海軍』外山三郎　近藤出版社　一九九一・三・三〇
『伊58潜帰投せり』橋本以行　学習研究社（学研M文庫）　二〇〇一・一・二一
『航跡』古波蔵保好　毎日新聞社　一九六五・七・三〇

『潜水艦気質よもやま物語』槇幸　光人社　一九八五・一二・三〇
『続・潜水艦気質よもやま物語』槇幸　光人社　一九八七・一二・二七
『海軍技術研究所』中川靖造　日本経済新聞社　一九八七・六・二五
『不滅のネービーブルー　どん亀艦長海軍英傑伝』板倉光馬　光人社　一九八七・九・二一
『魚雷艇の二人』志賀博　光人社　一九八七・一一・一八
『造艦テクノロジーの戦い』吉田俊雄　光人社　一九八九・一〇・一四
『静かな自裁』飯尾憲士　文藝春秋　一九九〇・八・二五
『消えた潜水艦イ52』新延明／佐藤仁志　日本放送出版協会　一九九七・八・二五
『原爆はこうして開発された』山崎正勝／日野川静枝編　青木書店　一九九〇・七・二五
『日本製原爆の真相』山本洋一　創造　一九七六・八・一五
『鉄の棺』斎藤寛　厚生出版社　一九七九・四・一〇
『青年外交官の太平洋戦争』藤山楢一　新潮社　一九八七・四・五
『ベルリン最後の日』新関欽哉　日本放送出版協会　一九八八・四・二〇
『ベルリン戦争』邦正美　朝日新聞社　一九九三・四・二五
『海軍の選択』相澤淳　中央公論新社　二〇〇二・一二・二〇
『昭和史の論考』坂本多加雄／秦郁彦／半藤一利／保坂正康　文藝春秋（文春新書）　二〇〇〇・三・二〇
『暗号解読戦争』吉田一彦　ビジネス社　二〇〇一
『日本海軍の終戦工作』纐纈厚　中央公論新社（中公新書）　一九九六・六・二五
『吉田茂の自問』小倉和夫　藤原書店　二〇〇三・九・三〇
『なぜ、ナチスは原爆製造に失敗したか』T・パワーズ　鈴木主税訳　福武書店　一九九四・三
『デーニッツと灰色の狼』W・フランク　松谷健二訳　フジ出版社　一九七五・一〇・一五
『鉄の棺―Uボート死闘の記録』H・ヴェルナー　鈴木主税訳　フジ出版社　一九七四・三・一五
『潜水艦戦争』L・ペイヤール　長塚隆二訳　早川書房　一九七三・一二・三一

『Uボート977』H・シェッファー　横川文雄訳　日本出版協同KK　一九五四・三・一〇
『捕虜』P・カレル／G・ベデカー　畔上司訳　フジ出版社　一九八六・八・二五
「竜宮紀行」田丸直吉　私家版　一九七七・一〇・二九
「横廠から舞廠まで」船越卓　私家版
「ベルリン日記」大谷修　編纂＝郷田豊（航空自衛隊幹部学校教育部長、空将補）一九七九・七
「潜水艦乗りの思い出」中川肇　海兵50期級会回想録第二集より　一九八一・八
「友永さんの思い出」坂本金美　私信　一九九一・一二
「女審三十年の軌跡」上田芳江　山口県女性問題対策審議会三十周年記念誌編集委員会　一九七九・三・一
「船舶工学科の百年」東京大学工学部船舶工学科　一九八三・一・一
「追憶の廃都・ミュッゲル湖の夜」津山重美　海の新聞　一九四七・七・一
「20世紀特派員・死の地下壕・4」前田徹（前ベルリン支局長）産経新聞　一九九七・七・二四朝刊
「『Uボート234号』日独の密使」小島秀雄『歴史と人物』通巻84号　中央公論社　一九七八・八
「独潜水艦内で自決した日本人将校」小島秀雄　日本週報社　一九五六・八・一
「大西洋上に散った庄司及び友永両技術大佐を偲ぶ」永盛義夫『東郷』No178　一九八二・八・一
「潜水艦戦の全貌」『丸』通巻144号　潮書房　一九五九・五・一
「ドイツ海軍の最後」『丸』通巻154号　潮書房　一九六〇・三・一
「日本の潜水艦」『丸』通巻186号　潮書房　一九六二・一一・一
「日本の潜水艦Ⅰ—Ⅳ」丸スペシャル　潮書房　一九八八・二〜五
特集「平賀式軍艦の秘密」『丸』通巻88・509号　潮書房　一九八八・一二
特集「軍艦自沈秘史」『丸』通巻93・566号　潮書房　一九九三・六
*Feind-fahrten : Das Logbuch Eines U-Boot-Funkers*, W.Hirschfeld, HEYNE.
*Dictionary of American Naval Fighting Ships : vol. VI*, Naval History Division Department of the Navy, Washington, 1976.

# 友永英夫略年譜

明治41年12月　友永染蔵の三男として出生（6日）
大正15年3月　鳥取県立鳥取第一中学校卒業
昭和4年3月　第一高等学校理科甲類卒業
7年3月　東京帝国大学工学部船舶工学科卒業
7年4月　海軍造船中尉に任官、同時に海軍砲術学校入校
7年8月　呉工廠付
8年3月　連合艦隊司令部付
8年10月　呉工廠船殻工場付
9年10月　佐世保工廠付
10年11月　造船大尉
11年12月　佐世保工廠造船部員
12年3月　菊屋正子と結婚（7日）
13年11月　長女洋子出生（12日）
14年3月　呉工廠潜水艦部員兼造船部員兼潜水学校教官
15年11月　造船少佐
17年1月　二女展子《のぶ》出生（7日）
17年8月　艦政本部第四部員兼海軍技術研究所部員
18年3月　ドイツ出張
18年4月　海軍技術有功章受賞（自動懸吊装置）
18年12月　艦政本部造船監督官
〃　海軍技術有功章受賞（重油漏洩防止装置）
19年7月　帰国命令（25日）
19年10月　技術中佐
20年5月　ドイツ潜水艦で帰国の途次大西洋上で自決（13（ママ）日）
戦死として技術大佐に昇進

＊『日本陸海軍総合事典』秦郁彦編　東京大学出版会（一九九一・一〇）に一部加筆

# 本書掲載の海軍技術科士官・海軍士官（潜水艦・駐独関係者のみ）・海軍主計科士官（潜水艦・駐独関係者のみ）・海軍医科士官（潜水艦・駐独関係者のみ）・陸軍士官（駐独関係者のみ）・外交官（駐独関係者のみ）略歴一覧

## 〈海軍技術科士官〉

### ■造船科出身

| 氏名 | 本籍 | 任官年月 | 最終学歴（卒業年） | 最終階級 | 備考 | 本文頁 |
|---|---|---|---|---|---|---|
| 平賀 譲 | 広島 | 明34・6 | 東大造船学科（明34） | 中将 | 東大工学部教授、海軍技術研究所長、東大総長、工博、男爵 | 176 177 178 202 |
| 池田耐一 | 岡山 | 明43・6 | 〃（明43） | 中将 | 横須賀工廠（以下、横工廠）造船部長 | 244 |
| 桑原重治 | 山口 | 明44・6 | 〃（明42） | 中将 | 呉工廠造船部長、海軍艦政本部（以下、艦本）第四部長 | 195 |
| 藤本喜久雄 | 石川 | 明44・7 | 〃（明44） | 少将 | 艦本第四部基本計画主任 | 202 203 204 205 |
| 福田啓二 | 愛知 | 大3・7 | 〃（大3） | 中将 | 呉工廠、横工廠各造船部長、艦本第四部長兼東大工学部教授 | 233 |
| 徳川武定 | 東京 | 大5・7 | 〃（大5） | 中将 | 技術研究所造船研究部長兼東大工学部教授、技術研究所長、工博、子爵 | 179 180 242 247 |
| 江崎岩吉 | 東京 | 大6・7 | 〃（大6） | 中将 | 横工廠造船部長、艦本第四部長、戦後、造船会会長 | 161 |
| 福田 烈 | 東京 | 大7・7 | 東大船舶工学科（大7） | 中将 | 舞鶴工廠（以下、舞工廠）、佐世保工廠（以下、佐工廠）、呉工廠各造船部長。著書に『造船技術は勝てり』 | 203 204 337 |
| 片山有樹 | 広島 | 大8・7 | 〃（大8） | 少将 | 呉工廠造船実験部長、艦本出仕。戦後、造船協会 | 264 |
| 畑 敏男 | 東京 | 大9・7 | 〃（大9） | 大佐 | 呉工廠造船部で友永の上司 | 196 |
| 西村彌平 | 愛媛 | 大10・4 | 〃（大10） | 大佐 | 舞工廠造船部長、呉工廠造船実験部長。佐工廠で友永の上司 | 226 |
| 森川信雄 | 東京 | 大11・4 | 〃（大11） | 大佐 | 呉工廠造船部で友永の上司 | 198 |
| 中村小四郎 | 宮城 | 〃 | 〃（〃） | 大佐 | 艦本潜水艦班長 | 267 |
| 加藤恭亮 | 愛媛 | 大12・5 | 〃（大12） | 大佐 | 戦後、佐世保船舶工業 | 235 254 |

| | | | | | | |
|---|---|---|---|---|---|---|
| 飯河晶《アキラ》 | 東京 | 大13・4 | 〃（大13） | 大佐 | 伊55救難指揮官、佐工廠で友永の上司 | 213 215 219 220 226 |
| 玉崎坦 | 東京 | 大14・5 | 東大船舶工学科（大14） | 大佐 | 佐工廠で友永の上司 | 295 301 302 |
| 牧野茂 | 愛知 | 〃 | 〃（〃） | 大佐 | 呉工廠、佐工廠、フランス駐在、艦本四部員。著書『船舶ノート』ほか | 177 212 |
| 西島亮二 | 岡山 | 大15・5 | 九大造船学科（大15） | 大佐 | 呉工廠造船部で友永の上司 | 196 |
| 小堀龍造 | 熊本 | 〃 | 東大船舶工学科（大15） | 大佐 | 呉工廠造船部で友永の上司 | 196 198 |
| 大薗大輔 | 佐賀 | 昭2・5 | 九大造船学科（昭2） | 大佐 | 呉工廠造船部で友永の上司。戦後、浦賀船渠 | 196 |
| 根木雄一郎 | 山口 | 昭3・5 | 東大船舶工学科（昭3） | 大佐 | 呉工廠潜水艦部員として友永の前任者、呂501に便乗、戦死 | 229 232 269 350 384 386 |
| 山口宗夫 | 長崎 | 昭5・4 | 九大造船学科（昭5） | 中佐 | 呉工廠造船部で友永の上司。戦後、三菱造船 | 197 248 |
| 大島良男 | 東京 | | 東大船舶工学科（昭6） | 大佐 | 第一〇一海軍工作部総務課長 | 300 301 |
| 遠山光一 | 東京 | 昭7・4 | 〃（昭7） | 中佐 | 友永と東大同級。戦後、日本鋼管 | 113 152 155 157 158 159 161 175 176 188 192 197 198 200 204 206 282 283 290 353 370 371 |
| 友永英夫 | 山口 | 〃 | 〃（〃） | 大佐 | 自決後、大佐に昇進 | |
| 船越卓 | 東京 | 〃 | 〃（〃） | 中佐 | 友永と東大同級。戦後、横浜工作所 | 175 176 178 179 188 191 192 197 208 225 226 232 244 353 |
| 有馬正雄 | 東京 | 昭8・4 | 〃（昭8） | 中佐 | 佐工廠で友永と同僚、伊34に同乗、戦死、中佐に昇進 | 225 227 351 352 353 370 386 392 |
| 中村常雄 | 広島 | 昭9・4 | 〃（昭9） | 中佐 | 在外工作部 | 294 |
| 寺田明 | 東京 | 昭10・4 | 〃（昭10） | 少佐 | 佐工廠で友永の部下。戦後、海上自衛隊 | 227 237 240 268 |
| 堀元美 | 東京 | 〃 | 〃（〃） | 中佐 | 著書に『鳶色の襟章（正・続）』（原書房）、『潜水艦――その回顧と展望』（出版協同社）ほか | 208 254 |
| 緒明亮乍 | 東京 | 昭12・4 | 〃（昭12） | 少佐 | 友永が信頼した部下。戦後、海上自衛隊海将、昭49・6・19自決 | 153 194 195 225 226 234 237 242 243 244 245 246 247 267 386 |
| 福井静夫 | 東京 | 昭13・4 | 〃（昭13） | 少佐 | 第一〇一海軍工作部造船課。著書に『日本の軍艦』（出版協同社）、『福井静夫著作集』（全10巻、光人社）など多数 | 297 298 299 301 303 304 |
| 大薗政幸 | 鹿児島 | 昭13・7 | 九大造船学科（〃） | 大尉 | 潜水艦内の厠の改良などにあたる。戦後、呉造船 | 250 |
| 吉田俊夫 | 兵庫 | 〃 | 阪大造船学科（〃） | 大尉 | 呉工廠造船部で友永の部下。戦後、川崎重工 | 246 |

| | | | | | | |
|---|---|---|---|---|---|---|
| 三嶋忠雄 | 兵庫 | 昭14・4 | 東大船舶工学科（昭7） | 中佐 | 友永と一高同期、造船大尉として任官。戦後、長崎フランジ工場 | 171 228 |
| 樽谷由吉 | 広島 | 昭15 | 広島高専機械工学科 | 大尉 | 高等文官から技師として任官、駐独 | 31 35 381 382 |
| **■造機科出身** | | | | | | |
| 長野利平 | 神奈川 | 昭7・4 | 東大機械工学科（昭7） | 中佐 | 友永と一高同期。戦後、久保田鉄工 | 171 |
| **■造兵科出身** | | | | | | |
| 皆川清 | 東京 | 昭3・5 | 東大火薬学科（昭3） | 大佐 | 伊29便乗者 | 352 |
| 今里和夫 | 長崎 | 〃 | 東大造兵学科（〃） | 大佐 | 伊29便乗者。戦後、日本精工 | 352 |
| 吉川春夫 | 大阪 | 昭4・5 | 東大機械工学科（昭4） | 大佐 | ドイツで航空機を学ぶ、呂501に便乗、戦死、大佐に昇進 | 350 |
| 巌谷英一 | 東京 | 〃 | 東大船舶工学科（昭4） | 大佐 | ドイツ駐在、伊29便乗者 | 369 |
| 庄司元三 | 山梨 | 〃 | 東大航空学科（〃） | 大佐 | 友永と共に自決後、大佐に昇進 | 10 13 16 19 1章 2章 381 382 9章 426 427 434 |
| 玉井廉人 | 兵庫 | 昭5・4 | 東大造兵学科（昭5） | 中佐 | 伊29便乗者。戦後、日本製鋼所 | 352 |
| 梅崎鼎《カナエ》 | 福岡 | 〃 | 東大航空学科（〃） | 中佐 | 伊29便乗者 | 352 |
| 永盛義夫 | 富山 | 昭7・4 | 〃（昭7） | 中佐 | 伊29便乗者 | 31 35 352 366 368 388 |
| 田丸直吉 | 東京 | 昭9・4 | 東大電気工学科（昭9） | 中佐 | 伊29便乗者。著書に『兵どもの夢の跡』 | 352 353 354 355 356 360 368 369 373 377 |
| 川北建三 | 東京 | 昭10・4 | 東大造兵学科（昭10） | 中佐 | 伊29便乗者 | 352 |

## 〈海軍士官（潜水艦・駐独関係者のみ）〉

| 氏名 | 本籍 | 卒業期（年） | 最終階級 | 備考 | 本文頁 |
|---|---|---|---|---|---|
| ■兵科出身／海軍兵学校（海兵）卒業者 | | | | | |
| 加藤寛治 | 福井 | 18（明24） | 大将 | 横須賀鎮守府（以下、横鎮）長官、連合艦隊司令長官、軍令部長 | 271 321 |
| 野村直邦 | 鹿児島 | 35（明40） | 大将 | 呉鎮守府（以下、呉鎮）長官、海軍大臣、横鎮長官 | 271 273 336 351 |
| 南雲忠一 | 山形 | 36（明41） | 大将 | 佐世保鎮守府（以下、佐鎮）、呉鎮長官、第一艦隊司令長官 | 337 |
| 小松輝久 | 東京 | 37（明42） | 中将 | 潜水校長、第六艦隊司令長官、佐鎮長官、海兵校長、侯爵 | 305 |
| 阿部勝雄 | 岩手 | 40（明45） | 中将 | 軍令部第三部長、軍務局長、駐独武官 | 110 119 349 |
| 原田覚 | 福島 | 41（大2） | 少将 | 大鯨艦長、千代田艦長、第七潜水戦隊（以下、潜戦）司令官、横須賀防戦司令官 | 251 |
| 石崎昇 | 東京 | 42（大3） | 少将 | 潜水校教頭、第八潜戦、第一一潜戦各司令官 | 305 |
| 横井忠雄 | 大分 | 43（大4） | 少将 | 駐独武官、横鎮参謀長、田辺海兵団長 | 331 343 |
| 小島秀雄 | 兵庫 | 44（大5） | 少将 | 駐独武官、香椎艦長、駐独武官。戦後、日独協会副会長 | 53 54 55 271 336 351 354 365 406 407 |
| 寺岡正雄 | 岡山 | 46（大7） | 大佐 | 第三〇・第一四各潜水隊司令（以下、潜司令）、長鯨艦長 | 305 307 313 314 315 316 |
| 小野田捨次郎 | 新潟 | 48（大9） | 大佐 | 遣独使節団海軍代表、高雄艦長兼妙高艦長、伊29便乗者 | 334 369 |
| 内野信二 | 鹿児島 | 49（大10） | 大佐 | 伊124・伊5・伊163・伊168・伊8潜艦長 | 338 339 341 342 344 345 |
| 江見哲四郎 | 東京 | 50（大11） | 少将 | 呂65・呂68・伊67・伊4・伊8潜艦長、昭18友永と共に訪独、呂501に便乗、戦死、少将に昇進 | 7章 320 322 327 330 332 339 350 352 |
| 渓口《タニグチ》泰麿 | 広島 | 51（大12） | 大佐 | 駐独武官補佐官。戦後、海上自衛隊海将（自衛艦隊司令官） | 349 366 |
| 小島正巳 | 兵庫 | 〃（〃） | 大佐 | （飛行学生）。戦後、高野精密工業 | 351 |
| 井浦祥二郎 | 福岡 | 〃（〃） | 大佐 | 軍令部員（潜水艦主務）、第六艦隊主席参謀。著書に『潜水艦隊』（朝日ソノラマ） | 264 265 296 |

| | | | | | |
|---|---|---|---|---|---|
| 無着仙明 | 山形 | 〃（〃） | 大佐 | スペイン駐在武官補佐官、自決 | 351 |
| 扇　一登 | 広島 | 〃（〃） | 大佐 | 駐独武官補佐官、スウェーデン公使館付武官 | 351 |
| 伊豆寿市 | 大分 | 〃（〃） | 大佐 | 伊123・伊124・伊29・伊11潜艦長 | 305 315 352 |
| 豊田隈雄 | 大分 | 〃（〃） | 大佐 | 駐独武官補佐官 | 120 407 |
| 入江　達 | 福岡 | 〃（〃） | 大佐 | 呂68・伊153・伊21・伊34潜艦長、昭和18・11戦死、大佐に昇進 | 351 |
| 木梨鷹一 | 大分 | 〃（〃） | 少将 | 伊3・呂34・伊162・伊19・伊29潜艦長、昭19・7戦死、二階級特進 | 352 356 360 362 363 |
| 中山義則 | 熊本 | 53（大14） | 大佐 | 戦後、リズム時計工業 | 351 |
| 宇野亀雄 | 福岡 | 〃（〃） | 大佐 | 呂64・伊175・伊52潜艦長、昭19・6戦死、大佐に昇進 | 372 |
| 藤村義朗 | 大阪 | 55（昭2） | 中佐 | 駐独武官補佐官 | 9 32 33 339 373 375 |
| 乗田貞敏 | 佐賀 | 57（昭4） | 中佐 | 伊122・呂501潜艦長、昭19・8戦死、中佐に昇進 | 349 |
| 鳥巣建之助 | 福岡 | 58（昭5） | 中佐 | 伊165潜艦長、第六艦隊参謀。著書に『太平洋戦争終戦の研究』（文藝春秋）、『日本海軍失敗の研究』（同）ほか | 262 |
| 橋本以行 | 京都 | 59（昭6） | 中佐 | 伊58潜艦長。著書に『伊58潜帰投せり』 | 148 149 150 151 |
| 坂本金美 | 東京 | 61（昭8） | 少佐 | 伊201潜艦長。戦後、海上自衛隊 | 249 250 |
| 筑土龍男 | 東京 | 63（昭11） | 少佐 | 呂62潜艦長、潜水学校教官。戦後、海上自衛隊海将 | 209 241 248 310 |
| 岩佐直治 | 群馬 | 65（昭13） | 中佐 | 千代田乗組兼呉工廠付、昭16・12特殊潜航艇『甲標的』艇長としてハワイで戦死、二階級特進 | 251 253 254 255 |
| 箱山徳太郎 | 長野 | 66（〃） | 少佐 | 伊52水雷長、昭19・6戦死、少佐に昇進 | 372 |
| 大谷英夫 | 和歌山 | 69（昭16） | 大尉 | 伊29航海長 | 363 |
| 桑島斉三 | 兵庫 | 〃（〃） | 大尉 | 伊8通信長。戦後、東大医学部卒。国保旭中央病院（千葉県）医師 | 341 |
| 大竹寿一 | 栃木 | 70（〃） | 中尉 | 伊8砲術長 | 341 |
| 藤井伸之 | 山口 | 72（昭18） | 中尉 | 呂500哨戒長。戦後、海上自衛隊、三菱電機 | 337 338 |

■機関科出身／海軍機関学校卒業者（昭和17年11月1日機関科は廃止、兵科に統合）

| | | | | | |
|---|---|---|---|---|---|
| 赤坂　功 | 和歌山 | 21（明45） | 中将 | 佐工廠造機部長、艦本第五部長、第一〇一海軍工作部長 | 299 300 |
| 奥田増蔵 | 岐阜 | 31（大11） | 大佐 | 鈴鹿工廠総務部長、ドイツより寄贈されたU511（呂500）に同乗 | 337 |
| 山田精二 | 兵庫 | 〃（〃） | 少将 | ドイツで航空機を学ぶ、呂501に便乗、戦死、少将に昇進 | 350 |
| 松井登兵 | 静岡 | 〃（〃） | 大佐 | 独駐在、伊29便乗者 | 369 |
| 田口　博 | 千葉 | 45（昭12） | 少佐 | 伊29機関長 | 369 |

＊以上『日本海軍士官総覧』（財）海軍義済会編（一九四二・七・一）をもとに加筆修正。最終階級には未訂正部分あり。

〈海軍主計科士官（潜水艦・駐独関係者のみ）／海軍経理学校（海経）卒業者〉

| 氏名 | 本籍 | 卒業年 | 任官年 | 最終階級 | 備考 | 本文頁 |
|---|---|---|---|---|---|---|
| 安住《アズミ》栄七 | 宮城 | 13 | 大13 | 大佐 | 独駐在、伊29便乗者 | 369 |
| 賀陽徹生 | 山口 | 15 | 大15 | 大佐 | 潜水艦艦内食の改良にあたる。戦後、防衛庁技術研究所 | 308 309 |

〈海軍医科士官（潜水艦・駐独関係者のみ）〉

| 氏名 | 本籍 | 任官年月 | 最終学歴 | 最終階級 | 備考 | 本文頁 |
|---|---|---|---|---|---|---|
| 小林一郎 | 東京 | 昭8・4 | 東大医学部 | 少佐 | 駐独医務官 | 35 113 114 |
| 加能照民 | 静岡 | 昭16・9 | | 大尉 | 静岡で開業医から任官、伊29に搭乗 | 314 |

## 〈陸軍士官（駐独関係者のみ）／陸軍士官学校卒業者〉

| 氏名 | 本籍 | 卒業期（年） | 最終階級 | 備考 | 本文頁 |
| --- | --- | --- | --- | --- | --- |
| 大島　浩 | 岐阜 | 18（明38） | 中将 | 独駐在、駐独武官、駐独大使 | 56 273 330 331 |
| 河辺虎四郎 | 富山 | 24（明45） | 中将 | ポーランド駐在、駐独武官、航空総監部次長、参謀次長 | 330 |
| 大谷　修 | 山形 | 26（大3） | 中将 | 航空技術学校教官、同幹事、兵器本廠独駐在官 | 332 333 |
| 岡本清福 | 石川 | 27（大4） | 中将 | 駐独武官、参謀本部第四および第二部長、スイス駐在武官、昭20・8・15自決 | 334 |
| 小松光彦 | 高知 | 29（大6） | 中将 | 陸軍省兵務局兵備課長、駐独武官 | 54 |
| 石毛省三 | 山口 | 34（大11） | 大佐 | 兵器本廠、駐独武官補佐官 | 383 |
| 甲谷悦雄 | 山口 | 36（大13） | 大佐 | ソ駐在、関東軍参謀（報道部長）、遣独使節団陸軍代表、駐独武官補佐官 | 334 |

## 〈外交官（駐独関係者のみ）〉

| 氏名 | 本籍 | 外交官試験合格年 | 最終学歴 | 備考 | 本文頁 |
| --- | --- | --- | --- | --- | --- |
| 与謝野秀 | 京都 | 昭2 | 東大法学部（昭3） | 外務省調査局長。戦後、オリンピック東京大会組織委員事務局総長、駐イタリア大使 | 334 |
| 藤山楢一 | 佐賀 | 昭14 | 東大法学部（昭15） | 駐独大使館員。戦後、外務省情報文化局長、駐オーストリア、イタリア、イギリス各大使 | 387 |

## 著者紹介


富永孝子（とみなが・たかこ）

1931（昭和６）年生まれ。昭和16年から同22年まで中国・ハルビン市、大連市に住む。昭和30年早稲田大学第一文学部卒業。雑誌記者を経て昭和33年日本教育テレビ（現・テレビ朝日）入社。同37年退社後文筆家。テレビ局を中心に広報、番組企画構成に参画。著作『改訂新版　大連・空白の六百日』（新評論）、『遺言なき自決』（新評論）、共著『母と息子』（筑摩書房）ほか。



深海からの声——Uボート234号と友永英夫海軍技術中佐

（検印廃止）

2005年８月15日　初版第１刷発行
2006年２月15日　初版第２刷発行

著　者　富　永　孝　子
発行者　武　市　一　幸

発行所　株式会社　新　評　論

〒169-0051　東京都新宿区西早稲田3-16-28
http://www.shinhyoron.co.jp

TEL　03-3202-7391
FAX　03-3202-5832
振替　00160-1-113487

落丁・乱丁本はお取り替えします
定価はカバーに表示してあります

印刷　新　栄　堂
製本　河　上　製　本



© Takako TOMINAGA　2005



Printed in Japan
ISBN4-7948-0663-9　C0021

# 戦後60年、語り継ぐべきこと

| 著者・書名 | 判型・頁数 | 価格 | 内容 |
| --- | --- | --- | --- |
| 富永孝子<br>〈改訂新版〉<br>**大連・空白の六百日**<br>ISBN4-7948-0464-4 | 四六　534頁 | 3675円<br>〔99〕 | 【戦後，そこで何が起こったか】敗戦から引き揚げまでの六百日の記録。マスコミ40紙誌にて絶賛。話題の大作，待望の改訂復刻！新資料・証言を基に補記収録。別添地図付。 |
| 富永孝子<br>**遺言なき自決**<br>ISBN4-7948-0014-2 | 四六　344頁 | 2310円<br>〔88〕 | 【大連最後の日本人市長・別宮秀夫】ふたつの戦勝国の見えざる圧力に苛まれながら，憔悴のうちに死を選んだ別宮秀夫。その謎のベールを剥ぎ，“自決”の真相を明らかにする話題作。 |
| 林えいだい<br>**台湾秘話**<br>**霧社の反乱・民衆側の証言**<br>ISBN4-7948-0582-9 | 四六　360頁 | 3150円<br>〔02〕 | 日本植民地支配下の台湾で起きた抗日蜂起事件。被支配者13人の生の証言によって，731部隊につながる日本軍の毒ガス使用など，事件の真相と鎮圧の凄惨な実態が暴かれる。 |
| 林えいだい<br>**日露戦争秘話**<br>**杉野はいずこ**<br>ISBN4-7948-0416-4 | 四六　232頁 | 1890円<br>〔98〕 | 【英雄の生存説を追う】「軍神」廣瀬中佐とともに戦意高揚のため「英雄」に仕立て上げられた杉野孫七の実像を，三重県，九州，旅順などへの大取材を敢行し，証言のもとに追う。 |
| いのうえせつこ<br>**女子挺身隊の記録**<br>ISBN4-7948-0412-1 | 四六　276頁 | 2310円<br>〔98〕 | 敗戦末期の1944年８月に公布された「女子挺身勤労令」により軍需工場に動員された未婚・無職の女性たち（敗戦時には約50万人）のもう一つの戦争体験。全国大取材敢行！ |
| いのうえせつこ<br>**“敗戦秘史”**<br>**占領軍慰安所**<br>ISBN4-7948-0269-2 | 四六　236頁 | 2100円<br>〔95〕 | 【国家による売春施設】敗戦直後，日本政府が全国各地につくった占領軍のための「慰安所」とは何か！戦後50年，従軍慰安婦問題との相関を明らかにした迫真のルポルタージュ。 |
| 佐藤和明<br>〈増補版〉<br>**通化事件**<br>ISBN4-7948-0174-2 | 四六　408頁 | 3873円<br>〔89, 93〕 | 【共産軍による日本人虐殺事件はあったのか】敗戦から約半年，関東軍終焉の地で起きた謎多い事件の真相を探る。旧版に約百頁分の中国側証言資料を加え，事件の核心に迫る！ |
| 佐藤和明<br>**少年は見た**<br>ISBN4-7948-0386-9 | A5　200頁 | 1995円<br>〔98〕 | 【通化事件の真実】日本では殆ど知られていない「通化事件」。なぜなのか？あの時，何があったのか！語り得ぬ人たちのために，当時10歳だった子どもの目の高さで証言する。 |
| 湯浅赳男<br>**日本近代史の総括**<br>ISBN4-7948-0493-8 | 四六　298頁 | 2940円<br>〔00〕 | 【日本人とユダヤ人，民族の地政学と精神分析】維新から敗戦までの対外関係史を，西ヨーロッパ文明圏との対比を軸に壮大な文明史的水位で読み解く，湯浅史学の歴史認識。 |
| 湯浅赳男<br>**日本を開く歴史学的想像力**<br>ISBN4-7948-0335-4 | 四六　308頁 | 3360円<br>〔96〕 | 【世界史の中で日本はどう生きてきたか】大状況と小状況を複眼でとらえる「歴史学的想像力」の復権へ！　日本近代を総括するための新しい歴史認識の“方法”を学ぶために。 |

（価格税込）